Der Ratgeber für den faulen Haushalt

Gaby Sikorski
Regina Ewert
Chris Kurbjuhn

Der Ratgeber für den faulen Haushalt

MyStory Verlag

Bibliografische Information der Deutschen Bibliothek:
Die Deutsche Bibliothek verzeichnet diese Publikation in der Deutschen Nationalbibliografie; detaillierte bibliografische Daten sind im Internet über http://dnb.ddb.de abrufbar.

Buchgestaltung: Ulrike Eckel
Herstellung: Books on Demand GmbH, Norderstedt
Umschlagentwurf: Burkhard Liermann, http://www.proton-design.de
Vignetten: Monika Lorenz
Lektorat: Gaby Sikorski, http://www.die-biographen.de
Redaktionelle Mitarbeit: Antonia Galganek, Katja Gabriel, Kati Bendrien, Nadja Wierzcholski

ISBN 3-938399-04-X

http://www.mystory-verlag.de

Inhalt

Teil 3

Essen und Trinken hält Leib und Seele zusammen – Kochen im faulen Haushalt

Teil 4

Vergnügen ohne Arbeit – Partys etc. im faulen Haushalt

Einleitung

Wir bekennen, das Leben zu genießen. Im Gegensatz zu vielen anderen Menschen haben wir deshalb nicht einmal ein schlechtes Gewissen. Trotz ständigen Termindrucks und Sieben-Tage-Woche arbeiten wir gern, und wenn wir – selten genug – ein bisschen freie Zeit haben, möchten wir uns ablenken und unterhalten. Dann gehen wir ins Kino, ins Theater, ins Konzert oder treiben Sport, und wir sind gern mit Familie und Freunden zusammen. Wir lieben es, durch fremde Straßen zu bummeln, wir mögen gute Gespräche bei gutem Essen und gutem Wein. Und manchmal machen wir es uns zu Hause gemütlich, lesen, sehen fern oder sitzen einfach nur so rum. Weil es uns Spaß macht.

Hausarbeit macht uns niemals Spaß. Trotzdem müssen wir diese lästige Tätigkeit mit Anstand bewältigen. So wie eine Steuererklärung oder eine Vorsorgeuntersuchung. Leider fällt Hausarbeit bedeutend öfter an.

Wir wünschen uns, dass möglichst viele Menschen ebenso viel Freude und Genuss am Leben haben wie wir und so wenig Zeit wie möglich mit Hausarbeit verbringen müssen. Deshalb geben wir unsere Erfahrungen weiter. Unser Ziel ist, dass es mehr faule Haushalte gibt und mehr Männer und Frauen, die mehr Zeit für sich selbst haben.

Natürlich wissen wir, dass viele Menschen sehr gern im Haushalt tätig sind und jeden Tag aufs Neue mit viel Eifer und Perfektionismus ans Werk gehen. Wir gehören nicht zu diesen Menschen. Noch nie konnten wir ein frisch geputztes Badezimmer mit demselben Vergnügen betrachten wie einen Sonnenuntergang am Meer. Auch ein Abend am Bügelbrett kann mit einem Theaterbesuch kaum mithalten, selbst wenn die Aufführung misslungen ist. Alle unsere Versuche, Hausarbeit mit Freude zu betreiben, sind gescheitert. Nicht einmal die hübschesten Schürzen, farbenfrohe Wassereimer, gemusterte Wischlappen oder ABBA in Disco-Lautstärke können uns dazu bringen, den Frühjahrsputz gern zu erledigen. Für uns ist Hausarbeit einfach nicht wichtig. Wir befassen uns nur damit, wenn und weil es notwendig ist. Trotzdem sehen unsere Wohnungen nicht schlampig oder schmutzig aus. – Wie kann das sein? Die Erklärung ist einfach: Im Gegensatz zu vielen Werbebotschaften und den Erzählungen von Müttern und Großmüttern ist Haushaltsschmutz zunächst einmal kein hygienisches Problem, sondern eine Frage der Sichtbarkeit. Also eine Art Geschmacksfrage. Von Gesundheitsbeeinträchtigung zu sprechen, wenn ein paar Krümel auf dem Teppich liegen, wäre verfehlt. Wenn der Teppich weiß ist, ist das Problem offenkundig. Wenn Krümel und Teppich die gleiche Farbe haben, gibt es nur ein winzig kleines Problem, das im Normalfall nicht nach einer Sofortlösung schreit. Der Unterschied liegt de facto darin, ob der Krümel sichtbar ist oder nicht. Eine Gefahr für die Gesundheit besteht niemals, ganz gleich, ob Sie die Krümel sofort, nach ein paar Stunden oder Tagen beseitigen.

Wir halten nichts von übertriebenem Hygienebewusstsein. Die verwendeten Giftmengen im Haushalt sollte man generell auf ein Mindestmaß reduzieren, denn ein fauler Haushalt kann auch umweltbewusst geführt werden.

Mit diesem Buch wenden wir uns nicht nur an umweltfreundliche Genießer, die Hausarbeit als unvermeidliche Last betrachten. Hauptsächlich haben wir diesen Ratgeber für junge Leute geschrieben, die gerade einen Hausstand gründen oder gründen wollen, und für berufstätige Männer und Frauen, die sich mehr für ihr persönliches Wohlergehen als für ihr Image als perfekte Haushälter interessieren.

Wer also die Nase voll hat von blindwütiger Putzerei und vom panischen Herumwülen in Schränken und Regalen, erhält mit diesem Buch Hilfe und Unterstützung. Alle, die gern und mit wenig Aufwand Gäste bewirten, werden unsere Philosophie vom faulen Haushalt und die dazu passenden Kochrezepte schätzen lernen.

Im ersten Teil befassen wir uns zunächst mit den grundsätzlichen Fragen zum faulen Haushalt, mit Definition, Analyse und Problemlösungen. Es folgen praktische Tipps für die Wohnungssuche, die Einrichtung und die Organisation des faulen Haushalts. Der entspannte Umzug beschließt den ersten Teil.

Im zweiten Teil geht's richtig ab: Denn auch im faulen Haushalt wird geputzt, nicht andauernd, aber überlegt und effektiv. Zu Beginn erörtern wir Grundlagen sinnvoller Reinigungstätigkeit. Viele Vorurteile und Klischees lassen sich ausräumen, wenn man das Thema „Hygiene und Desinfektion" betrachtet. Es gibt jede Menge umweltfreundlicher Putztipps und Wissenswertes über Haushaltsreiniger. Von der Bodenreinigung bis zur Textilpflege ist alles berücksichtigt. Besonders wichtig für Haushaltsneulinge: die praktische Putzausstattung.

Nach so viel Organisation und Putzerei haben wir uns alle ein bisschen Erholung bei gutem Essen verdient. – Der dritte Teil befasst sich folgerichtig mit dem Kochen im faulen Haushalt. Einem kurzen und Appetit anregenden Theorieteil folgen erprobte Rezeptideen, die unter dem Aspekt „möglichst wenig Aufwand mit möglichst viel Geschmack" ausgewählt wurden.

Der vierte Teil führt in die bunte Welt der gesellschaftlichen Großereignisse. Von der Organisation eines erfolgreichen Kindergeburtstages bis zur Riesenparty werden alle Aspekte eines gelungenen Festes im faulen Haushalt betrachtet, bei dem die Gastgeber gelassen ihre eigene Party genießen können.

Spätestens jetzt sollte jeder begriffen haben, dass wir Faulheit als etwas durchaus Positives begreifen. Faul sein heißt für uns: Wir nehmen uns Zeit für das, was uns wichtig ist und Spaß macht. Und wir teilen unsere Zeit sinnvoll ein und erhöhen so die Effektivität unserer Arbeit. Zum deutlichen Beweis, dass unser System funktioniert, haben wir die Arbeit an diesem Buch aufgeteilt, je nachdem, wer was am besten kann. So kümmert sich Chris Kurbjuhn ums Kochen, Regina Ewert befasst sich mit der Sauberkeit, und ich – Gaby Sikorski – bin für Grundlagen und Organisation zuständig. Und fürs Vorworte schreiben.

Dieses Buch haben wir nicht nur mit missionarischem Eifer, sondern auch mit viel Spaß geschrieben. Deshalb finden Sie im Text ab und zu kleine Geschichten, die uns während des kreativen Prozesses (wieder) eingefallen sind und mit denen wir uns schon durch die Redaktionssitzungen gelacht haben. Marion Lorenz hat die hübschen Vignetten entworfen, die Ihnen Extra-Tipps geben und zeigen, wie Sie besonders gut sparen oder faul sein können oder was Sie besser sein lassen.

Viel Spaß beim Lesen und in Zukunft entspannte Hausarbeit
wünschen die faulen Haushälter

Chris Kurbjuhn
Regina Ewert
Gaby Sikorski

Teil 1
Grundlagen und Organisation des faulen Haushalts

Was ist eigentlich ein fauler Haushalt?

Faulheit im Haushalt bedeutet in erster Linie: So viel wie nötig und so wenig wie möglich Zeitaufwand für Hausarbeit. Wenn ich ansonsten viel zu tun habe, kümmere ich mich weniger um den Haushalt. Mein persönliches Wohlergehen ist wichtiger als entstaubte Regale oder nach Farbe sortierte T-Shirts im Kleiderschrank. Kleiner Wermutstropfen: Ganz ohne Planung und Organisation von Haushaltstätigkeiten geht's nicht. Im Gegenteil – vorausschauendes Arbeiten und Vermeidung überflüssiger Spontantätigkeiten sichern einen stabilen Faulheitslevel.

Meine Freundin Anne hat die irritierende Angewohnheit, überall gleichzeitig sauber zu machen. Sie bringt den Staubsauger in den Flur, füllt heißes Wasser und Putzmittel in einen Eimer, stellt den Eimer ins Wohnzimmer, fällt dabei über den Staubsauger und bringt Schrubber und Lappen von der Küche ins Bad. Dann fängt sie erst mal an, die Küche aufzuräumen, während das Wasser im Eimer kalt wird. In jedem Raum betätigt sie sich ein paar Minuten, bis sie den Schauplatz wechselt. Sie behauptet, es würde sie motivieren, an mehreren Tatorten gleichzeitig zu wirtschaften. Tatsächlich arbeitet sie plan- und ziellos. Sie weiß nicht, wo sie anfangen soll und was ihr wichtig ist. Ergebnis: Ihre Wohnung befindet sich nie in einem von ihr selbst akzeptierten Reinlichkeitszustand.

Es gibt in jedem Haushalt ein Pflichtprogramm, ein Kurzprogramm und eine Kür, wie beim Eislaufen. Je nach den Umständen kann ich mein persönliches Programm zusammenstellen. Wichtig ist nur, dass ich alles, was ich mache, bewusst mache. Was ich nicht mache, lasse ich nicht etwa weg, weil ich keine Zeit oder keine Lust dazu habe, sondern weil ich es nicht für notwendig halte.
Ein weiterer wesentlicher Faktor im faulen Haushalt ist die Fähigkeit zu delegieren, das heißt, die Verteilung und Übertragung von Arbeit an andere, die sie entweder ebenso gut erledigen können wie man selbst – vielleicht erst nach entsprechender Anleitung – oder sogar besser oder schneller. Arbeit kann delegiert werden an Familienmitglieder, Reinigungskräfte oder Handwerker. Hierbei spielen nicht nur Qualität und Schnelligkeit eine Rolle, sondern auch die Kosten. Jeder muss für sich selbst entscheiden, wie Kosten und Nutzen sich zueinander verhalten und was wichtiger ist: Einen Fensterputzer zu bezahlen und dafür in zwei Stunden sämtliche Fenster geputzt zu bekommen, kann durchaus sinnvoll sein. Denn der hilft beim Möbelrücken, hat das richtige Werkzeug und kann damit umgehen.
Jemand, der nur vier niedliche Neubaufenster putzen muss, wird vermutlich keinen Fensterputzer rufen. Aber vielleicht sollte man lieber die Profis ranlassen, bevor man tagelang auf der obersten Stufe einer Haushaltsleiter artistische Übungen veranstaltet.
In diesem Falle gebieten Vernunft und Selbsterhaltungstrieb, eine Arbeit zu delegieren. Andere Gründe könnten sein: Zeitnot, mangelnde Erfahrung, generelle Unkenntnis.
Die Neigung, alles selber machen zu wollen, beruht häufig nicht nur auf dem mangelnden Vertrauen in die Fähigkeiten anderer und/oder auf Geldmangel, sondern auch auf der Unterschätzung von Arbeitsaufwand und der Überschätzung der eigenen Möglichkeiten. Dies alles gilt es abzuwägen.

Wo steckt das größte Faulheitspotenzial?

Ich habe mich bei Freundinnen und Freunden und im erweiterten Bekanntenkreis umgehört. Hier sind die Ergebnisse. Die Frage lautete: Welche Tätigkeiten im bzw. für den Haushalt könntest

du reduzieren, ohne dass die Qualität leidet bzw. ohne dass es jemandem auffällt?
Die meisten Frauen sind der Meinung, dass sie zu viel Zeit fürs Putzen aufwenden.
Die meisten Männer glauben, dass sie die meiste Zeit beim Einkaufen verschwenden.
Nun ist diese kleine Umfrage nicht repräsentativ und schon gar keine Grundlage für eine aussagefähige Statistik. Vermutlich bestätigt sie lediglich, dass Frauen mehr putzen und Männer mehr einkaufen. Ebenfalls könnte sie ein Beleg dafür sein, dass Frauen besonders ungern putzen und Männer das Einkaufen hassen. Zumindest könnte das für meinen Bekanntenkreis gelten. Aber sie zeigt auf jeden Fall eines: Die meisten wissen, dass sie überflüssige Arbeiten verrichten, und tun es trotzdem.

Mein Kumpel Stefan hasst das Einkaufen. Supermärkte betritt er nur widerwillig, weil er jedes Geschäft als überfüllt betrachtet, in dem sich andere Menschen außer ihm aufhalten. Kleinere Läden mag er auch nicht. Die sind ihm zu persönlich. Er verirrt sich höchstens zweimal pro Woche in einen Supermarkt, und nur dann, wenn es nicht mehr anders geht. Dann kauft er viel, teuer und wahllos ein. In der Kassenschlange zu stehen, stellt höchste Anforderungen an seine Geduld und an seine Toleranz. Schon ein Einkaufszettel würde ihm das Leben erleichtern und seine Qualen verkürzen! Leider hält er Einkaufszettel für total spießig ...

Nächste Frage: Wenn du dir Hausarbeit ersparen könntest, was würde dir zuerst einfallen?
Fast alle Männer würden eine Reinigungskraft engagieren oder nur noch essen gehen, um nicht einkaufen, kochen und hinterher die Küche putzen zu müssen. Die meisten Frauen würden ein zusätzliches, arbeitssparendes Hausgerät anschaffen, z. B. einen Wäschetrockner oder eine Spülmaschine. Erst an zweiter Stelle kommt bei den Damen die „Putzhilfe“. Einige würden sogar umziehen, weil sie der Meinung sind, allein durch ihre Wohnung zu viel Haus-

arbeit zu haben. Die Männer zielen also mehrheitlich auf Arbeitsvermeidung, die Frauen auf Arbeitserleichterung.

Was lernen wir daraus? – Etwas Grundsätzliches, was nicht überraschend kommt, aber trotzdem gesagt werden muss:

Männer können eher faul sein als Frauen.

Die Gründe hierfür sind vielfältig und vermutlich psychologisch und sozialwissenschaftlich bedingt. Tatsache ist: Frauen finden sich leichter damit ab, dass sie lebenslang dazu verdonnert sind, den Haushalt zu managen. Deshalb – vielleicht aus Selbstschutz? Abwehr und Selbstdarstellung? – betrachten sie Hausarbeit nicht nur als notwendiges Übel, sondern auch als Gelegenheit zur Imagepflege.

Eine gute Hausfrau zu sein, ist für viele Frauen nicht nur eine Selbstverständlichkeit, sondern erstrebenswertes Daseinsziel. Wenn sie nicht dauernd im Haushalt zu tun haben, bekommen sie ein schlechtes Gewissen oder glauben, sie würden nicht anerkannt. Sie definieren sich über ihren perfekt organisierten Haushalt und nicht über ihre Persönlichkeit.

Warum eigentlich? Es gibt so viel Schönes, das sie verpassen und damit fauleren Menschen bzw. den Männern überlassen. Wenn sie wollen, sollen diese unermüdlich schaffenden Frauen einen Großteil ihrer Lebensfreude aus der Hausarbeit beziehen. Dann aber bitte nicht darüber klagen, wie schrecklich viel sie zu tun haben und dass sie nie damit fertig werden bzw. immer wieder von vorn anfangen müssen. Erwischt! Gleich das Büchlein zugeklappt und marsch an die Arbeit! Da könnte noch ein Staubkörnchen unter dem Telefontischchen hängen ...

Ich möchte allen Hausfrauen Mut machen, die wirklich darunter leiden, dass sie wegen der Hausarbeit keine Zeit für sich selbst haben: Lasst ruhig mal alles stehen und liegen. Vermutlich dauert es Stunden oder Tage, bis es jemand merkt. Oder vielleicht niemals? Aber vermutlich ist das ein Teil des Problems.

Also: Habt keine Angst, nicht mehr gebraucht zu werden! Ihr wer-

det geliebt, auch wenn ihr nicht täglich alle Böden wienert, alle Oberflächen scheuert und jedes Staubfitzelchen entfernt.
Und was die sattsam bekannte Ausrede betrifft, alles würde im Nullkommajosef total verlottern, wenn ihr euch nicht selbst drum kümmert ... Vielleicht wäre es hier und da eine Überlegung wert, ob es sinnvoll ist, alle Haushaltsmitglieder an eurem eigenen Maßstab zu messen!

Zeitersparnis und Faulheit

Wer sich seine Zeit gut einteilt, bewältigt mehr Arbeit. Das stimmt, aber nur bis zu einem gewissen Grad. Es gibt Menschen, die sind so perfekt darin, sich ihre Arbeit einzuteilen, dass sie einen großen Teil des Tages mit der Arbeitsplanung verbringen. Andererseits – siehe Anne – bringt es nichts, wenn man planlos drauflos wirtschaftet. Was also ist zu tun? Wo liegt für jeden von uns der richtige Arbeitsstil? Der goldene Mittelweg zwischen hektischem Aktivismus und Überorganisation wird gesucht. Das gilt übrigens nicht nur für die Hausarbeit.
„Gegenüber der Fähigkeit, die Arbeit eines einzigen Tages sinnvoll zu ordnen, ist alles andere im Leben ein Kinderspiel." Das hat Johann Wolfgang von Goethe (ja, genau der!) gesagt. Was hat er gemeint? Wie kommt er dazu? Und das schon vor 200 Jahren?
Zur Beantwortung dieser Frage muss man mit einem landläufigen Vorurteil aufräumen:
Schneller arbeiten, um Zeit zu sparen, hat nichts mit Faulheit zu tun. Ein fauler Mensch möchte überhaupt nicht arbeiten. Er möchte daher auch nicht schneller arbeiten, um eher mit der Arbeit fertig zu werden. Wenn man schnell arbeitet, ist man nicht faul.
Ich möchte zwar die Möglichkeiten einer praktikablen Zeiteinteilung behandeln, aber mehr unter dem Aspekt der Arbeitsvermeidung und der Arbeitsminderung.

Erledigungslisten – der letzte Ausweg

Listen sind eine tolle Sache. Alle Menschen lieben Listen. Ich auch. Ich verfasse Recherchelisten, Checklisten für Interviews usw. Ich schreibe Geburtstagswunsch- und Einkaufszettel.

Aber ich habe keine Putzliste. Der Grund: Ich bin faul. Ich würde die Putzliste anschauen und sie sofort wieder weglegen. Wenn ich etwas, das in meiner Wohnung zu tun ist, auf einen Zettel schreibe, dann aus einem einzigen Grund: Zur Kommunikation mit anderen, nicht mit mir selbst.
Ich habe einen eingebauten Widerspruchsgeist und reagiere absolut allergisch auf Putzlisten. Meine Mitautoren, Chris und Regina, ebenfalls. Wir werden uns doch nicht von einem blöden Zettel vorschreiben lassen, wann wir welche Arbeit verrichten! Schließlich sind wir intelligente Menschen.
Ich möchte niemanden davon abhalten, Jahres-, Monats- oder Wochenpläne zu erstellen. Einige Leute finden viel Trost und Hilfe in Putzlisten. Aber ich werde keinesfalls die Liste als das non plus ultra im Haushalt feiern. Ein fauler Mensch wird sich einfach nicht danach richten. Oder nur einmal und nie wieder. Wer's braucht, soll es versuchen. Ich wünsche alles Gute, aber ich werde keine Putzlisten propagieren.

Die Definition des „Faulen Haushalts" und seine Grundlagen
Welche Einzelkomponenten benötigt man für einen faulen Haushalt?
Und wer eignet sich überhaupt zum faulen Haushälter?

Hier sind die Grundlagen für den faulen Haushalt:

Arbeitsvermeidung bzw. Arbeitsreduzierung
Arbeitsübertragung
eine angemessene Arbeitsphilosophie

Diese Punkte sollen genauer untersucht werden.

Arbeitsvermeidung bzw. Arbeitsreduzierung
Dazu gehören Überlegungen vor der Neuanschaffung von Möbeln, Hausrat und Haushaltsgeräten und vor dem Einkauf von Garderobe und Schuhen. Hier sind einige Fragen, die ich mir vor dem Kauf stellen könnte bzw. sollte:

- Ist der Kauf wirklich notwendig? Erfüllt die Anschaffung einen Zweck, der in meinem Haushalt bisher nicht erfüllt wird?
- Ist die neue Anschaffung anfällig für sichtbare Flecken, Kratzer oder Staub?
- Kann ich die Anschaffung problemlos selbst instandhalten, reparieren, waschen?
- Gibt es in meinem Haushalt bereits Gegenstände/Kleidungsstücke/Schuhe aus dem gleichen Material, von gleicher Farbe oder Beschaffenheit, wodurch ich mir die Reinigung und Instandhaltung erleichtern könnte? *(Näheres dazu in Teil 2!)*

Je kritischer ich mit diesen Fragen umgehe, desto weniger nutzlosen Kram werde ich anschaffen. Spontankäufe werden seltener, und das wird sich auch in meinem Geldbeutel bemerkbar machen.
Für jeden von uns ist es selbstverständlich, sich beim Einkauf Gedanken über den Preis zu machen. – Zum Beispiel: Ist dieses Angebot im Verhältnis zu anderen teuer oder preiswert? Kann ich mir die Anschaffung überhaupt leisten?
Ebenso selbstverständlich sollte man sich überlegen, ob der Nutzen in psychologischer Hinsicht (Selbstbewusstsein durch ein neues Kleid, Spaß mit einem neuen Computerspiel) oder im praktischen Gebrauchswert in einem angemessenen Verhältnis zum Preis steht. Stellen Sie sich einfach vor, Sie wollten sich ein Haustier anschaffen. – Genauso kritisch sollten Sie den Joghurtbereiter im Sonderangebot betrachten, also: Kann ich mir die Haltung eines zusätzlichen Haushaltsgegenstandes vom Arbeits-, Platz-, Pflege- und Zeitaufwand her leisten? Der emotionale Faktor spielt beim Joghurtbereiter vermutlich eine untergeordnete Rolle, aber trotzdem könnten Sie sich die folgenden Fragen stellen: Mag ich Joghurtbereiter wirklich oder ist es nur gerade schick, sie zu mögen? Gibt es jemanden außer mir im Haushalt, der meine Liebe zu Joghurtbereitern teilt? Oder werde ich mit meiner Neigung allein dastehen und nicht nur die Liebe, sondern auch die Arbeit und die Verantwortung allein auf mich nehmen müssen?
Eine Minimierung des Arbeitsaufwandes lässt sich am ehesten mit

Organisation und Planung erreichen. Dazu gehört zunächst das schonungslose Entrümpeln. Was weg ist, kann keine Arbeit machen. Spätestens wenn man einen Umzug in Erwägung zieht, weil sich soviel Krempel angesammelt hat, dass der vorhandene Platz nicht mehr zum Wohnen ausreicht, muss man sich mit einer groß angelegten Aufräum- und Wegwerf-Aktion anfreunden. Wenn man das hinter sich hat, gilt es, die hoffentlich deutlich geleerten Schränke und Regale neu zu organisieren. Wer das allein nicht schafft, könnte professionelle Hilfe in Anspruch nehmen.

Für die sinnvolle Arbeitsreduzierung empfiehlt sich eine Einteilung der notwendigen Tätigkeiten in Pflichtprogramm, Kurzkür und Kür.
Das Pflichtprogramm: Tätigkeiten, die ich irgendwie schaffen muss, damit ich mich selbst wohl fühle in meiner Wohnung. Hier geht es also nicht um die Erfüllung von Erwartungen anderer Menschen (Lebenspartner, Eltern, Nachbarn u. a.), sondern um meine eigenen Wünsche im Hinblick auf Ordnung, Sauberkeit/Hygiene und Wohnlichkeit.
Die Kurzkür: Ein paar Minuten mehr Aufwand als fürs Pflichtprogramm, verteilt nicht auf große Aufgaben, sondern in erträgliche Häppchen zerlegt. Und am Ende einer Woche ist vielleicht die Korrespondenz erledigt und der Schreibtisch entmüllt.
Die Kür: Wenn das Pflichtprogramm und die Kurzkür erledigt sind, kommt die Gelegenheit für eine glanzvolle Kür. Aber auch hier, wenn Fenster geputzt und Bücherregale entstaubt werden, gilt das Prinzip: Nicht alles auf einmal! Das Vorhaben „Morgen putze ich alle Fenster!“ ist zwar anerkennenswert, aber möglicherweise gar nicht durchführbar.
Man sollte sich nicht mehr vornehmen, als realistisch und ohne spürbaren Zeitaufwand zu schaffen ist. Das Pflichtprogramm besteht aus Tätigkeiten, die Sie selbst (!) als notwendig bewerten. Ihr Ziel ist, dieses Programm in der Alltagsroutine zu verankern, es also wie Zähneputzen oder Duschen zu erledigen (z. B. Badewanne putzen nach dem Duschen, Oberflächen in der Küche abwischen, während der Wasserkocher Wasser kocht). Auch die

Kurzkür und die Kür sollten jeweils aus kleinen Einzelaufgaben bestehen.
Manchmal bietet es sich an, Kür-Elemente mit anderen Tätigkeiten zu verbinden. Nicht nur Frauen sind in der Lage, gleichzeitig zu telefonieren und Wäsche zu sortieren! Ich kenne Schauspieler, die Fenster putzen und dabei Rollen repetieren, oder Väter, die bügeln und währenddessen ihren Kindern bei den Schulaufgaben helfen.

Eine echte Zeitersparnis ist am ehesten durch die Optimierung von Arbeitsabläufen erreichbar. Wie das geht, kann man in Restaurants sehen. Gute Servicekräfte laufen niemals „leer". Beispiel: Ein Kellner holt aus der Küche zwei fertige Essen, bringt sie an den Tisch. Das Wichtigste wird zuerst erledigt. Auf dem Rückweg sieht er sich zunächst um, nimmt Bestellungen auf und räumt Geschirr ab, das er in die Küche bringt, von wo er wieder Essen holt. Das ist ein optimierter Arbeitsablauf. Hört sich fleißig an, ist aber faul. Durch diese Methode sparen sich versierte Servicemitarbeiter eine ganze Menge Laufarbeit. Und das können Sie auch. Bitte merken Sie sich: **Niemals leer gehen.**
Die zweite Möglichkeit der Optimierung von Arbeitsabläufen nenne ich das perfekte Verbrechen. Was ist ein perfektes Verbrechen? – Eines, das von niemandem als Verbrechen erkannt wird. Und warum? – Weil sämtliche Spuren beseitigt wurden. Übertragen auf den Haushalt bedeutet das: Niemand soll erfahren, dass jemand Kaffee gebrüht hat. Deshalb werden gleich nach der Tat die Spuren beseitigt. Kaffeefilter wieder in den Schrank, Schranktür zu, Kaffeebüchse schließen und wegstellen, Kaffeepulver vom Tisch wischen. Der Täter wird trotzdem geschnappt. Warum? Der Lappen wurde nicht ausgewaschen, an dem noch deutlich sichtbar das Kaffeepulver klebt.
Bitte merken Sie sich: **Spuren beseitigen.**

Noch mehr Informationen zum Komplex Arbeitsvermeidung und Arbeitsreduzierung gibt's im Putzkapitel.

Arbeitsübertragung

Hierher gehört die Verteilung und Übertragung von Arbeit an Familienmitglieder bzw. Mitbewohner, Reinigungskräfte und Handwerker bzw. Spezialisten.

Manche Menschen lieben es, Arbeit zu delegieren. Andere haben große Schwierigkeiten damit, nicht alles selbst machen zu dürfen oder zu können. Im Haushalt ist es wie im richtigen Leben. Auch hier gibt es „Besserwisser“, denen es niemand recht machen kann. Andererseits gibt's auch die sogenannten „Regisseure“, die am liebsten überhaupt nichts selber machen, sondern anderen Anweisungen geben möchten.

Für mich lautet das Grundprinzip: Alles, was Kenntnisse erfordert, die man sich erst aneignen muss, überlasse ich Spezialisten. Ich würde niemals auf die Idee kommen, einen Parkettboden zu verlegen. Ich kann es nicht, und es macht mir keinen Spaß, es zu lernen. Würde ich es trotzdem versuchen, bräuchte ich mindestens doppelt so viel Zeit dafür wie ein Profi, ich hätte jede Menge Stress, und wahrscheinlich würde meine Arbeit auch noch laienhaft aussehen. Geld würde ich auch nicht sparen, selbst wenn ich den Parkettboden perfekt legen könnte. Die Zeit, die ich dafür benötige, kann ich nämlich nicht fürs Geld verdienen nutzen. Abgesehen davon: Wann werde ich meine neu erworbenen Fähigkeiten wieder unter Beweis stellen können? Wie oft verlegt man Parkettboden?

Und wenn Sie fest angestellt sind: Möchten Sie wirklich Urlaub oder ein freies Wochenende opfern, um ein paar Hundert Euro zu sparen? - Entscheiden Sie selbst! Ich habe inzwischen nur noch Mitleid übrig für Menschen, die mir stolz erzählen, sie hätten nun nach sechs furchtbaren Monaten, in denen sie auf einer Baustelle gelebt haben, tatsächlich ihre Wohnung komplett selbst renoviert und damit mehr als 500 Euro gespart.

Meiner Meinung nach sollte jeder, der es sich leisten kann, Profis mit der Durchführung von Arbeiten beauftragen, die einem selbst weder Spaß machen noch der beruflichen Weiterbildung dienen. Märtyrertum halte ich für unangebracht. Auch wenn ich deshalb als snobistisch gelte: Ich nehme keinem Handwerker die Arbeit weg.

Die zur Faulheit passende Arbeitsphilosophie

hat viel zu tun mit der persönlichen Einstellung zum Leben und zur Lebensfreude. Im faulen Haushalt gilt Hausarbeit als unwichtig. Sie ist kein Gesprächsthema, und zwar weder mit Außenstehenden noch in der internen Kommunikation zwischen einzelnen Haushaltsmitgliedern. Wer möchte, dass Haushaltsarbeit unwichtiger wird, könnte zunächst einmal versuchen, weniger darüber zu reden. Das ist zwar kein Tipp für faule Menschen, aber für die klassische Hausfrau, die glaubt, sie müsste in der Hausarbeit aufgehen, sich aber unwohl dabei fühlt. Es ist erstaunlich, wie locker man mit dem Thema Haushalt umgehen kann, wenn man es weniger problematisiert.

Zur Arbeitsphilosophie gehört außerdem die persönliche Einstellung zu hässlichen Themen wie Pflichterfüllung, Disziplin und Reglement.
Ich bin in allem, was meinen Beruf angeht, äußerst pingelig. Mein Büro ist perfekt organisiert, mein Schreibtisch ist aufgeräumt, und meine Buchhaltung ist immer auf dem neuesten Stand. Dies alles ist mir wichtig, weil ich so am besten arbeiten kann. Das einzige, was mir noch wichtiger ist, sind Menschen – meine Familie, Freundinnen und Freunde. Ganz weit hinten kommt der Haushalt. Manche Menschen brauchen eine Lebenskrise, um sich selbst und ihre Bedürfnisse kennen zu lernen. Besser und angenehmer ist es, wenn man sich schon vorher darüber Gedanken macht.
Man könnte eine schöne Liste erstellen, die wirklich nützlich ist, eine Prioritätenliste. Wenn Sie mögen, nur zu! Was ist Ihnen wichtig im Leben? Wo rangiert die Hausarbeit?

Ermittlung des Faulheitspotenzials

Ich behaupte: In bestimmten Bereichen fällt mittlerweile so viel weniger Hausarbeit als vor 25 bis 35 Jahren an, dass in einem Vier-Personen-Haushalt problemlos eine Halbtagsstelle frei geworden ist. 20 Stunden Haushaltsarbeit weniger bedeuten 20 Stunden mehr Zeit für andere Beschäftigungen. Ein paar Beispiele zur Ermittlung des Faulheitspotenzials:

Bis weit in die 70er Jahre war Kohleheizung verbreitet. In den Wintermonaten bedeutete das je nach Wohnungsgröße täglich zusätzliche Hausarbeit: Kohlen bestellen, schleppen, Feuerholz besorgen, einheizen, lüften, nachlegen, kontrollieren, Ofen säubern, Asche wegschleppen, um den Ofen rum putzen usw. So schön ein Kohleofen bullert und so gemütlich er ist, Heizen bedeutet Arbeit. In einer Wohnung mit drei Öfen musste man für die Heizperiode mindestens **eine Stunde** Arbeit einkalkulieren, aufs Jahr gerechnet ½ **Stunde** täglich.

Die größte Revolution im Haushalt hat vermutlich die Geschirrspülmaschine bewirkt. Irgend jemand hat einmal ausgerechnet, dass in einem Vier-Personen-Haushalt allein 28 Tage im Jahr für händisches Geschirrspülen und Abtrocknen draufgehen. Beinahe **13 Stunden** pro Woche wären dafür einzuplanen, wenn von vier Personen eine die Arbeit allein übernimmt. Nicht nur Geschirrspülmaschinen erleichtern inzwischen die Arbeit: Besteck, Geschirr, Töpfe und Pfannen sind pflegeleicht und schneller zu reinigen. Generell sind Haushaltsartikel im Verhältnis preiswerter und daher leichter zu ersetzen, weshalb im Umgang mit ihnen nicht mehr ganz so viel Sorgfalt erforderlich ist wie vor 25 Jahren, als die „guten Gläser" und das „gute Geschirr" wie rohe Eier behandelt werden mussten.

Eine Waschmaschine gehört heute zur Grundausstattung eines Haushalts. In Wohnanlagen gibt es „Wäschecenter" mit Waschmaschinen und Trocknern. Früher konnte sich die wackere Hausfrau am Waschtag nur um die Wäsche kümmern. Eigens erdachte Kochrezepte sorgten dafür, dass die Familie trotzdem nicht verhungern musste. Mindestens **7 Stunden** pro Woche konnte man allein für das Waschen per Hand (ohne Sortieren, Aufhängen oder Bügeln) in einer vierköpfigen Familie veranschlagen.

Apropos Bügeln: Die Pflege und das Ausbessern von Haushaltswäsche und Kleidung sind vielfach überflüssig geworden oder we-

sentlich erleichtert. Es gibt jede Menge bügelfreie und leicht bügelbare Textilien. Die Bügeleisen bügeln zudem schneller glatter und verteilen sogar Dampf auf besonders widerborstige Knitterfalten. Was das Ausbessern von Kleidung betrifft, möchte ich behaupten, dass höchstens 10 % aller Menschen unter 30 Jahren in Deutschland fähig wären, Strümpfe zu stopfen. Ich meine die klassische Variante, also nicht mit Tackern oder Zusammenziehen. Warum sollte man es noch lernen? Mittlerweile sind Textilien im Verhältnis zum Einkommen so preiswert, dass es sich selten lohnt, sie zu reparieren. Eher wirft man ein Kleidungsstück weg, als es zu flicken. Wer trägt heute offensichtlich ausgebesserte Garderobe? Nicht einmal auf dem Trödelmarkt findet man Käufer dafür! Für überflüssig gewordene Wäschepflege und die begleitenden Tätigkeiten, also Bügeln, Mangeln, Nähen und Stopfen kann man 2 Stunden pro Woche zusätzlich rechnen.
Was das Haltbarmachen und die Bevorratung von Lebensmitteln betrifft, gibt es inzwischen ein so großes Angebot an Tiefkühlkost, Konserven und Fertigprodukten, dass in den meisten Haushalten Tätigkeiten wie Einmachen, Einlegen, Räuchern oder Sterilisieren zum Hobby geworden sind. Kaum jemand muss selbst dafür sorgen, dass im Winter die Vitaminversorgung gesichert ist. Frisches Obst und Gemüse sind das ganze Jahr über verfügbar. Die große Zeit des Einkochens war früher natürlich der Sommer. Ich rechne übers Jahr verteilt mindestens 3 Arbeitstage à 8 Stunden, demnach ca. **eine halbe Stunde** pro Woche für: Obst und Gemüse putzen, waschen, entkernen oder entsteinen, zerkleinern, aufkochen, entsaften, in Gläser und Flaschen abfüllen, beschriften usw. Das alles wohlgemerkt ohne einkaufen, pflücken, sortieren oder ernten.
Alle so ermittelten Einsparungen zusammengerechnet, ergibt summa summarum **23 Stunden pro Woche**. Fast ein ganzer Tag (ein Siebentel) eingesparte Zeit oder 3 Arbeitstage. In einem halbwegs gut organisierten, faulen 4-Personen-Haushalt bedeutet das: Ein Haushaltsmitglied kann eine Halbtagstätigkeit ausüben, für die vor 25 Jahren noch keine Zeit war.
Nicht vergessen: Ich habe keine Tätigkeiten mitgerechnet, die

im Haushalt heute noch anfallen. Die Zeitangaben beziehen sich ausschließlich auf Arbeiten, die inzwischen nicht mehr verrichtet werden müssen.
Wenn man sich heute den Berg von Hausarbeit genau ansieht, der zu erledigen ist, muss man sich als erstes fragen: Wie haben die Leute das damals geschafft? Und als nächstes: Womit vertrödeln wir eigentlich unsere Zeit, wenn wir mehr davon haben, es aber womöglich nicht bemerken oder nicht zu würdigen wissen.
Ich wage eine ketzerische Behauptung: Es gelingt uns, die Zeitersparnis zu minimieren oder aufzuheben, weil wir uns nicht mit ihr zufrieden geben und uns mehr Freizeit gönnen, sondern die eingesparte Arbeitszeit dazu nutzen, uns neue Haushaltsarbeit aufzuerlegen. Und das geht so:

Wir treiben immer mehr Aufwand mit immer mehr Produkten. Und wir erfinden neue Haushaltstätigkeiten (wieder).

- Die Verwaltung und Kontrolle von Elektrogeräten, von Reinigungsmitteln, mechanischen „Haushaltshelfern" und inzwischen sogar des Mülls (Mülltrennung) nimmt immer mehr Zeit in Anspruch. In vielen Küchen gibt es Geräte, die angeblich der Arbeitserleichterung dienen. Ein Großteil von ihnen ist komplett überflüssig, weil sie zu selten benötigt werden, weil sie im Verhältnis zum Ergebnis zu teuer sind und ihre Reinigung umständlich ist. Beispiele: Brotbackmaschine, Joghurtbereiter, Eierkocher.
- Wir benötigen zwar deutlich weniger Zeit zum Wäschewaschen, besitzen aber schätzungsweise vier- bis fünfmal mehr Garderobe und Schuhe als noch vor 25 Jahren. Auch Kleidung und Schuhe müssen verwaltet werden. Ich muss alles sortieren, säubern, polieren oder waschen, aufhängen, zusammenfalten und einräumen.

Weiter geht's mit dem Beispiel Bad:
Heute verfügen die meisten Haushalte über eine Badewanne und/ oder Dusche. Fließend heißes Wasser war bis in die 70er Jahre

keinesfalls Standard. Noch lange war es selbstverständlich, sich am Waschbecken zu waschen. Gebadet wurde einmal in der Woche, manchmal die ganze Familie im selben Wasser, Mutter zuerst, dann Kinder, Vater am Schluss. Aus dem Teekessel wurde zwischendurch heißes Wasser draufgeschüttet. Trotzdem haben die Menschen nicht gestunken. Alles klar? Es ist prinzipiell egal, ob man sich mit 5 oder 120 Liter Wasser wäscht, wenn man nicht gerade Bergarbeiter oder Schornsteinfeger ist.
Der Komfort ist angenehm, aber er muss organisiert werden. Bis vor ca. 20 Jahren gab es für die ganze Familie eine Sorte Seife und ein Shampoo. Heute steht eine Batterie von Behältnissen für die Körper- und Haarpflege in den Badezimmern: Shampoo und Duschgel für Kinder, Männer und Frauen, Haarkur und Conditioner, weibliche und männliche Bodycreme, Seife mit Spender und ohne, Schaumbad in unterschiedlichen Duftnoten, Rasierschaum für Damen, Rasierschaum für Herren ... Es geht mir nicht darum, die Errungenschaften moderner Körperpflegemittel zu geißeln. Aber: Das alles macht Arbeit, kostet Geld und erfordert Kontrolle.

Als nächstes das Beispiel Wohnungseinrichtung:
Immer mehr Möbelstücke werden angeschafft. Sie sind Verbrauchsgüter geworden, die der Mode unterliegen und alle paar Jahre erneuert werden. Dafür sind sie im Verhältnis oft billiger, aber auch manchmal qualitativ deutlich schlechter als früher. Billige Furniere, kratzempfindliche Lackierung, farbige Möbel – das alles gibt es erst seit wenigen Jahrzehnten.
Viele unterschiedliche Materialien im Haushalt (z. B. Fußbodenbeläge, von der Terrakotta-Fliese über Dielen bis zum Teppichboden) benötigen unterschiedliche Behandlung und Pflege.
Außerdem steht immer mehr rum. Ich nenne es „Zeuch“, das ist nutzloser Kram. Dazu zähle ich keinesfalls Bücher oder Kunstwerke, sondern Bodenrumsteher, Regalrumsteher, Obenrumsteher und Rumhänger. Also Staubfänger, Krempel, Zeuch eben.
In den nächsten Kapiteln werde ich ausführlich darauf eingehen, was im Haushalt tatsächlich benötigt wird. – Es ist viel weniger als man denkt!

Keinesfalls möchte ich den Eindruck erwecken, ich würde die Zustände vor 25 oder 50 Jahren glorifizieren oder wiederherstellen wollen! Im Gegenteil. Aber ich weigere mich, grundlos Arbeit auf mich zu nehmen. Wenn ich mehr dafür tun muss, will ich wenigstens mehr Leistung und Komfort dafür erhalten.

Nun geht's an die Beantwortung der alles entscheidenden Frage:
Wie groß ist mein persönliches Faulheitspotenzial?

Hier kommt der ultimative Test:

Pingel oder Chaot? – Welcher Typ Haushälter bin ich?

1.	**Wie oft beschäftige ich mich mit Hausarbeit?**	
a)	täglich mehrmals	**20**
b)	täglich	**10**
c)	wenn ich Zeit und Lust dazu habe	**5**
d)	wenn Besuch kommt	**1**
2.	**Ich putze nach dem Prinzip**	
a)	Hauptsache schnell	**5**
b)	Hauptsache gründlich	**5**
c)	Hauptsache, man sieht den Dreck nicht mehr	**1**
d)	Habe einen festen Plan, den ich konsequent durchziehe	**10**
3.	**Wenn ich mich mit Hausarbeit beschäftige, dann tue ich das**	
a)	so lange wie nötig	**5**
b)	so lange, wie es mein Plan vorsieht	**20**
c)	mindestens eine Stunde	**10**
d)	bis ich die Nase voll habe	**1**
e)	weiß nicht, kümmere ich mich nicht drum	**0**

4. Wie gehe ich beim Putzen vor?

a) Systematisch, nach einem festen Plan **10**
b) Das Schlimmste zuerst **5**
c) Weiß nicht, ich reiße mich zusammen und mache erst mal irgendwas **1**

5. In meinem Haushalt gibt es

a) Waschmaschine **1**
b) Trockner **1**
c) Geschirrspülmaschine **1**
d) Dampfreiniger **10**
e) Dampfbügeleisen **1**

6. Ich koche

a) gern und oft **5**
b) gern, aber selten **5**
c) ungern, muss aber **10**
d) gar nicht, bestelle lieber was oder gehe essen **1**
e) Ist Kochen nicht diese kleine Stadt am Rhein? **0**

7. Ich bewirte Gäste,

a) wenn es nicht anders geht **1**
b) furchtbar gern – je mehr, je lieber **5**
c) nie, weil ich meine Wohnung niemandem zeigen kann **0**
d) nicht so gern, weil ich nicht weiß, was ich ihnen anbieten soll **2**

8. Meine privaten Unterlagen sind

a) picobello in Ordnung, alles auf dem neuesten Stand **10**
b) irgendwo auf meinem Schreibtisch **5**
c) überall in der Wohnung verteilt **1**
d) Um so was kümmere ich mich nicht **0**

9. Ich hätte keine Probleme,

a)	auf meine gesamte Habe zu verzichten	**1**
b)	meine gesamten Besitztümer in einem Rucksack und zwei Koffern zu transportieren	**2**
c)	mit meinen persönlichen Sachen einen VW-Bus zu füllen	**5**
d)	nur mit meinen eigenen Möbeln einen 7,5-Tonner zu beladen	**10**

10. Ich bin

a)	ein Mann	**1**
b)	eine Frau	**5**

Punktzahl:

Und jetzt wird das ganze noch mit dem Faulheitsquotienten multipliziert.

11. Ich wohne

a)	allein	Gesamtpunktzahl	**x 1**
b)	mit Partner/Partnerin		**x 2**
c)	in einer WG		**x 3**
d)	in einer Familie mit Kindern		**x 4**

Auswertung:

unter 20 Punkte:
Du bist ideal für einen faulen Haushalt geeignet. Wahrscheinlich lebst du schon in einem und liest dieses Buch nur, um bestätigt zu werden.

21 - 100 Punkte:
Du könntest ohne Probleme deinen Haushalt umstellen. Wunderbare Zeiten stehen dir bevor! Lies dieses Buch! Du wirst glücklich werden!

über 101 Punkte:
Du bist nicht geeignet, einen faulen Haushalt zu führen. Mit 98-prozentiger Sicherheit bist du eine Frau und hast ein schlechtes Gewissen, wenn du dieses Buch liest, statt die Küche zu wienern.

Dieser Test – abgesehen davon, dass er mir Gelegenheit gibt, etwas Albernes in diesem Buch unterzubringen, hat hauptsächlich einen Sinn: Sich einmal Gedanken zu machen über das eigene Verhältnis zur Hausarbeit. Ein bisschen Analysetätigkeit schadet nichts, wenn man etwas ändern möchte.

Noch etwas Polemik:
Viele Frauen finden immer noch die größte Bestätigung in der Hausarbeit, im Kochen und Backen. Dagegen ist nichts zu sagen. Manche haben wenig anderes, worauf sie stolz sein können. Das ist nicht schön, aber ich verstehe sie. Sie jammern über die viele Arbeit, leiden darunter, aber tun nichts dagegen. Das halte ich für unerträglich. So könnte ich nicht leben. Sie glauben bzw. hoffen, unersetzlich zu sein, und stellen immer höhere Anforderungen an sich selbst und an andere Hausfrauen. Sie eignen sich nicht für das Leben im faulen Haushalt. Sie hätten weniger Hausarbeit, aber ihr Leben wäre sinnlos geworden.

Für alle anderen Frauen, die weniger Arbeit und Stress im Haushalt haben wollen, hier ein paar Ratschläge:
Beteiligt eure Mitbewohner mehr am Haushalt. Auch wenn sie angeblich alles falsch machen – vielleicht nicht ohne Hintergedanken? Auch Kinder können sich im Haushalt betätigen. Dabei geht es nicht um Kinderarbeit, sondern um das Erlernen von Selbstständigkeit. Schon kleine Kinder reißen sich darum, den Großen zu helfen, und sie lernen gern und schnell. Was kann man Kindern ab welchem Alter übertragen? Hier eine kleine Auswahl:

ab ca. 4 Jahre:	selbstständiges Aufräumen von Spielsachen, Mithilfe beim Aufräumen, beim Tischdecken, bei der Gartenarbeit
ab ca. 6 Jahre:	Ein- und Ausräumen der Geschirrspülmaschine, Abstauben/Staub wischen, Einkaufen z. B. von Brötchen und Zeitungen in der Nachbarschaft
ab ca. 8 Jahre:	selbstständiges Tisch decken, Hilfe beim Abräumen, Abtrocknen und Abwaschen, Hilfe beim Wäsche waschen und Bügeln, z. B. Wäsche sortieren und zusammenlegen
ab ca. 10 Jahre:	Hilfe beim Zubereiten von Mahlzeiten (Gemüse waschen, Salat putzen und zupfen, Gurken raspeln, Kartoffeln schälen u. a.), Hilfe beim Fensterputzen, beim Bodenwischen und bei der Nassreinigung in Bad/WC, selbstständiges Fegen; Müll trennen und wegbringen

Im Idealfall kann (und sollte) ein zwölfjähriges Kind alle notwendigen Tätigkeiten im Haushalt selbstständig ausführen. Dann ist es spätestens an der Zeit, es in die Geheimnisse der Kochkunst einzuweihen.

Einige meiner Freundinnen klagen gelegentlich, ihre Kinder und Ehemänner würden sich zu wenig an der Hausarbeit beteiligen. Das fällt ihnen meistens auf, wenn die Kinder erwachsen sind und die Ehemänner beinahe im Rentenalter. Wenn ein Kind nicht schon von klein auf gewöhnt ist, im Haushalt zu helfen, ist es natürlich schwierig, es später dazu zu bringen. Es hat gelernt: Mutti macht alles. Das gleiche gilt für Ehemänner. Der Standardspruch – nach 10 Jahren bequemen Lebens – lautet dann: „Was hast du denn plötzlich?"

Solange es keine tatsächliche Notwendigkeit gibt (Arbeitsaufnahme, Krankheit, Versorgung anderer hilfsbedürftiger Familienmitglieder), wird kaum jemand freiwillig sein Verhalten ändern. Das muss weise geplant und gut inszeniert sein. Schreien und toben hilft wenig. Am besten: Bei einer günstigen (!) Gelegenheit ein ruhiges Gespräch suchen und klären, welche Tätigkeiten Sie delegie-

ren wollen. Die gute Einarbeitung ist wichtig! Ebenso wichtig: Verständnis und Toleranz, wenn das Arbeitsergebnis nicht oder noch nicht dem Wunschziel entspricht. Und – wie immer im Management – gilt auch hier: Konsequent bleiben! Der häufigste Fehler: Kind macht, was Mutter sagt – Mutter ist nicht zufrieden, macht es selber und besser – Kind ist eingeschnappt und will nicht mehr. Die Wirkung: Alle sind sauer. Mutter, weil Kind nicht ordentlich gearbeitet hat; Kind, weil Mutter an Arbeit rumgemault hat. Mutter zusätzlich, weil Kind nicht nur schlechte Arbeit abgeliefert hat, sondern nun auch noch eingeschnappt ist, weil Mutter sauer ist. Soll sich das Kind etwa freuen, dass die Mutter es zusammenstaucht? (Antwort: Nein!) Soll sich die Mutter etwa freuen, dass das Kind mangelhaft arbeitet? (Antwort: Ja, natürlich! Oder tun Sie wenigstens so!)
Es soll Ehemänner und Kinder geben, die es darauf regelrecht anlegen und absichtlich mangelhafte Arbeit abliefern, um künftig davon verschont zu bleiben. Also, meine Damen: Keine Zugeständnisse. Kneift ein bis zwei Augen zu und ertragt wochen-, monate- oder jahrelang schief gemachte Betten, eingelaufene Lieblingsblusen und zuppelig aufgehängte Kleidungsstücke. Irgendwann kommt jeder drauf!

Aller Anfang ist leicht

Die „Merksätze“ für den faulen Haushalt
Mein Mann und ich haben häufig Gäste. Die wundern sich oft, wie viel Zeit wir haben: für uns, für sie, zum Kochen und zum Feiern. Aber das stimmt nicht. Wir haben nicht mehr Zeit als andere, wir nehmen sie uns. Vor allem haben wir gelernt, Zeit besser zu nutzen als früher. Wie geht das?

Hier kommt gleich der Merksatz Nr. 1 im faulen Haushalt:

> **„Ein fauler Haushalt beruht auf durchdachter Organisation.“**

Entgegen vieler Gerüchte hat Organisation nichts zu tun mit straffer Zeiteinteilung und befehlsmäßigen Kommandos. Schon gar nicht mit Erledigungslisten, Memos, Terminkalendern und ähnlichen Hilfsmitteln.

Mein Freund Michael, ein fürchterlicher Chaot, wollte sein Leben komplett durchorganisieren und begann damit, seinen Terminkalender nicht nur per Hand, sondern zusätzlich im Computer zu führen. Alle Termine und alles, was er erledigen wollte, trug er penibel im Kalender ein und zusätzlich im Computer. Er verbrachte eine Menge Zeit damit, zahlreiche Listen, Tages- und Wochenpläne zu erstellen. Seine private Organisationsstruktur wurde von Woche von Woche komplizierter und perfekter. Das hat ihm richtig Spaß gemacht.

Allerdings ist es nie so weit gekommen, dass er das, was er sich vorgenommen hatte, erledigt hat. Er hat es einfach nicht geschafft. Statt sich auf das Wesentliche zu konzentrieren – die Ausführung seiner Vorhaben – hat er sich das Leben erschwert, weil er die Planung perfektionieren wollte. Außerdem hatte er nicht die Disziplin, jeden Tag die Liste der nicht erledigten Arbeiten auf den nächsten Tag zu übertragen und sie später abzuarbeiten. So hat er sich in seiner eigenen Organisationsstruktur verzettelt. Er hat sich überorganisiert.

Daraus folgt Merksatz Nr. 2:

„Eine gute Organisation ist einfach, jederzeit durchschaubar und zweckmäßig."

Ebenso einfach, durchschaubar und zweckmäßig sollte der faule Haushalt gestaltet sein. Stellen Sie sich vor, Sie würden Ihre Wohnung komplett untervermieten. Dieser Untermieter soll sich ohne Probleme und ohne Rückfragen in Ihrer Wohnung zurechtfinden. Er muss sie preiswert und schnell sauber halten und pflegen können, ohne Hilfe anderer Menschen. Also:
Wie viel kann und will ich im Haushalt leisten, um die in meinen Augen notwendigen Tätigkeiten zu verrichten? Mehr Zeit für den Haushalt bedeutet weniger Zeit für mich oder für das, was mich interessiert. Wie viel Zeit will ich für Hausarbeit aufwenden, ohne dass ich selbst, meine Familie, Freunde und mein Beruf zu kurz kommen?
Zeit lässt sich – siehe oben – nicht unbedingt durch schnelleres Arbeiten einsparen, sondern durch Effektivität und Zweckmäßigkeit, also im gezielten, organisierten Umgang mit zeitsparenden Materialien und Grundstoffen. Daraus ergibt sich

Merksatz Nr. 3:

„Der faule Haushalt ist pflegeleicht."

Alles, was nicht einfach, pflegeleicht und zweckmäßig ist, z. B. Topfpflanzen, Porzellanfiguren, Setzkästen oder Trockenblumensträuße, ist deshalb keinesfalls zu ächten, aber mit Mehraufwand verbunden. Ich möchte nicht über Schönheit, Ästhetik oder Geschmacksfragen diskutieren, gebe aber Folgendes zu bedenken: Ein einzelner Teddy auf dem Sofa kann lieb und lustig aussehen. Bei 20 Teddys sollte man überlegen, ob die psychologische Wirkung erwünscht ist und ob die damit verbundene Arbeit in einem erstrebenswerten Verhältnis zum Selbstgefühl steht. Wenn eine Sammlung die Herrschaft im Haushalt übernommen hat, ist es in der Regel zu spät, dem Gräuel Einhalt zu gebieten. Der Haushalt liegt dann in Händen einer fremden Macht und lässt sich nicht mehr beeinflussen. Lassen Sie es nicht so weit kommen! Häufig ist Einsamkeit die Folge. Es drohen ungewolltes Single-Dasein oder eine gescheiterte Beziehung. Überlegen Sie, ob Sie lieber mit Gegenständen oder mit Menschen leben wollen. Wer Schnickschnack bevorzugt, sollte sich zumindest darüber im Klaren sein, dass damit zusätzliche Arbeit für Reinigung und Pflege und letztlich auch Mehrkosten verbunden sind.

Zum Thema Kosten soll hier mit einem weit verbreiteten Vorurteil aufgeräumt werden. Ein fauler Haushalt ist keineswegs teuer. Im Gegenteil: Im faulen Haushalt wird das Geld nur zielorientiert ausgegeben, und zwar immer unter dem Aspekt der Arbeitsvermeidung und Arbeitsminderung.

Ein Urlaubstag, den ich nehmen muss, weil ich unbedingt die Einbauküche selbst zusammenbauen will, kostet ebenfalls Geld, auch wenn ich das nicht sofort merke. Möglicherweise ist mir mehr gedient, wenn ich jemanden engagiere, der in zwei Stunden erledigt hat, wofür ich selbst acht Stunden benötige.

In einem Haushalt verstecken sich fast immer vermeidbare Kosten. Hier ein paar simple Beispiele:

Anstelle von Energiesparlampen benutzen viele noch immer billige Glühbirnen, die zwar weniger kosten, aber nicht lange halten und mehr Strom verbrauchen.

Viele kaufen teure Lebensmittelzubereitungen, anstatt mit wenig Aufwand selbst zu kochen. „Miracoli“ lässt sich in der gleichen Zeit zubereiten wie ein selbst gemachtes Nudelgericht, das die Hälfte kostet.

Statt eines stromsparenden Wasserkochers wird vielerorts ein Teekessel verwendet.
Zahllose unterschiedliche Putzmittel, Schwämme, Lappen, Tücher, Spezialbesen etc. füllen die Schränke, obwohl man mit sehr wenigen Produkten den gleichen Effekt erzielen kann.

Daher also Merksatz Nr. 4:

> **„Im faulen Haushalt werden Arbeit und Geld gespart."**

Die Einrichtung des faulen Haushalts ist nicht nur praktisch und pflegeleicht, sondern auch preiswert. So eine Einrichtung kann man sich selbst gezielt kaufen oder schenken lassen. Niemals sollte man die Wahl von Einrichtungsgegenständen dem Zufall oder einer spontanen Eingebung überlassen. Also keine Panikkäufe von niedlichen Vasen oder billigen Kaffeebechern im Möbelmarkt, weil der anvisierte Tisch nicht lieferbar ist!
Überflüssig sind Hausratsgegenstände, die man sowieso nicht leiden kann und aus falsch verstandener Höflichkeit (Geschenk von der Erbtante) oder aus Bequemlichkeit behält und ausstellt. Raus damit! Zumindest kann man sie verpacken und wegstellen.
Noch besser ist natürlich, die Anschaffung von Zeuch (Accessoires, Präsente, Geschenkartikel usw.) generell zu vermeiden. Verhindern Sie, damit bedacht zu werden. Was bei mir schließlich geholfen hat: der Wunsch gegenüber Familie und Freunden, mich bitte nicht mehr mit „netten Kleinigkeiten" zu überraschen. Keine Sprühkännchen für Essig mehr, keine Windlichter oder Kerzenständer. Ich stehe zu dem Schnickschnack, den ich besitze. Auch wenn es ganz alberne Sachen sind. Aber ich möchte nicht noch mehr davon.
Am besten fängt man gar nicht erst damit an. Was nicht da ist, muss nicht geputzt werden. Das bedeutet für Freunde und Verwandte:

Merksatz Nr. 5:

> **„Mit Weitsicht schenken – ans Putzen denken!"**

Ein fauler Haushalt **kann** nicht nur, sondern **sollte** nach Möglichkeit schon geplant werden, bevor er vorhanden ist.
Wenn junge Leute in die eigenen vier Wände ziehen wollen, prasseln von allen Seiten gut gemeinte Ratschläge auf sie ein. Die zukünftigen faulen Haushälter sollten gut zuhören, aber sie sollten sich auf das Wesentliche konzentrieren:

Was brauche ich unbedingt?
Was kann ich mir leisten?
Was will ich noch dazu?
Was gefällt mir?
Was passt zu mir?
Was ist einfach, praktisch, pflegeleicht und preiswert?

Die konkrete Planung für den faulen Haushalt beginnt schon bei der Wohnungssuche.

Vom Suchen und Finden einer Behausung

Wenn man das Glück hat, sich eine Wohnung selbst aussuchen zu dürfen, sollte man vor lauter Freude nicht vergessen, jedes in Frage kommende Objekt unter haushaltstechnischen Aspekten zu überprüfen.

Das geht los mit der **Lage der Wohnung:**
Kann ich alle Geschäfte für die Einkäufe des täglichen Bedarfs zu Fuß erreichen?
Befindet sich in der Nachbarschaft ein Zeitungskiosk, ein Bäcker, ein Lebensmittelgeschäft?
Und wenn nicht: Habe ich die Möglichkeit, schnell und einfach mit dem Auto oder mit öffentlichen Verkehrsmitteln dorthin zu gelangen?
Wenn ich gern abends weggehe: Gibt es Freizeit- und Kulturangebote in der Nähe?
Wenn ich ein Auto habe: Gehört zur Wohnung ein Stellplatz oder eine Garage?
Falls nicht: Ist freier Parkraum vorhanden?
Gibt es öffentliche Verkehrsmittel, die innerhalb von 10 Minuten erreichbar sind?
(Nur dann kann ich meine Wohnung jederzeit auch ohne Auto erreichen, und andere können mich besuchen, ohne dass ich einen Shuttleservice anbieten muss. – Wer auf dem Lande wohnt, hat hier natürlich weniger Möglichkeiten als die Großstädter.)

Ein gezielter Blick auf das Haus selbst kann ebenfalls die Entscheidung erleichtern:
Macht es insgesamt von außen einen gepflegten Eindruck?

Kucken Sie sich das Klingelbrett an, wenn es eines gibt, sonst den „stillen Portier“, der meist im Erdgeschoss hängt:

Lässt das Klingelbrett oder der stille Portier den Schluss zu, dass mehrere Wohnungen leer stehen oder dass eine große Mieterfluktuation herrscht? Falls ja, spricht das im Allgemeinen nicht für das Haus. Es sei denn, es wurde frisch renoviert und wird gerade neu vermietet. Zumindest sollten Sie bei der Hausverwaltung nachfragen, noch besser einen anderen Mieter, wenn Ihnen etwas seltsam vorkommt.

Wie präsentieren sich der Treppenaufgang, der Müllraum oder die Mülltonnen im Hof?
Liegt irgendwo Abfall oder Müll herum?
Gibt es Indizien dafür, dass die Hausverwaltung auf die Wünsche und Bedürfnisse der Bewohner eingeht? (z.B. Fahrradständer, Kinderwagenraum, Spielplatz)
Ist das Treppenhaus individuell gestaltet, gibt es Blumentöpfe, Teppiche o.ä.?
Oder ist das Treppenhaus mit irgendwelchem Krempel vollgemüllt?
Riecht der Treppenaufgang irgendwie unangenehm?

Ein muffig riechender Treppenaufgang lässt auf feuchte Mauern schließen. Auch eine frisch renovierte Wohnung in einem solchen Haus könnte daher nach einigen Wochen oder Monaten schnell wieder feucht werden, und zwar bis zur Entwicklung von Stockflecken und Schimmel. Also Achtung.

Wenn ich langfristig plane: Verfügt das Haus über einen Fahrstuhl, oder liegt die Wohnung in den unteren Etagen? Kann ich Lasten problemlos die Treppe hoch transportieren?

Einige meiner Freundinnen haben erst, als ihr Baby in der Wiege lag, gemerkt, dass eine Dachgeschosswohnung ohne Fahrstuhl doch nicht so praktisch war. Besonders wenn man den Kinderwagen nicht einmal unten im Flur stehen lassen kann.

Es geht weiter mit der **Wohnung selbst:**
Liegt sie nach Süden, bedeutet das Sonne, Helligkeit und Wärme. Das könnte im Sommer, besonders in Dachgeschosswohnungen, lästig werden. Andererseits spart man Strom- und Heizungskosten. Große Fenster bedeuten Helligkeit, aber mehr Fensterputzen und weniger Stellfläche an den Wänden für Schränke und Regale. Ein West-Balkon mit Blick auf den Sonnenuntergang kann günstiger sein als ein Balkon nach Osten (Morgensonne), wenn man z. B. viel arbeitet und ohnehin nur nachmittags und abends zu Hause ist.
Wichtig ist, sich klar zu machen, was den eigenen Interessen entspricht. Niemand wird einen Balkon ablehnen, nur weil er gepflegt und geputzt werden muss. Aber ein Balkon, der nicht genutzt werden kann, weil er baufällig ist oder weil startende und landende Flugzeuge die Geranien abrasieren, wäre inakzeptabel.
Parterrewohnungen sind oft dunkel, auch wenn sie große Fenster haben. Wer im Winter eine Parterrewohnung bezieht, sollte darauf achten, ob sich vor den Fenstern Sträucher und Bäume befinden, die im Winter kahl und lichtdurchlässig sind, aber im Sommer begrünt und den Lichteinfall verhindern. Wenn ein Ladengeschäft oder eine Gewerbeeinheit direkt unter der Wohnung liegt, kann das bedeuten, dass die Zimmer fußkalt sind und nur langsam warm werden. Wohnungen mit mehreren Außenwänden sind generell schlechter zu beheizen als „eingebaute“ Wohnungen mit nur einer Außenwand.

Es ist ratsam, sich zumindest Gedanken darüber zu machen, bevor man sich wundert, warum man es im Sommer vor Hitze kaum aushält und im Winter die Wohnung nicht warm bekommt.

Checkliste für die faule Wohnung:

Sind alle Räume leicht und gut zu lüften?
Auch Bad/WC?
Gibt es Kippfenster? Sind sie schnell und leicht zu säubern?
Haben die Fenster eine Normgröße, so dass man preiswert Gardinen und Rollos kaufen kann?
Ist die Wohnung putzfreundlich mit glatten Türen und Fenstern?
Oder gibt es Stuck, Ornamente oder Schnitzereien, Fußleisten, alte Messingtürklinken?

Eine alte Wohnung ist etwas Wunderbares. Doch die Schönheit zu bewahren, kostet nicht nur Geld, sondern auch Aufwand in Form von Arbeitszeit.

Gibt es einen Putzschrank oder eine Kammer, wo man Staubsauger, Leiter u. a. abstellen kann?
Gibt es Stauraum in Form von Schränken, Hängeboden, Keller oder Speicher?

Möglichst abschließbar und bequem erreichbar sollten sie sein, die Verstecke für alles, was selten benötigt wird. Andererseits sollte es möglichst wenige unübersichtliche Nischen und Ecken geben, in denen sich still und heimlich Krempel ansammeln kann.

Wie hoch ist die Wohnung?

Je höher die Decke, desto schwieriger wird es, eine Glühbirne zu wechseln, Fenster und Lampen zu putzen. – Andererseits wirkt eine hohe Wohnung luftiger und erlaubt großzügige Einbauten.

Wie ist die Wohnung aufgeteilt?
Habe ich genug Platz für mich zur Verfügung?
Sind die Zimmer für den jeweiligen Zweck groß genug?
Wie lange möchte ich die Wohnung nutzen?
Wird sie in 2, 5 oder 10 Jahren noch für mich geeignet sein?
Lohnen sich vor diesem Hintergrund teure Um- und Einbauten, die notwendig wären, um die Räume für meine Bedürfnisse passend zu gestalten?
Sind die Armaturen neu?

Oder sehen sie so aus, als seien sie seit Jahrzehnten nicht erneuert worden?
Wie präsentieren sich Waschbecken, Badewanne, Toilettenbecken und Dusche?
Ist das Bad komplett gekachelt und gefliest?
Wie ist der Zustand der Kacheln und Fliesen?

Ist die Küche gekachelt und gefliest?
Ist eine Einbauküche vorhanden oder leicht einzubauen?
Wie ist der Zustand von Herd, Spüle und vorhandenen Einbauten?

Kann ich die Diele als zusätzliche Stellfläche nutzen?

Das sind nur einige Aspekte, die für die Auswahl einer Wohnung im Hinblick auf einen späteren faulen Haushalt eine Rolle spielen. Entscheiden muss jeder selbst. Erst einmal geht es darum, darüber nachzudenken, was dem faulen Haushalt nützen könnte. Eine wichtige Informationsquelle bei der Auswahl einer Mietwohnung sind andere Mieter und Hauswarte. So erfährt man einiges über die Atmosphäre im Haus und über das Verhältnis zwischen Mieter und Vermieter/Verwaltung.
Ein Beispiel: Wenn eine Wohnung bei Besichtigung leer steht und länger nicht bewohnt ist, kann das mehrere Ursachen haben, z. B. Mängel in der Wohnung, im Haus oder im Umfeld. Fragen Sie sich, wenn Ihnen die Wohnung gefällt: Habe ich evtl. etwas übersehen, was bisher alle Interessenten davon abgehalten hat, die Wohnung zu mieten? Gibt es Probleme mit einer Mietpartei, mit einem Gewerbe oder mit der Hausverwaltung?
Vormieter und Vermieter kann man ebenfalls befragen, auch wenn ihnen meist daran gelegen ist, die Wohnung so schnell wie möglich zu vermieten. Makler kennen sich mit ihren Objekten oft nicht so gut aus und sind aufgrund ihrer finanziellen Interessen noch weniger als Informanten geeignet.

Die meisten der genannten Kriterien gelten auch für den Erwerb von Einfamilienhäusern und Eigentumswohnungen. Wer wenig oder gar keine Ahnung von Immobilien hat, sollte vor dem Kauf unbedingt Fachleute beauftragen, die sich um die individuellen Wünsche, Bedürfnisse und Notwendigkeiten kümmern. Als Laie ist man nicht in der Lage, den Wert, den Zustand und ggf. auch den Renovierungs- und Umbaubedarf einer Immobilie richtig einzuschätzen. Also sollte man diese Aufgaben an die Profis delegieren. Sachverständige für Grundstücks- und Immobilienbewertung aber auch Sachverständige für Bauschäden sind hier in erster Linie zu nennen.

Tipp:
Einige Sachverständige bieten zusätzliche Dienstleistungen, beispielsweise in Form von mündlichen Kurzberatungen am Objekt, wenn man nicht sicher ist, ob man die richtige Wahl getroffen hat. Für den Raum Berlin/Brandenburg gibt es eine solche Beratung beispielsweise unter ***www.immobilien-kaufrat.de.*** Auch der nächste Haus- und Grundbesitzerverein kann Adressen von Sachverständigen vermitteln, die neben aufwändigen, aber häufig notwendigen Gutachten auch individuelle Ratschläge erteilen. Man sollte allerdings Wert darauf legen, dass ein Sachverständiger öffentlich bestellt und vereidigt ist. Nur dann ist gewährleistet, dass er weder die Seite des Käufers noch des Verkäufers vertritt. Die Beurteilung durch einen neutralen Sachverständigen ist daher deutlich wertvoller als die eines Maklers oder Eigentümers.

Wenn schließlich die passende Wohnung gefunden ist, geht's an die Einrichtung und zum nächsten Kapitel:

Hübsch habt ihr's hier – die Einrichtung des faulen Haushalts:

Der Möbelkauf

Eigentlich ist es so einfach. Aber wie immer, wenn etwas besonders einfach ist, wird gern heiße Luft in hohle Räume gepustet. Ich versuche klar, pragmatisch und direkt zu bleiben:
Die Wohnungseinrichtung soll praktisch sein, schmutzabweisend und putzfreundlich. Wenn sie auch noch preiswert ist (was nicht unbedingt billig bedeutet!), zeitlos und ästhetisch, hat man die richtige Grundlage. Wichtig sind außer Farbe und Material Haltbarkeit und Zweckmäßigkeit.
Erster Grundsatz ist: Ich soll mich in meinen Möbeln wohlfühlen. Wenn ich etwas gefunden habe, was mir gefällt, überprüfe ich erst den Preis und dann den Faulheitsaspekt. Das gilt besonders für Möbelstücke, die man selbst zusammenbauen muss.
Viele Möbelhäuser haben Abholabteilungen, wo es kaum Beratung durch Verkaufspersonal gibt. Trotzdem sollten Sie sich nicht abschrecken lassen und im Zweifelsfall lieber jemanden fragen, wenn sie unsicher sind. Wenn Sie niemanden finden, der Ihnen hilft, sollten Sie vom Kauf Abstand nehmen und das Möbelhaus verlassen. Auch und besonders, wenn Sie nicht sicher sind, ob Sie ein Möbelstück selbst zusammenbauen können: Befragen Sie das Personal! Wie viel kosten Lieferung und Zusammenbau? Ist das preiswerte Möbelstück jetzt immer noch preiswert? Das Geld für den Monteur ist unter Umständen gut angelegt. Wer jemals ein Schrankpuzzle in Originalgröße zusammengesetzt hat, wird wissen, was ich meine.

Denken Sie bitte immer daran: Möbel sind nicht etwa deshalb billig, weil die Hersteller besonders doof oder besonders menschenfreundlich sind, sondern weil hier an etwas gespart wird, z. B. an Qualität oder Service.
Ausnahmen gibt's natürlich: Manchmal werden preisgünstige Qualitätsmöbel angeboten, Ausstellungsstücke oder Konkursware. Aber auch diese Angebote sollte man sich gut ansehen.

IKEA und Co...

Ich liebe schwedische Möbelhäuser. Sie sind nur leider für den faulen Haushalt selten geeignet. Zum einen muss man ein ganzes riesiges Warenhaus durchkreuzen, bis man gefunden hat, was man sucht – sofern es gerade am Lager ist. Ein simpler Einkauf wird zum Event und dauert mindestens einen halben Tag. Das ist natürlich Absicht, manchen Menschen bereitet gerade das Herumrennen und Wühlen großes Vergnügen, aber ich bin dafür nicht geeignet.
Hinzu kommt: Was auf den ersten Blick preiswert aussieht, entpuppt sich bei intensiver Betrachtung häufig als unbedingt erweiterungsbedürftige Grundausstattung. Schließlich möchte man an einem Schrank Griffe haben oder ein paar Schubladen in der Kommode. Und schon wird das Superangebot so teuer, dass es sich lohnen würde, ein ähnliches Stück woanders zu kaufen.
Gut ist: Es gibt wirklich individuelle Lösungen. Aber die setzen voraus, dass man ein Konzept hat und weiß, was man will.
Gut ist auch: Die Auswahl an Tisch- und Bettwäsche, an Gläsern, Geschirr und allgemeiner Ausstattung, vom Duschvorhang bis zum Fußabtreter.
Für einen faulen Haushalt ist der Möbelkauf nach Katalog generell nicht empfehlenswert. Schränke muss man öffnen können, Betten ausprobieren, Stühle und Sessel Probe sitzen können. Wenn man nicht gerade in einem unzugänglichen Alpental wohnt, sollte man den Weg in ein Möbelhaus antreten, um alles selbst in Augenschein zu nehmen. Ein dünner, billiger Bezugsstoff muss vielleicht schon nach 3 Jahren ersetzt werden. Ein Sofa neu beziehen zu lassen, kostet mindestens 200 Euro – unter Umständen also mehr als ein neues. Oder man verdeckt die fleckigen oder durchgeses-

senen Stellen mit einem großen Tuch, einem Überwurf oder einer Decke. Aber will man das?

Generell sollte man beim Kauf von Schränken, Schrankwänden oder Regalen darauf achten, dass man keine Leiter benötigt, um etwas hineinzustellen oder herauszuholen. Ein zweistufiger Tritt oder Klappschemel ist gerade noch akzeptabel, aber nicht für den täglichen Bedarf.

Alle größeren Möbelstücke wie Sofas, Schränke und Kommoden, sollten einen Sockel bis zum Boden haben. Wenn nicht, sollten sie Füße haben, die es erlauben, mit Besen oder Staubsauger bequem unter die Möbelstücke zu gelangen.

Regale haben den Vorteil, dass alles, was darin steht, leicht herauszunehmen und hineinzustellen ist. Aber wenn man die Gegenstände nur alle paar Wochen benötigt, ist es vielleicht praktischer, eine geschlossene Vitrine anzuschaffen.

Zu schwere, große oder sperrige Möbel erschweren nicht nur den Umzug, sondern auch den Alltag. Wenn möglich, sollten kleinere Möbel wie Sessel, Tische und Stühle problemlos (also von einer Person ohne große Anstrengung) anzuheben bzw. zu transportieren sein.

Wer faul sein möchte, schafft sich Möbel aus möglichst gleichartigen Materialien an. Am besten Holz, lackiert, lasiert oder geölt/gewachst. Auf Metallmöbeln sieht man jeden Fingerabdruck und jedes Staubkörnchen. Vorsicht auch vor Kunststoffmöbeln! Sie ziehen Schmutz und Staub magisch an und sehen urplötzlich vergammelt aus. Bestimmte Schadstoffe, z. B. Nikotin, aber auch Lebensmittel (Obst) oder Getränke (Tee, Rotwein) können weiße Kunststoffmöbel so verfärben, dass sie mit keinem Reinigungsmittel dieser Erde wieder weiß zu bekommen sind.

Wichtig sind putzfreundliche Farben. Also eher Brauntöne (oder Naturholz) anstelle von schwarz und weiß.

Küchenmöbel – viele Türen zum Verstecken

In meiner Jugendzeit galt – neben vielem anderem – ein geschlossener Küchenschrank als Inbegriff des Spießertums. Je älter ich werde, desto mehr weiß ich es zu schätzen, dass man hinter Türen nicht nur vieles verstecken, sondern auch schützen kann. Zum Beispiel vor Licht, Staub, Fettspritzern und Wrasen. Das ist der fettige Belag, der sich in einer Küche so gern überall absetzt, wenn man nicht gerade eine supertolle Dunstabzugshaube hat. Diese fettige Schicht ist leicht entfernbar, solange sie sich nicht verfestigt hat. Wrasen entsteht manchmal beim Kochen oder Schmoren, immer beim Braten und ganz besonders beim Grillen.

Falls Sie jemals auf die Idee kommen sollten, in Ihrer Wohnung mit Hilfe eines Elektrogrills zu grillen, lassen Sie's einfach. Fragen Sie nicht, warum. Einfach nicht machen!

Also: In einem faulen Haushalt sollte möglichst wenig offen in der Küche herumstehen.

Ob Schränke hoch oder niedrig sind, Hängeschränke oder nicht, ist nicht nur Geschmackssache. Wer in einer kleinen Küche viel kocht und dort auch essen will, wird platzsparende Möbel bevorzugen und um Hängeschränke nicht herumkommen. Wichtig ist, dass alle Schränke, die täglich genutzt werden, gut erreichbar sind. Das bedeutet: ohne Leiter und möglichst ohne Tritt. Ein hübscher Küchenschrank nützt wenig, wenn Fächer und Schubladen außerhalb der Griffhöhe liegen.
Ebenfalls praktisch sind Küchenmöbel mit einem geschlossenen Unterbau, Sockel genannt. Im Wohnbereich sind unten offene Möbel vielleicht gerade noch akzeptabel. In der Küche sind sie eine reine Beschäftigungstherapie für unterbeschäftigte Hausfrauen. Jede Kaffeebohne, jedes Petersilienblättchen, jeder Kuchenkrümel hüpft wie magisch angezogen in den Spalt zwischen Schrank und Fußboden. Ich bin jedenfalls nicht besonders scharf darauf, unter den Möbeln zu schrubben und zu wischen. Besonders scheußlich ist das, wenn man nur auf dem Bauch liegend mit dem Schrubber unter die Möbelstücke kommt. Diese Art von Gymnastik ist nicht erstrebenswert. Also: Sockel!
Vorsicht auch bei unbehandelten, ungeölten, unlackierten Küchenmöbeln aus Naturholz. Da kann der Wrasen besonders schnell

einziehen. Das gibt nicht nur eine prima Fettschicht, sondern stinkt auch noch. Und zwar so, dass man es selbst nicht bemerkt. Tückisch!

Wohnmöbel – zum Wohlfühlen für alle

Hierzu gehören Stühle, Sessel, Tische aller Art, Sofas, Schrankwände und Anrichten. Bei der Auswahl gilt hier: Weniger ist mehr! Nicht die Menge an Möbelstücken zählt. Wichtig ist, dass genug Platz übrig ist, damit alle Haushaltsmitglieder einen eigenen Bereich haben. Das muss für Kinder nicht unbedingt das Kinderzimmer sein. Eine Spielecke im Wohnzimmer kann für ein Kind genauso schön sein wie der schnell aufgebaute Puzzle-Tisch für die Oma. Dafür ist es gut, wenn so viel Platz bleibt, dass Möbel leicht und schnell umgestellt werden können.

Wer ein offenes Haus führt und Partys veranstaltet, wird Klapp- oder Stapelstühle anschaffen und den Kauf einer weißen Couchgarnitur gar nicht erst in Betracht ziehen. Mehrere kleine Tische, z. B. Klapp- oder Beistelltische, sind ebenfalls praktisch, wenn man häufig Besuch hat.

Ein großer Ausziehtisch ist prima, nicht nur, um die Steuererklärung vorzubereiten, sondern auch für einen kleineren Gästekreis, den man vielleicht zum Geburtstagsmenü einladen will. Ein Esstisch von 1,60 Meter Länge ist für max. 5 - 6 Personen geeignet, sofern noch Gläser und Schüsseln auf dem Tisch Platz haben sollen. Wenn man 8 – 10 Personen an einer Tafel bewirten möchte, benötigt man ca. 2,60 Meter Tischlänge. Und natürlich das Zimmer dafür!

Schrankwände, Vitrinen, Anrichten und Schränke dienen in erster Linie dem Verstauen von Gegenständen, nicht der Dekoration. Wegen des Preises kann man hier oft eher von einer Anschaffung als von einem Kauf sprechen. Man sollte sich vorher überlegen, ob so ein wuchtiges Möbelstück für den gedachten Zweck geeignet ist und von Größe und Stil in die Wohnung passt. Denn Vorsicht! Im Geschäft wirken Möbelstücke anders als in der Wohnung! Sie sind besser beleuchtet, und durch Größe und Tiefe des Ausstellungsraumes verändern sich die Perspektiven. Eine dunkle

Schrankwand, die im Möbelgeschäft an einer langen dunklen Wand steht, kann in einer kleinen Neubauwohnung vor einer weißen Wand wie ein riesiger Klotz wirken. Maß nehmen allein genügt also nicht. Ein bisschen Fantasie hilft, aber auch Fachberatung im Geschäft selbst. Im Zweifelsfalle sollte man eine Entscheidung lieber vertagen und vielleicht noch einmal mit einer vernunftbegabten Vertrauensperson das Objekt besichtigen.
Ähnliches gilt natürlich auch für Sofagarnituren und Sofas. Große Eckkombinationen können ein Wohnzimmer komplett ausfüllen. Wenn noch eine Schrankwand dazu gekauft wird – vielleicht alles zusammen im Sonderangebot – ist das Zimmer voll.

Probieren Sie ruhig mal den alten Trick mit dem Millimeterpapier. Zimmer inkl. Fenster und Türen maßstabsgetreu aufzeichnen. Berücksichtigen Sie dabei, dass Sie Fenster und Türen öffnen wollen! Dann schneiden Sie aus Papier maßstabsgerechte Möbel aus und richten sich ein.

Für Möbeltextilien gilt: Bei auffällig bunten und gemusterten Stoffen sollte man vorsichtig sein. Man kann sich im wahrsten Sinne des Wortes an ihnen satt sehen.
Aufpassen auch bei billigen Bettsofas: Warum haben viele Sonderangebote bunte Bezugsstoffe oder Kissen? Weil man einem heftig gemusterten Stoff die schlechte Qualität weniger ansieht. Wer sich zuerst ein gemustertes Billigsofa anschafft, kann sich beim Zukauf weiterer Möbel, Bodenbeläge und Tapeten auf einiges gefasst machen, wenn alles farblich zum Sofa passen soll.

Arbeitszimmer – die üblichen Verdächtigen

Wer oft und länger zu Hause arbeitet, wird sich den Arbeitsplatz nach seinen Bedürfnissen gestalten. Zu Anfang genügt ein Schreibtisch, ein Bürostuhl und ein kleines Aktenregal. Mehr braucht man nicht für ein funktionierendes Arbeitszimmer oder die Arbeitsecke.
Allerdings sollte es auch wirklich ein Schreibtisch sein und kein Tapetentisch. Der Bürostuhl sollte die Grundvoraussetzungen

für ergonomisches Sitzen erfüllen. Ein Klappstuhl gehört nicht an den Schreibtisch. Ein Sekretär mit einer Schreibtischklappe ist Platz sparend, aber für die Arbeit am Rechner ungeeignet. Wer viel am Computer arbeitet und genug Platz hat, könnte sich eine Winkelkombination anschaffen. Auf dem kleineren Tisch wird der Computer aufgebaut. Manche ziehen ein Stehpult vor, einige arbeiten sogar mit dem Computer an einem Stehpult. Aber wer viel schreibt, wird ein Stehpult nur zusätzlich zum Schreibtisch benutzen. Warum? – Auf dem Pult lassen sich keine Unterlagen stapeln und vorlegen.
Im faulen Haushalt steht eine Winkelkombination mit Rollcontainer oder ein klassischer Schreibtisch mit Fächern und Schubladen, in denen sich viel unterbringen lässt. Dazu immer ein ergonomisch geformter Stuhl. Ein kleines Aktenregal oder ein kleiner, vielleicht abschließbarer Aktenschrank enthält private Unterlagen, die verfügbar und immer zugänglich sein müssen. Wenn 15 bis 20 Aktenordner hineinpassen, ist er groß genug. Allerdings sollten die Fächer hoch genug sein, damit ein Aktenordner aufrecht hineingestellt werden kann.

Problem: Das Arbeitszimmer für zwei

Was tun, wenn an einem Arbeitsplatz zwei Leute arbeiten müssen, zum Beispiel aus Platzgründen, weil kein zweiter Schreibtisch in die Wohnung hineinpasst?
Im faulen Haushalt ist die einfachste Lösung: Man sitzt sich gegenüber. Dies hat den Vorteil, dass man theoretisch sogar gleichzeitig am selben Schreibtisch arbeiten kann. Ein schwenkbarer Monitorständer mit Funkmaus und Funktastatur erleichtert die gemeinsame Arbeit am selben Computerschreibtisch. Sofern im Haushalt nur ein einziger Computer vorhanden ist, sollte die Arbeitszeit mit allen Nutzern abgesprochen und eingeteilt werden.

Wohin mit den Unterlagen? Die Faustregel: Der Klügere, also: wer ordentlicher ist, gibt nach. Es ist sinnlos, einen schlampigen Menschen dazu zu bringen, alles in Ordnung zu halten, damit der Pingel sich wohl fühlt. Das klappt nicht. Der Schlamper bekommt also Platz direkt am und im Schreibtisch und breitet sich dort aus. Der Pingel bringt seine persönlichen Unterlagen woanders unter. Es empfiehlt sich die Anschaffung eines Bürowägelchens oder eines Rollcontainers.

Schlafzimmer – von Schlafnestern, Bettenburgen und Lotterbetten

Ganz egal, wie man sich einrichtet: Das Schlafzimmer ist Rückzugsort für Faule und für Fleißige, mit Stauraum für alles, was privat ist und bleiben soll. In vielen Wohnungen ist das Schlafzimmer für Besucher tabu. Im Normalfall wird also das Schlafzimmer mehr zweckorientiert eingerichtet sein als ein Repräsentationsraum, wie z. B. Wohn- oder Esszimmer.
Beim Bettenkauf sollte man den zur Verfügung stehenden Platz bedenken. Eine zwei mal zwei Meter große Spielwiese in einem 10 qm großen Zimmer bedeutet die Auslagerung aller anderen Möbel.
Bitte beachten: Um das Bett herum sollte an den Längsseiten mindestens ein Meter Raum bis zur Wand oder zum Schrank vorhanden sein. Bei einem Schubladenbett benötigt man sogar mehr Platz, damit man die Schübe ausziehen und be- und entladen kann, ohne dabei auf dem Bett liegen zu müssen.
Mit dem Kopfende kann das Bett an der Wand stehen. Eine Liege ohne Kopf- und Fußteil kann, sofern sie nicht allzu breit ist, auch in einer Zimmerecke stehen. Falls das Bett häufiger von zwei Personen genutzt wird, entfällt diese Möglichkeit allerdings. Auch toleranteste Schlafgenossen sind meist wenig begeistert, wenn sie nachts klettern müssen oder überklettert werden. Praktisch ist ein Bett mit einem geräumigen Bettkasten oder mit eingebauten Schubladen.

Ein Versteck für jeden Zweck

Ein Kleiderschrank sollte immer so groß wie möglich sein. Die Höhe ist abhängig von der Nutzung. Wer in den oberen Etagen eines Schrankes Unterwäsche unterbringt, die er nur mit einem Mutsprung erreichen kann, ist selber schuld. Für die Unterbringung von zusätzlichen Decken oder Kopfkissen oder von anderen selten benötigten Stücken sind Schrankfächer in Überkopfhöhe allerdings ganz gut geeignet.

Zwei gleiche, schmalere Kleiderschränke nebeneinander an einer langen Wand können ganz hübsch aussehen. Auch eine gute Idee – und noch dazu preiswert: eine Kleiderstange zwischen zwei gleichen Schränken, an die man Anzüge, Kleider und Kostüme hängen kann.

Kommoden, Nachtschränke oder -tische müssen nicht unbedingt zum Bett oder zum Schrank passen. Im Gegenteil: Ein Mix von alten und neuen Stücken, z. B. ein getrödelter Nachttisch oder eine alte Kommode, schafft vielleicht mehr Atmosphäre als einheitlich lackierte Möbel.

Was nicht in den faulen Haushalt gehört, sind Himmelbetten, Bettgestelle mit aufwändigen Verzierungen oder Kopf- und Rückenteilen, Kleiderschränke mit Metalltüren und Möbel mit Glasauflagen.

Die Ausstattung – was so liegt und hängt

Fenster – Gardinen oder Rollos, ganz oder gar nicht?

In früheren Zeiten galt ein Fenster als nackt, das nicht mindestens mit Übergardine (meist aus blickdichtem Material) und Store (transparent) ausgestattet war. Ein Haushalt ohne Fensterdekoration war kaum vorstellbar. Das hat sich – wie ich finde: glücklicherweise! – geändert. Heute ist alles möglich. Der moderne Haushalt kennt Fenster ganz ohne Gardinen, ohne Store oder ohne Übergardine, mit Rollos oder Jalousien und in allen möglichen Kombinationen.

Zweck einer Gardine ist Sichtschutz von außen nach innen, z. B. vor neugierigen Blicken, aber auch von innen nach außen – also die Verdunkelung. Wer weder das eine noch das andere braucht, benötigt keine Gardinen und kann sich überlegen, komplett darauf zu verzichten.

Für den faulen Haushalt gilt – wie immer: Zweckmäßig und pflegeleicht muss alles sein, auch die Fensterbekleidung. Die Kombination Gardine und Übergardine ist dafür nicht gut geeignet.

Rollos und Jalousien verdunkeln besser, fliegen nicht in der Gegend rum, sind weniger schmutzanfällig und pflegebedürftig. Die Vorteile einer Gardine liegen – wenn überhaupt – außer in ästhetischer Hinsicht im günstigen Preis. Ansonsten haben Gardinen viele Nachteile. Sie benötigen Pflege und Wäsche, denn in ihnen sammeln sich Staub und Schmutzablagerungen. Außerdem nehmen sie Gerüche an, z. B. von Nikotin und Essen. Zum Waschen müssen sie abgenommen und nachher wieder aufgehängt werden. Das ist

bei großen Fenstern und entsprechend viel Stoff eine Haupt- und Staatsaktion, die möglicherweise von einer Person allein nicht bewerkstelligt werden kann. Gardinen benötigen außerdem Zubehör in Form von Gardinenstangen und Gardinenringen oder anderen Befestigungsmöglichkeiten. Damit sie optisch schön „fallen“ oder „einen Fall haben“, müssen u. U. Bleibänder in den Saum genäht werden. Das bedeutet Probleme bei der Wäsche, weil die Bleibänder evtl. vor der Wäsche entfernt und hinterher wieder eingenäht werden müssen. Grauenvoll.
Im Handel gibt es fertig genähte Gardinen in Standardmaßen, sogar inkl. Schlaufen, die nur noch auf die Gardinenstange gezogen werden müssen. Das ist eine prima Sache, vorausgesetzt die Fenster haben die passenden Standardmaße. Allerdings kann es auch hier böse Überraschungen nach der ersten und möglicherweise einzigen Wäsche geben.
Achtung: Beim Kauf beachten, ob eine große Gardine überhaupt in die Waschmaschine passt! Die meisten Waschmaschinen fassen nur 3 – 5 kg Trockenwäsche! Frisch gewaschene Gardinen müssen in feuchtem Zustand aufgehängt werden und wiegen dann entsprechend viel.

Ich hatte in meiner ersten Wohnung wunderbare Gardinen: großmaschig, in einem superpraktischen nikotinfarbenem Beige-Ton und mit eingewebten braunen und grünen Wollfäden. Sie waren beinahe blickdicht, bodenlang, und ich liebte sie heiß und innig. Pro Fenster zwei Schals, gut gerafft, was auf einen Meter Fenster ca. 3 Meter Stoff bedeutet. Bei der ersten Wäsche ereilte mich die Katastrophe. Die mit Bleibändern verstärkten Schals waren so schwer, dass ich sie in feuchtem Zustand gerade so aus der Waschmaschine zerren konnte. Aber es war unmöglich, sie – auf der Leiter stehend – über Kopf allein wieder an die Gardinenstange zu friemeln. Ich hatte eine Hand zu wenig und musste einen Freund bitten, mir zu helfen. Welche Demütigung! Feixend stand er unter der Leiter und hielt die feuchte Gardine hoch, damit ich den Stoff zentimeterweise greifen und an die Gardinenstange hängen konnte.

Eine Jalousie hat gegenüber dem Rollo den Vorteil, dass sie wegen der waagerechten, verstellbaren Lamellen zur Verdunkelung nicht komplett hinabgelassen werden muss. Besonders an großen

Fenstern geht häufiges Hinaufziehen und Herablassen von Jalousien oder Rollos bald auf Kosten der Mechanik, weil dadurch jedes Mal viel Gewicht bewegt werden muss. Hier sind Jalousien, die selten hochgezogen werden müssen, praktischer als Rollos.

Ein paar Ratschläge für die Einrichtung mit Gardinen, Rollos und Jalousien:

Wohnräume:
Für die Gardine je nach Geschmack ein transparenter, zum Beispiel durch Raffung blickdicht wirkender Stoff in hellen und trotzdem staubfreundlichen Farben.

Im Wohn- und Schlafzimmer möglichst bodenlang, weil es am hübschesten aussieht und Raum und Fenster optisch vergrößert. Ideal bei kleineren Fenstern sind Vorhänge, die über die Seiten ragen.

In Kinderzimmer, Arbeitszimmer und evtl. im Esszimmer lieber halblange Gardinen, die lediglich bis zum Fensterbrett reichen. Sie sind praktischer. In bodenlangen Gardinen können sich nämlich schnell mal Stühle verfangen und natürlich auch Mitbewohner, nicht nur Kinder. Bei geöffnetem Fenster flattern lange Gardinen prächtig durch den Raum und können Schreibtische leer wedeln.

Abzuraten ist generell von der hübschen, aber unpraktischen Mode der überbodenlangen Vorhänge, die auf dem Boden liegen und besonders gern die Schlafräume romantischer Damen durchwehen. Bessere Staubfänger gibt es kaum. Außerdem kann man prima drauftreten oder Gegenstände drauf abstellen, und dann geht regelmäßig die Gardinenstange gleich mit über die Wupper.
Sogenannte Gardinenschals, also schmale Textilstreifen, die so aussehen, als seien sie Gardinen, aber in Wahrheit lediglich links

und rechts am Fenster hängen und so tun, als erfüllten sie einen Zweck, gehören nicht in einen faulen Haushalt.
Es empfiehlt sich wie immer die einfachste und preiswerteste Lösung. Durchaus akzeptabel, weil optisch angenehm, ist auch die Kombination von Gardine und Rollo.
Im faulen Haushalt hängen, wenn überhaupt, einfarbige Gardinen und Rollos/Jalousien, die zu allem passen. Im Kinderzimmer ist auch ein bunt gemusterter Vorhang denkbar, auf dem man keine Flecken sieht, oder ein farbenfrohes Stoffrollo.

Küche und Bad:
Wer sich das Leben besonders schwer machen möchte, schafft sich Gardinen in der Küche an, womöglich diese putzigen, weißen Scheibengardinen mit eingewebten Tierchen, die nicht einmal vor Blicken schützen und zu nichts anderem da sind, als Gerüche und Wrasen (Fettabsonderungen vom Kochen, Sie erinnern sich?) aufzunehmen. Wer weder die Zeit hat noch die Neigung verspürt, diese unnützen Stofffetzen alle paar Wochen abzunehmen, zu waschen und wieder aufzuhängen, sollte sich mit dem Gedanken befreunden, auf Jalousien umzusteigen.
Ich habe weiße, schmale Jalousien, die direkt am Innenfenster angebracht sind und sehr niedlich aussehen. Sie sind perforiert, aber blickdicht und trotzdem transparent, sogar bei geschlossenen Lamellen. Die gleichen Jalousien hängen im Bad. Sie sind extrem pflegeleicht und lassen sich feucht abwischen.
Für mich sind Küche und Bad reine Zweckräume. In meinem faulen Haushalt gibt es weder in der Küche noch im Bad Gardinen. Ich verzichte gern auf die ästhetische, optische Wirkung.

Rollo oder Jalousie ...
Man unterscheidet Raffrollos, Zugrollos und Jalousien. Jalousien können außen oder innen, direkt am Fenster oder an Stelle von Gardinen innen vor den Fenstern angebracht werden. Außenjalousien gehören meist zur Ausstattung eines Mietshauses oder werden beim Hauskauf angeschafft. Wohnungsmieter werden selten Außenjalousien anschaffen, weil sie meist schon beim Hausbau

mit eingeplant und nur selten nachträglich eingebaut werden. Ich befasse mich deshalb mit den Innenjalousien. Die haben neigungsverstellbare Lamellen bzw. sollten sie haben. Die verstellbaren Lamellen sorgen dafür, dass das Zimmer erhellt bzw. verdunkelt werden kann, ohne dass man die Jalousie hochzieht. Man sollte sie so anbringen, dass auch bei herabgelassener Jalousie das Fenster zu öffnen oder mindestens zu kippen ist.
Leichter zu pflegen als Gardinen sind Rollos und Jalousien aus Kunststoff oder Metall. Ein Textil-, Bambus- oder Papierrollo ist vom Faulheitsanspruch her eine widersinnige Anschaffung, weil noch schwieriger zu reinigen als eine Gardine. Textilrollos wirken auf den ersten Blick pflegefreundlich, aber der Eindruck kann täuschen. Viele Stoffrollos überstehen keine einzige Wäsche. Das liegt nicht etwa nur am Material, sondern auch an den Zügen, also an den Strippen, mit denen beim Waschen alles Mögliche passieren kann. Die Züge können einlaufen, sich auflösen, verfärben oder einfach so kaputt gehen. Dann kommt das Rollo zwar prima sauber aus der Maschine, lässt sich aber nicht mehr aufhängen.
Ein billiges Rollo sollte immer mit Vorsicht betrachtet werden. Ist es waschbar? Das ist nicht sehr häufig der Fall. Hier handelt es sich um den typischen Fall einer Wegwerfanschaffung. Darum sind Bambus- oder Papierrollos auch so preiswert. Bei Stoffrollos gibt es unterschiedliche Varianten. Die teuren kann man waschen. Besonders teuer, aber nicht besonders hübsch: abwaschbare Kunststoffrollos. Wichtig ist bei allen ein haltbarer Mechanismus.
Kunststoff- oder Metalljalousien sind für jahrelangen Gebrauch gedacht. Sie sollten mindestens 10 Jahre halten. Beim Kauf achten Sie bitte darauf, dass eine Garantie für die Mechanik besteht.

Bodenübungen – Teppich, Teppichboden, Bodenbelag

Im faulen Haushalt liegt Teppichboden, und zwar überall, außer in Küche und Bad/WC. Für diese Entscheidung gibt es im wesentlichen drei Gründe:

1. Teppichboden ist pflegeleicht, denn er lässt sich in einem Arbeitsgang reinigen. Statt zu fegen und zu wischen, muss man lediglich Staub saugen.

2. Teppichboden wirkt Wärme dämmend und Lärm mindernd (Trittschall). Außerdem verleiht er den Räumen einen wohnlichen Charakter und macht sie gemütlich.
3. Teppichboden verdeckt, was man nicht zeigen möchte. Zum Beispiel einen ollen, abgelatschten Untergrund.

Außerdem: Nicht jeder hat Geld, Zeit und Lust, einen Dielenboden abzuziehen oder abziehen zu lassen. Und im faulen Haushalt schon gar nicht. Oft gibt es gar keine Wahlmöglichkeit. Laminat wird gern als Standard-Bodenbelag in Neubauwohnungen oder modernisierten Altbauten verlegt.
Sinnvoll ist die Verwendung von möglichst einheitlichen Qualitäten. Am besten finden Sie eine Auslegeware, die sich für die gesamte Wohnung eignet. Die farbliche Gestaltung richtet sich nach Putzfreundlichkeit und persönlicher Vorliebe. Wer einfarbigen, womöglich schwarzen oder weißen Teppichboden anschafft, darf sich nicht beklagen, jeden Krümel darauf zu sehen.
Was die Materialien betrifft, so gibt es eine unglaubliche Vielfalt, die für Laien praktisch nicht überschaubar ist. Das gleiche gilt für die Beimischung von Chemikalien, auch Ausrüstung genannt. Eulanisiert werden Naturfasern, um sie vor Mottenbefall zu schützen. Naturfasern werden außerdem mit Schmutz abweisenden Chemikalien behandelt. Baygard schützt vor Wiederanschmutzen, allerdings nur bis zur ersten Teppichreinigung. Weichmacher sind oft in Schaumstoffunterlagen enthalten und und und ... Faustregel im faulen und umweltbewussten Haushalt: mit der Nase einkaufen! Teppichböden, die nach Chemie riechen, neigen dazu, diese Gerüche manchmal noch jahrelang zu halten. Also nicht nur nach der Optik, sondern auch nach Geruch auswählen.
Für die Entscheidung zum Teppichbodenkauf sollte man außerdem wissen: Hochflorige Böden sehen zwar schick aus und sind kuschelig, aber unpraktisch. Sie müssen häufig gesaugt und sorgfältig gepflegt werden, weil sie Staub magisch anziehen. Bei mangelhafter Pflege und starker Inanspruchnahme können sich diese Böden schnell abtreten. Einmal darauf gestellte Möbel kann man später schlecht verrücken, da sich die „Fußabdrücke“ nach kurzer Zeit

darin eingraben. Solche Ware ist absolut ungeeignet für Räume, die stark frequentiert sind.
Teppichböden werden von den Herstellern in unterschiedliche Kategorien eingeteilt, und zwar nach Strapazierfähigkeit, oft mit Empfehlungen für die Verwendbarkeit in den verschiedenen Wohnbereichen. Man sollte diesen Empfehlungen folgen.
Wer sich Ärger und Stress ersparen will, fragt gleich beim Kauf, ob die Firma auch einen Verlegeservice bietet und bittet um ein Komplettangebot. Keine Angst – es ist viel preiswerter als man denkt. Der Preis wird nach Quadratmetern berechnet, nicht nach Stunden. Profis schneiden und verlegen auch sperrige Qualitäten sauber und schnell. Nach mehreren intensiven Erlebnissen beim Verlegen von Teppichboden bin ich inzwischen davon abgekommen, es noch einmal selbst zu versuchen. Es ist kein Zeichen von Unfähigkeit, mangelnder Intelligenz, Schwäche oder Verschwendungssucht, wenn man Teppichboden nicht selbst verlegt!
Teppiche sind etwas Feines, und sie können wunderschön aussehen. Aber: Wer schon einmal auf einer so genannten „Bettumrandung“ quer durch ein Schlafzimmer gesurft ist, weiß, dass Teppiche zum Rutschen neigen, besonders auf Dielen oder Parkett. Dies gilt es zu verhindern. Entweder legt man den Teppich auf einen möglichst unauffälligen Teppichboden, oder man leistet sich rutschmindernde Teppichmatten.
Für die Anschaffung von Teppichen gelten ebenfalls die Grundregeln für den faulen Haushalt hinsichtlich Zweckmäßigkeit, Pflege- und Putzfreundlichkeit. Teppiche sind in einem Haushalt mit Holzboden sicherlich eher notwendig als in einer mit Auslegeware versehenen Wohnung.
In die Küche gehört jedoch weder das eine noch das andere, auch wenn seit einigen Jahren der Küchenteppich propagiert wird.
Sie erinnern sich an den Wrasen, den stinkigen, fettigen Belag, der sich beim Kochen so schön über die Küche verteilt? – Stellen Sie sich bitte vor, wie der Wrasen gemütlich in die Fasern Ihres prächtigen neuen Küchenteppichs einzieht. Das möchte man nicht. Jedenfalls nicht im faulen Haushalt. In die Küche gehört ein strapazierfähiger Bodenbelag

mit einer putzfreundlichen Oberfläche. Auch Fußbodenfliesen sind geeignet. Ein Fußboden, der nach jedem Betreten aussieht, als sei er wochenlang nicht gewischt worden, ist reine Beschäftigungstherapie. Also bitte keine glänzenden, einfarbigen Fliesen oder Beläge! Am besten sind gesprenkelte Oberflächen mit Grundfarbe grau, beige oder braun.
Im Bad gilt für den Fußboden das gleiche wie für die Küche. Hier ist ein pflegefreundlicher Badezimmerteppich mit rutschfester (!) Unterlage sinnvoll und angenehm, auf dem man mit nassen Füßen stehen kann. Im WC ist eine preiswerte Toilettenumrandung denkbar. Wichtig ist, dass sie waschmaschinenfest ist.
Achtung: Viele besonders kuschelige Badezimmerteppiche und WC-Umrandungen fusseln mächtig, manche – auch teure – sogar noch nach mehrfachem Waschen. Also vor dem Kauf ruhig ein bisschen zuppeln und zupfen, auch mal mit der Handfläche ein paar Mal kräftig über den Flor streichen. Wenn's färbt oder fusselt – nicht kaufen!

Es werde Licht – Lampen und Leuchten

Die Beleuchtung im faulen Haushalt lässt sich kurz so beschreiben: wenige und möglichst helle Lampen. Nur Teenie-Zimmer sind dunkel! Wer in einer Wohnung leben und arbeiten will, braucht Licht. Und das soll genau dorthin scheinen, wo es gebraucht wird.
Nicht immer ist die klassische Deckenlampe die beste Lösung. Ich bevorzuge im Wohnraum Deckenfluter als Lichtquelle, die als Stehleuchten leicht verstellbar sind. Ins Arbeitszimmer gehört für Rechtshänder eine Lichtquelle links vom Arbeitsplatz, um störende Reflexe und Schatten auf dem Monitor zu vermeiden. Das gleiche gilt für die Leseecke im Wohnzimmer.
Wichtig ist, dass Lampen ausreichend viel Helligkeit verbreiten. Eine Deckenlampe mit einer 15-Watt-Birne kann allenfalls eine niedrige Speisekammer erhellen. In eine Küche gehören ebenso wie ins Arbeitszimmer helle Leuchtkörper, die alle Arbeitsflächen reflexfrei beleuchten. Eine Mittellampe in einer Küche, womöglich mit putzigem Schirmchen und Textilbespannung, passt eigentlich in überhaupt keinen Haushalt, schon gar nicht in den faulen. Prak-

tisch sind Strahler oder höhenverstellbare Pendelleuchten mit einem stabilen, abwaschbaren Kunststoff- oder Keramikschirm. Textile Lampenschirme sind Staubfänger. Das gilt besonders für Nachttischlampen, die aus einem ganz bestimmten Grund nicht Leselampen heißen. Sie sind nämlich meist nicht hell genug und beleuchten, wenn's hoch kommt, den daneben stehenden Wecker. Nur in Hotels gibt es das Gegenteil – die zu helle Nachttischlampe. Wer Zweckmäßigkeit mit Romantik verbinden möchte und deshalb nicht die Schreibtischlampe ans Bett stellen will, hat mein vollstes Verständnis, wird aber möglicherweise eine Weile suchen müssen.
Bei mir muss es hell sein. Im Alltag mag ich kein Gefunzel. Natürlich ist aber ein Abendessen bei Kerzenschein etwas Schönes, und zur Party möchte man auch nicht immer gleißende Helligkeit. Im Wohn- oder Esszimmer empfiehlt sich daher eine Lampe mit Dimmer. Auch Deckenfluter haben meist eine regulierbare Lichtstärke.

Papierlampen – Die Erstausstattung

Wer sie kennt, muss sie mögen. Preiswerte Papierlampenschirme gibt es in unterschiedlichen Größen und Formen, inzwischen sogar als Stehlampen. Sie verbreiten ein angenehmes Licht. Als Erstausstattung für den jungen, faulen Haushalt sind sie besonders im Schlaf- und Wohnzimmer recht gut geeignet. Vorausgesetzt, man stellt nicht allzu hohe Ansprüche an Helligkeit. Papierlampenschirme vertragen nämlich im Normalfall höchstens 30-Watt-Birnen. Außerdem haben sie einen entscheidenden Nachteil: Sie sind nicht abwaschbar. Wenn sie verdreckt sind, muss man sie wegwerfen.

Ganz gleich, wofür Sie sich entscheiden: In die Leuchte gehören Energiesparlampen.

Sie benötigen bis zu 25 % weniger Strom als normale Glühbirnen und halten 3 – 5 mal länger.

Was man sonst noch braucht

Tischlein deckdich, Bettchen beziehdich!

Niemand weiß, warum überhaupt noch Bettwäsche ohne Reißverschluss verkauft bzw. gekauft wird. Hoffentlich wird es nicht mehr lange dauern, bis auch die letzten gemerkt haben, dass Wäscheknöpfe genauso überholt sind wie Waschzuber. Im übrigen hat Bettwäsche bügelfrei zu sein. Satinbettwäsche gehört schon deshalb nicht in den faulen Haushalt, weil sie gebügelt werden muss. Das gleiche gilt für Seidenbettwäsche. Auf Fotos sieht sie absolut toll aus, man liegt auch sehr angenehm darin, aber sie sieht ungebügelt furchtbar lobbelig aus und ist nicht kochfest. Bettwäsche sollte bis 95 Grad waschbar sein, auch wenn sie meist mit 40 Grad gewaschen wird.

Nachdem ich lange Zeit ein Fan von preiswerter Sonderangebotsbettwäsche war, habe ich in den letzten Jahren ein geradezu snobistisches Qualitätsbedürfnis entwickelt. Grund war die zufällige Anschaffung einer hochwertigen Garnitur Bettwäsche mit Reißverschluss, die noch dazu bügelfrei war. Seitdem bin ich Bettwäsche-Junkie. Keine abben Knöpfe mehr, keine schief zugeknöpften oder verknubbelten Knopfleisten. Wunderbar. Sieht klasse aus ganz ohne Bügeln. Am besten gleich ganz oben auf den Wunschzettel. Bettwäsche mit Knöpfen return to sender!

Man rechnet im faulen Haushalt mindestens 3 Garnituren Bettwäsche pro Person: Eine ist aufgezogen, eine ist in der Wäsche, eine liegt als Ersatz bereit. Zur Bettwäsche gehören Betttücher oder Laken. Der faule Haushalt kennt hier ebenfalls nur Baumwollqualitäten, die bis 95 Grad gewaschen werden können. Ich selbst besitze ausschließlich Spann-Betttücher (bügelfrei!). Morgens muss das Laken nur glatt gezogen werden. Ein normales Laken kann verrutschen, ein Spann-Betttuch nicht. Darunter liegt ein kochfester Matratzenschonbezug, der mit Gummibändern schnell und glatt über die Matratze gezogen wird.
Billige Bettwäsche geht übrigens erstaunlich schnell und ganz ohne Ankündigung kaputt. Es dauert ungefähr 2 – 3 Jahre, dann ist der Stoff morsch und zerreißt einfach so, z. B. beim Beziehen. Interessanter Effekt.

Für die Anschaffung guter, preiswerter Bettwäsche empfehle ich herabgesetzte Qualitätswäsche. Anfang Januar räumen die großen Warenhäuser und Versandhandelsfirmen ihre Lager, um Platz für die neue Kollektion zu schaffen. „Weiße Wochen“ hieß das früher. So lässt sich oft absolute Superbettwäsche zu sehr zivilen Preisen erstehen.
Es gibt einige Versandhäuser, die sich auf Wäsche spezialisiert haben. Hier gibt es das ganze Jahr über Sonderangebote für hochwertige Bettwäsche sowie passende Laken und Bezüge für kleine und große Kissen, Nackenrollen usw.
Ein heißer Tipp: Microfaser-Bettwäsche mit Reißverschluss ist in den letzten Jahren immer preiswerter geworden und inzwischen fast überall im Fachhandel erhältlich.

Wendebettwäsche ist nach meiner Ansicht einer der größten Etikettenschwindel in der modernen Bettgeschichte. Die Wäsche wird nämlich selbstverständlich nicht gewendet, also auf links gedreht, sondern Bettdecke und Kopfkissen haben auf jeder Seite unterschiedliche Muster, farblich aufeinander abgestimmt. Schon gar nicht handelt es sich bei Wendebettwäsche um einen Qualitätsmaßstab, wie viele denken. Vielleicht gibt es Menschen, die eine Woche unter dem einen Muster schlafen, dann die Decke umdrehen und die zweite Woche unter dem anderen Muster liegen, so dass sie den Bezug gleichmäßig verschmutzen. Ich kenne keine solche Menschen. Vielleicht ist Wendebettwäsche auch eine Variante, die für den faulen Haushalt erfunden wurde. Es könnte nämlich für einen unbefangenen Beobachter der Eindruck entstehen, als sei das Bettzeug frisch bezogen worden. Aber – ätsch! es wurde nur umgedreht. Hach, wie pfiffig!

Ein kleiner Absatz über Matratzen

Überall in kleineren und größeren Städten schießen Matratzensupermärkte aus dem Boden. Leider gibt es deshalb nicht mehr Leute, die von Matratzen Ahnung haben, sondern nur mehr Menschen, die Matratzen verkaufen wollen. Man sollte sich vor Anschaffung einer Matratze gut informieren, z. B. bei Stiftung Warentest, welche geeignet ist. Da man einen Großteil seines Lebens, nämlich ungefähr ein Drittel, im Liegen verbringt, ist es angebracht, sich Gedanken darüber zu machen, wie man schläft bzw. wie man am besten schläft. Wenn man z. B. weiß, ob man Rücken-, Seiten- oder Bauchschläfer ist und sich im Schlaf viel oder wenig bewegt, gar nicht oder extrem schwitzt und was das alles für die Wahl der Matratze bedeutet, könnte man sich in ein klassisches Fachgeschäft begeben. Mit Matratzensupermärkten habe ich leider keine guten Erfahrungen gemacht.
Futons sind nicht für alle Schlaftypen geeignet und scheinen inzwischen ein bisschen aus der Mode gekommen zu sein. Vom Standpunkt eines faulen Haushälters spricht aber nichts gegen Futonbetten.
Wie breit eine Matratze sein muss, richtet sich natürlich nach dem Bettgestell. Ein Bett von 1,40 Meter Breite ist für eine Person ausreichend, für zwei wird's kritisch. Bei Betten ab 1,60 Meter kann man sich überlegen, ob man eine einteilige Matratze oder zwei schmale möchte. Ich selbst bevorzuge die einteilige Matratze fürs Doppelbett, also das klassische französische Bett ohne Besucherritze.

Bettdecken

sollten waschbar sein, ganz gleich, ob man lieber unter Wolle, Baumwolle, Daunen, Seide oder Kunstfaser schläft. Mittlerweile gibt es waschbare Daunendecken. Daunen neigen dazu, mit der Zeit zu verklumpen, was am Schweiß und an Fetten liegt. Deshalb müssen Bettfedern ab und an aufwändig und für teuer Geld gereinigt bzw. gewaschen werden. Man sollte daher beim Kauf oder per Wunschzettel darauf achten, dass sie waschbar sind. Daunendecken sind heute fast nur noch als Kassettenbetten erhältlich, was praktisch ist, weil die Federn in ihren Abteilungen bleiben und man sie nicht Frau-Holle-mäßig zurechtschütteln muss.

Für den Sommer ist eine leichte Decke angenehm. Im Winter kann die Decke wärmer sein. Es gibt eine Art von zweiteiligen Doppeldecken, die man mit Druckknöpfen verbinden kann. Sie nennen sich Vierjahreszeitenbetten und sind besonders gut geeignet für Menschen, die leicht frieren oder wenig heizen und im Winter eine wärmere Decke benötigen.

Wer einen faulen Haushalt führt und/oder an einer Bettfedernallergie leidet, wird sich früher oder später eine leichte, waschbare Woll- oder Kunstfaserdecke anschaffen, die für das ganze Jahr geeignet ist.

Vorsicht beim Kauf von billigen Seiden-Einziehdecken! Es gibt sie zu unglaublich günstigen Preisen, manchmal schon unter 20,00 Euro. Meistens kann man diese preiswerten Decken nicht waschen, was auch auf der Pflegeanleitung vermerkt ist. Eine Reinigung kostet mehr als die ganze Decke, und in chemisch gereinigter Seide zu schlafen, ist auch nicht jedermanns Sache. Die erste Wäsche (nach zwei Jahren) überstehen sie meistens, ich habe es ausprobiert. Die Füllung – ich vermute, dass es sich um in Streifen geschnittene Seidenreste handelte – war zwar nicht mehr so weich und locker, aber als Gästebett oder als Zusatzdecke in kalten Nächten erschien mir das Ergebnis gerade noch akzeptabel. Nach der zweiten Wäsche war die Füllung absolut untrennbar verklumpt. Also: Ein Wegwerfartikel.

Wissenswertes zu Bettwäsche

Matratzen, Bettbezüge, Bettlaken, Bettdecken und Kopfkissen in Standardgrößen sind durchweg preiswerter und leichter nachzukaufen als Sondergrößen. Beim Kauf unbedingt auch auf die Größe achten, nicht nur auf das Muster. Hier die bekanntesten Standardmaße:

Matratze:		0,90 x 2,00
		1,00 x 2,00
Bettwäsche:	Bettbezug	1,35 x 2,00
	Kopfkissen	0,80 x 0,80
Bettlaken:		1,50 x 2,50 bzw. Spannbetttuch für 0,90/1,00 Breite

Inzwischen ebenfalls Standardmaße sind die für das französische Bett. Hier ist alles für zwei Personen gedacht und entsprechend größer. Nur das Kopfkissen hat jeder für sich allein.

Matratze:		1,60/1,80 x 2,00
Bettwäsche:	Bettbezug	1,55 x 2,00
	Kopfkissen	0,80 x 0,80
Bettlaken:		2,20 x 2,60 bzw. Spannbetttuch 1,60/1,80 x 2,00

Tischzeit!

Tischdecken sind eine Glaubensfrage. Die einen stehen drauf, andere kriegen Ausschlag beim Gedanken daran und legen lieber Tischsets auf blankes Holz oder verzichten auf jede Tischbedeckung. Eine kurze Analyse von Sinn und Zweck einer Tischdecke ergibt sofort, wie sie auszusehen hat: Sie dient als Schutz der Tischoberfläche und ist dafür da, Flüssigkeiten aufzusaugen und zu verhindern, dass etwas auf den Boden tropft und dort weiter Arbeit macht. Auf der Decke sammeln sich Krümel und evtl. Nahrungsreste, die hinterher leicht zu entfernen sind, weil man einfach nur die Decke anhebt und an geeignetem Orte ausschüttelt. Bei stärkerer Verschmutzung wird die Decke gewaschen. Alles klar?

Eine Tischdecke ist also eigentlich dafür da, dass sie schmutzig gemacht wird. Das wird häufig vergessen. Einige Hausfrauen und –männer scheinen der Ansicht zu sein, dass eine Tischdecke als mahnende Erinnerung dient, gesittet zu essen und bloß nicht zu kleckern.
Das gleiche Prinzip gilt übrigens für Küchenschürzen.

Ich erinnere mich an eine Schwägerin, die völlig fassungslos war, als wir bei ihr eine Gans brieten und uns immer zwischendurch die Hände an unseren Schürzen abwischten. Schließlich machten wir sie darauf aufmerksam, dass wir – wie übrigens auch Profiköche in Restaurants – die Schürze als Lappen benutzten. Und – ebenfalls wie die Profiköche, die vor der Runde durch ihr Restaurant die Schürze wenden bzw. eine neue umbinden –, konnten wir durchaus manierlich gemeinsam mit ihr die Gans genießen. Wir hatten die Schürzen einfach vorher abgelegt, und zum Vorschein kam wieder unsere Sonntags-Nachmittags-Ausgehkleidung.

Tischsets sind ganz gut, um den Tisch vor Kratzern oder Riefen zu schützen, aber sie sind mir einfach zu klein und zu fummelig. Praktisch sind sie nur, wenn sie abwaschbar sind. Wer Kinder hat, wird Tischsets lieben lernen. Spätestens, wenn so ein kleiner Racker entdeckt, dass man an einer Decke prima zuppeln und den Tisch mit einfachen Mitteln schnell abdecken kann. Tischdecke und Tischsets gemeinsam zu benützen, erinnert an die Methoden eines Sicherheitsfanatikers, der Hosenträger und Gürtel gleichzeitig trägt. Aber wer's mag ...
Ich selbst halte alles für überflüssig, was zusätzliche Arbeit macht. Auf meinem Esstisch liegt entweder eine gemusterte Decke, auf der man keine Flecken sieht, oder für festliche Abendessen eine dunkelblaue Decke aus pflegeleichtem, praktisch bügelfreien Material. Ich besitze weiße Tafeltücher, benutze sie aber nicht, weil ich keine Lust habe, nach der Party eine Fleckenanalyse vorzunehmen, um mit unterschiedlichen Methoden Rotwein, Bratensoße und Kerzenwachs zu entfernen.
Für einen großen Esstisch eine geeignete Decke zu finden, kann in

Arbeit ausarten. Mein Esstisch misst ausgezogen ca. 2,60 Meter, so dass eine Tischdecke mindestens 3,00 Meter lang sein muss. Hier empfiehlt sich die Anschaffung von Dekorationsstoff als Meterware, der mindestens 1,40 Meter breit liegen sollte. Wenn man den Stoff nicht selber säumen kann oder möchte, sollte man gleich im Geschäft danach fragen oder eine der zahllosen Änderungsschneidereien beauftragen. Da freut sich auch das Portemonnaie. Das Ergebnis wird nämlich fast immer noch preiswerter sein als eine fertig gekaufte Tischdecke in vergleichbarer Qualität.

Mitteldecken und Tischläufer lehne ich ab. Das verursacht zusätzliche Arbeit, ist sinnfrei und nimmt im Schrank unnötig Platz weg.

Wenn man nicht weiß, ob sich ein Stoff in Muster und Qualität eignet, hier der ultimative Eignungstest: Stoff (Tischdecke, Bettbezug) fest mit der linken Hand greifen, so dass oben ein Zipfel raussteht. Zipfel kräftig mit der rechten Hand zusammendrehen, loslassen und das Ergebnis betrachten. Wenn deutliche Knitterfalten von rechts (Ankuckseite) zu sehen sind – Finger weg! Nicht kaufen! Wenn im Muster keine Knitterfalten sichtbar sind, nur von links – Toll! Sofort kaufen! Auf diesem Stoff sieht man nichts! Wenn weder von rechts noch von links Knitterfalten sichtbar sind – noch besser! Faustregel: Flecken sind auf einfarbigen Stoffen immer zu sehen, auch auf schwarz. Je lebhafter das Muster und je gedeckter die Farben, desto unsichtbarer werden Flecken und Falten. In jedem Geschäft, auch im Kaufhaus, sollte man darauf bestehen, Verkaufspackungen zu öffnen, um die Ware anzufassen. Aber bitte vorher um Erlaubnis fragen, nicht einfach Packung aufreißen und angrapschen!

Total von der Rolle

Für Partys und Büfetts lohnt sich ein Besuch im Großmarkt oder in einem Fachhandel für Gastronomiebedarf: Dort gibt's Papiertischdecken von der Rolle für billig Geld und Servietten in Großpackungen. Ich kaufe einmal im Jahr dort ein, und zwar eine große Rolle weißes Papier, einfache Papierservietten in weiß (meistens

250 oder 500 Stück) und einfarbige „Edelservietten" für große Abendessen, passend zu meinen farbigen Tischtüchern. Sie bestehen aus hochwertigem Zellstoff und haben eine beinahe textile Struktur. Wenn man will, kann man noch eine Großpackung dazu passender Kerzen kaufen. Das alles für einen Bruchteil des Preises, den man im Supermarkt oder im Kaufhaus zahlt.

Geschirr, Gläser und Co.

Wer einen Haushalt neu gründet und sich entschieden hat, aus ideologischen, Sparsamkeits- oder Platzgründen einen faulen Haushalt zu führen, wird vermutlich ein preiswertes, einfaches Geschirr erwerben, das die folgenden Voraussetzungen erfüllt: Es passt zu allem – also zu allen Gelegenheiten, zu allen Tischdecken und zu jedem Essen, es ist spülmaschinenfest und nachkaufbar. Zu Anfang genügt eine Grundausstattung für 6 Personen. Für größere Veranstaltungen kann man sich Geschirr von Freunden oder Nachbarn leihen oder – wenn es nicht anders geht – auch mal Pappteller kaufen.

Praktischerweise wird das Haushaltsgeschirr weiß sein bzw. zumindest nicht bunt gemustert.

Wenn man sich für Qualitätsgeschirr entscheidet, sollte man als ausbaufähige Grundlage ein klassisches Porzellan wählen, das für die nächsten Jahre und Jahrzehnte nachzukaufen ist. Ich habe seit vielen Jahren so ein Geschirr, ein ganz schlichtes Markenporzellan. Man kann immer wieder etwas dazukaufen oder sich schenken lassen!

In vielen Haushalten gibt es immer noch „gutes" und „Alltagsgeschirr". Das „gute" Porzellan wird nur zu besonderen Gelegenheiten benutzt. Hier handelt es sich um eine nicht diskussionsfähige Ansichtssache. Der Idealfall ist natürlich, dass man ein Geschirr jeden Tag benutzen kann. Das heißt, es ist weder besonders wertvoll noch besonders schäbig.

Ein Mensch, der nie nachmittags Gäste bewirtet, braucht kein Kaffee- bzw. Teeservice. Es gibt Leute, die gern Kuchen backen, und es gibt Leute wie mich. Ich backe nicht, und wenn jemand zu

Besuch kommt, dann zum Abendessen oder zum Frühstück oder aus beruflichen Gründen. Wer bei mir zu Hause Kaffee oder Tee trinken möchte, bekommt einen Becher oder Pott. Diese Becher sind unglaublich praktisch: Es passt mehr rein als in eine Tasse, nämlich mindestens 0,2 Liter, sie benötigen keine Untertasse, und sie sind aus billigem Steingut.

Zu meinen Kaffeebechern habe ich ein sehr inniges Verhältnis. Ich besitze eine ganze Kollektion, und alle haben sie eine Geschichte. Mein absoluter Lieblingsbecher zur Zeit ist das Mitbringsel einer Freundin (Danke, Petra!), die kurz nach dem Ableben von Queen Mom in England war und für mich den zierlichen Queen-Mom-Memory-Becher erwarb. Mit Queen Mom's Bild drauf, selbstverständlich in zarten Pastellfarben. Auf dem Henkel steht Geburts- und Todesjahr, auf der Rückseite
„To Celebrate the Long and Glorious Life of Her Majesty Queen Elizabeth The Queen Mother 1900 - 2002"
Ist das nicht toll? - Hatte ich schon erwähnt, dass nach meiner Meinung auch im faulen Haushalt Platz für Albernheiten sein sollte?

Für Besteck gilt im Prinzip das gleiche wie für Geschirr. Silberbesteck ist schön, und inzwischen ist das Silberputzen viel einfacher als früher. Trotzdem würde ich mir kein Tafelsilber anschaffen.

Was nicht in den faulen Haushalt gehört:
jede Form von Spezialschnickschnack, z. B. Honiglöffel, Essig- oder Öl-Sprayer, Spaghetti-Dosierer, Eierköpfer ...

Die Stromfresser – Elektrogeräte:
Mittlerweile hat sich herumgesprochen, dass Elektrogeräte viel oder wenig Strom verbrauchen können. Falls ein Gerät seltener als einmal pro Woche benutzt wird, braucht man es vielleicht überhaupt nicht oder man könnte sich überlegen, die Anschaffung gemeinsam mit anderen zu tätigen.

Hier kommen die notwendigen Geräte:

Staubsauger – auf Leistung achten! Nicht immer bedeuten hohe Wattzahlen hohe Leistung! Beim Kauf unbedingt überprüfen, was die Staubsaugerbeutel kosten!
Die inzwischen erhältlichen teuren Staubsauger ohne Beutel betrachte ich mit Skepsis. Ich bin sicher, dass sie für den faulen Haushalt nicht geeignet sind. Man muss den Staubbehälter regelmäßig ausleeren (macht das keinen Dreck?) und noch dazu auswaschen. Das hört sich nach Arbeit an. Andererseits haben mir Freunde versichert, dass sie weit weniger unter ihrer Hausstaubmilben-Allergie leiden, seit sie einen beutellosen Staubsauger benutzen, der zwar sehr teuer war (über 400 Euro), aber auch Feinstaub aufsaugt, den sie mit ihrem alten „normalen" Hausstaubsauger mit Beutel niemals in diesen Mengen erwischen konnten.

Waschmaschine – auf Energie- und Wasserverbrauch und einfache Bedienung achten!
Eine Waschmaschine sollte auf feststellbaren Rollen stehen, damit man sie selbst bewegen kann. Die meisten Waschmaschinen haben eine eingebaute Wäscheschleuder. Je mehr Umdrehungen, desto trockener kommt die Wäsche wieder raus. Waschmaschinen mit eingebautem Trockner sind inzwischen erschwinglich. Trotzdem: Nicht alle Wäschestücke sind Trockner geeignet! Und Vorsicht! Trockner sind absolute Stromfresser!

Geschirrspülmaschine – auf Energie- und Wasserverbrauch achten!
Geschirrspüler sind nicht notwendig, wenn man nie oder ganz selten kocht. Sofern das Gerät nicht mindestens dreimal pro Woche voll beladen benutzt wird, ist es überflüssig. Es gibt zwar kleine Geschirrspüler für kleine Haushalte, die aber im Verhältnis viel teurer als die großen sind.

Wasserkocher – spart Energie. Am praktischsten sind Geräte mit abnehmbarem Wasserbehälter und verdecktem Heizstab.

Mixer – ein guter Stabmixer oder ein Handrührgerät sollte möglichst ein Markengerät sein, damit man defekte Aufsätze nachkaufen und zusätzliche Anbauteile bekommen kann.

Kaffeemaschine – gleich mit Thermoskanne!
Je dichter die einzelnen Behälter schließen, desto heißer ist der Kaffee und desto heißer bleibt er. Das gilt für den Filter und den Wasserbehälter, aber auch für die Verbindung zwischen Filter und Kanne. Ein abnehmbarer Wassertank ist praktisch und sauber. Lieber eine große Kaffeemaschine als eine kleine wählen! 12 Tassen sind ca. 6 Kaffeebecher. In einer größeren Maschine kann man auch kleinere Portionen zubereiten. Umgekehrt funktioniert das leider nicht. Maschinen für weniger als 8 Tassen halte ich für Geldverschwendung, ebenso Maschinen, in denen gepresste Kaffetabs verwendet werden. Dann lieber gleich eine richtige

Espressomaschine – die immer auch teuer ist, wenn sie gut sein soll. Anstelle einer teuren, guten Espressomaschine, bei der so viele Teile wie möglich aus Metall sein sollten, kann man auch eine **Espressokanne** anschaffen. Die kostet wenig, und man stellt sie direkt auf den Herd. Durch Verdampfen gelangt das Wasser vom unteren Behälter durch den Filtereinsatz nach oben. Das ist nicht nur unglaublich italienisch, sondern schmeckt auch lecker. Nachteil: Wenn man nicht aufpasst und den richtigen Zeitpunkt versäumt, kann die Kanne überlaufen und der Espresso den Herd einsauen. Großer Vorteil außer geringen Kosten: Die kleine Kanne benötigt praktisch überhaupt keinen Platz und lässt sich leicht reinigen.

Außer der Espressomaschine gibt es einige andere Elektrogeräte, die ganz praktisch, aber nicht unbedingt notwendig sind. Dazu gehören:

Hochdruck-Dampfreiniger – ich habe keinen, überlege aber immer wieder, ob ich einen anschaffen soll. Es scheint, als ob sie generell überschätzt werden.

Toaster – sollte so groß und so tief wie möglich sein und eine so genannte Krümelschublade haben, damit die Krümel nicht überall herumfliegen, wenn man das Gerät anhebt.

Akkuschraubenzieher und Bohrmaschine – braucht man öfter als man denkt.

Was gehört nicht in den faulen Haushalt?
Friteuse – schon aus Umwelt- und Gesundheitsgründen abzulehnen
Eierkocher – Strom fressend und überflüssig
Joghurtbereiter – dito

Klein- oder Tischstaubsauger – reiner Mumpitz! Für Leute, die zu faul sind, die Tischdecke auszuschütteln, aber Zeit dafür haben, einen Ministaubsauger irgendwo hervorzuzerren und hinterher wieder wegzuräumen. Wer einen Ministaubsauger für Sofapolster benutzt, ist zu doof, die Gebrauchsanleitung für den großen Staubsauger zu lesen: Ungefähr 98 % aller Staubsauger haben nämlich Polsteraufsätze. Einziger Grund, sich einen Tischstaubsauger

anzuschaffen: Wenn man häufig Gäste hat, mit denen man sich nicht unterhalten kann oder will. Denn so ein kleines Mistding macht ein prima Geräusch (kein normales Gespräch mehr möglich!), lenkt ab und sorgt mindestens 10 Minuten lang für Gesprächsstoff.
Beinahe die gleiche Abneigung hege ich gegen kleine Kehrschaufeln mit Minibesen zum Abfegen verkrümelter Tische, auch wenn sie weder Krach machen noch Strom verbrauchen. Gruselig.

Popcornmaschine, Ice-Crusher, Hot-Dog-Bereiter, elektrischer Dosenöffner, Fusselrasierer – ohne Kommentar

Kram und Krempel
Alles andere, was im faulen Haushalt herumsteht, sollte ebenfalls nicht nur dekorativ, sondern vor allem nützlich, praktikabel und pflegeleicht sein.

Papierkörbe und Mülleimer müssen möglichst groß – je größer, desto besser! – und leicht zu reinigen sein. Das gleiche gilt für Kisten und Körbe, die der Aufbewahrung dienen.
So genannte Kleinmöbel, dazu gehört auch die Flurgarderobe, sollte man sich erst anschaffen, wenn es notwendig geworden ist. Also nicht im vorauseilenden Gehorsam, sondern den tatsächlichen Bedürfnissen angepasst. Dafür ist es wichtig, dass sie in Größe, Art und Form nicht nur zweckentsprechend, sondern auch passend für die Räumlichkeiten sind.
Beispiel: die Flurgarderobe. Was designermäßig Aufgestyltes mit 3 Kleiderhaken sieht vielleicht hübsch aus, wäre aber nutzlos. Eine zu große Garderobe passt nicht in einen kleinen, schmalen Flur. Überlegen Sie sich, was Sie wozu benötigen, und dann versuchen Sie, genau das zu finden. Lassen Sie sich Zeit dabei, denn hier handelt es sich nicht um notwendige Ausstattungsgegenstände, sondern um ein wenig Luxus, der das Leben erleichtern und verschönern soll.
Für eine kleine Diele wird man nichts anschaffen, was aufgestellt wird. Also keinen runden Garderobenständer oder einen Platz raubenden Dielenschrank, sondern eher eine Wandkonstruktion mit wenig Tiefe und dazu vielleicht ein niedriges, schmales Schubladenschränkchen, um Handschuhe, Mützen, Taschen, Schlüssel etc. aufzunehmen.

Die Werkzeugkiste

Der Werkzeugkasten ist der Erste-Hilfe-Kasten für den Haushalt. Man braucht ihn einfach. Für den faulen Haushalt genügt eine funktionsfähige Mindestausstattung. Hier liegt die Betonung auf funktionsfähig. Eine verrostete Säge und ein verbogener Schraubendreher sind ebenso überflüssig wie verdreckte Schraubenschlüssel und einzeln im Werkzeugkasten herum liegende Nägel und Schrauben unterschiedlicher Dicke und Länge. Auch ist es ratsam, die Werkzeugkiste an einem festen Ort zu deponieren, wo sie sofort gefunden werden kann. Wenn man nicht weiß, was alles hinein gehört, empfiehlt sich die Anschaffung eines bereits gefüllten Werkzeugkastens, der alles an Werkzeug und Zubehör enthält, was im alltäglichen Umgang benötigt wird. Dabei geht es nicht um eine komplette Handwerksausrüstung für Elektriker oder Installateure, sondern um das Notwendigste für die effektive Einleitung von Rettungsmaßnahmen: Alles, was man im Notfall durchführen kann und sollte, bevor professionelle Hilfe an den Unfallort gelangt.

Zur fachkundig gefüllten Werkzeugkiste gehört zusätzlich:

- eine Taschenlampe mit Batterie plus Ersatzbatterie
- eine Packung Sicherungen
- eine Rolle Lassoband zum Abkleben
- ein Ölkännchen bzw. ein Behälter mit Öl
- eine Wasserwaage
- ein Bleistift

Das häusliche Büro – Wie ordne ich mein Leben?

In meiner Arbeit mit Auszubildenden und Praktikanten stelle ich immer wieder fest, dass viele Menschen extreme Probleme damit haben, sich selbst, ihre Arbeit und ihre Unterlagen zu organisieren. Kein Wunder: In der Schule wird so etwas meistens nicht gelehrt.
Bis zu meiner Ausbildung zur Rechtsanwalts- und Notargehilfin hatte ich zwar schon eine Menge gut dotierter Jobs, aber keine Ahnung von Aktenführung, Organisation und Zeitmanagement. Wenn ich daran denke, wie viel Zeit ich deshalb verschwendet habe, wird mir heute noch ganz schwummerig. Seitdem ich weiß, wie es funktioniert, konnte ich schon vielen Menschen helfen, sich besser zu organisieren.
Wie für alles andere im faulen Haushalt gilt auch hier: so einfach und so praktikabel wie möglich. Einfach heißt schnell. Nicht schnell arbeiten, sondern zum Beispiel schnell finden können, was man sucht, und schnell erledigen können, was erledigt werden muss, weil alles parat liegt bzw. in Griffnähe ist.
Mein Grundgedanke für das häusliche Büro ist, dass in einem privaten Haushalt pro Monat durchschnittlich nicht mehr als insgesamt 4 – 5 Stunden Büroarbeit anfallen.
Dazu gehört vor allem:

- das Bezahlen privater Rechnungen
- die systematische Aufbewahrung von Unterlagen (auch der bezahlten Rechnungen)
- die Bearbeitung laufender Vorgänge (private Korrespondenz sowie Schriftwechsel mit Behörden, Hausverwaltung, Versicherungen usw.)

Für mein Büro zu Hause brauche ich

- drei stapelbare Ablagekörbe
- einen farbigen Aktenordner (oder einen schwarzen mit buntem Rückenschild)
- 2 gelochte Kunststoff-Alphabete zum Einheften
- Prospekthüllen (das sind die durchsichtigen, dünnen Hüllen mit Löchern zum Abheften)
- Klarsichthüllen (das sind die dickeren durchsichtigen Hüllen, die man nicht einheften kann)
- farbige Trennstreifen (Querformat, 10,5 x 24 cm)
- eine Aufbewahrungsbox, Format B: 298 x T:173 x H:400 mm (nebeneinander 2 x DIN A 4 bzw. 1 x DIN A 3)

Die Ablagekörbe werden gestapelt.
In den unteren kommen alle privaten Quittungen und Belege, auch Kreditkartenbelege (die sammle ich brav in einer Klarsichthülle), und alles, was ich für die nächste Steuererklärung brauche, z. B. Bescheinigungen über Beiträge, bezahlte steuerrelevante Rechnungen, z. B. Arztrechnungen, Fachzeitschriften-Abo.
In den mittleren Korb kommt alles, was erledigt ist und keine Arbeit mehr macht. Dies ist das Zwischenlager vor der endgültigen Ablage im Aktenordner.
In den oberen Korb kommt Arbeit: die laufenden Angelegenheiten. Hier liegt alles, was ich bearbeiten muss, also unbezahlte Rechnungen, Briefe, die beantwortet werden wollen, und Notizen für Anschreiben, die ich bei Gelegenheit schreiben möchte oder muss. Auch wenn ich eine Antwort von jemandem erwarte, finde ich hier im Arbeitsstapel den gesamten Vorgang. Umfasst ein Vorgang mehrere Blätter, kommt er in eine Klarsichthülle.

Beispiel für einen solchen Vorgang:

Ich finde in einer Klarsichthülle (von unten nach oben)

1. eine Einladung zur Hochzeit
2. meine Antwort oder eine Notiz mit Datum, dass ich zugesagt habe

3. Überlegungen zum Geschenk und ein Datum, zu dem ich spätestens das Geschenk besorgen will oder muss. (Das trage ich auch in meinem Kalender ein.)

Ganz oben in der Hülle liegt immer die neueste Nachricht, so dass ich auf einen Blick erkennen kann, wie weit eine Sache ist und was noch zu tun ist.

Dann lege ich Ordner an:

zuerst den **„aktuellen Ordner"**. Das ist der bunte, den man deshalb schnell sieht und schnell bei der Hand hat.
Hier kommt ein Alphabet rein.
Vor das Alphabet hefte ich alle Kontoauszüge (wieder von unten nach oben, der neueste ganz oben) sowie jeweils hinter die Kontoauszüge die überwiesenen Privatrechnungen, die ich nicht für die Steuer brauche. Wenn ich eine Rechnung per Überweisung bezahle, mache ich einen entsprechenden Vermerk (Datum) und hefte sie ganz nach vorne vor die Auszüge. Sobald ich den Kontoauszug habe, kontrolliere ich die Überweisung auf Richtigkeit und hefte den Auszug davor bzw. lege die bezahlte Rechnung in den mittleren Korb, falls ich sie für meine Steuererklärung brauche. Wer mehrere Konten hat, schafft sich mit Trennstreifen eigene Abteilungen für jedes Konto.

In den alphabetischen Teil kommt mein privater Schriftwechsel. Natürlich nur alles, was keine Arbeit mehr macht, sonst läge es im oberen Ablagekorb.
Alphabetisch hefte ich nicht nur alle Briefe ab, die ich bekommen habe und meine Antworten darauf, sondern auch Einladungen, private Verträge und Vereinbarungen – vom Zeitungsabo bis zum Mitgliedsantrag für den Fitness-Club, auch die Jahresabrechnungen für Strom und Gas. Aber nur aus diesem Jahr. Denn der aktuelle Ordner ist für das laufende Jahr und die laufenden Angelegenheiten gedacht.
Mit beschrifteten Trennstreifen kann man innerhalb des Alphabets

zum schnellen Wiederfinden bestimmte Themenbereiche kennzeichnen, in denen viel Schriftverkehr anfällt. So gibt es vielleicht unter „E“ „Einzugsermächtigungen“, unter „F“ eine Extra-Abteilung „Fitness-Club“.
Wer ganz jung ist und/oder wenig Unterlagen zu verwalten hat, kommt anfangs mit einem einzigen, nämlich dem aktuellen Ordner aus. Der Mietvertrag, der Arbeitsvertrag, Arbeits- und Praktikumszeugnisse, Versicherungsverträge, Sozialversicherungsunterlagen gehören hier hinein, ebenso der Mobiltelefon-Vertrag und alle anderen schriftlichen Vereinbarungen, wie Kauf- , Kredit- oder Ratenzahlungsverträge. Außerdem – wenn Sie keine Dokumentenmappe haben – alle rechtsrelevanten Urkunden, also Geburts- oder Heiratsurkunde, aber nicht unbedingt die Siegerurkunden für Sportwettkämpfe (Kiste!).
Dieser farbige Ordner ist sozusagen für die Ewigkeit bestimmt. Er ist und bleibt der aktuelle Ordner. Wenn eine Sintflut kommt oder das Haus abbrennt, muss man sich nur diesen einen Ordner greifen, um sich selbst und alle aktuell wichtigen Unterlagen zu retten.
Weitere Ordner dienen nur dazu, erledigtes Papier vom aktuellen Ordner dorthin auszuheften. Es ist sinnvoll, gültige Urkunden, Verträge und Vereinbarungen im aktuellen Ordner zu belassen. So findet man sie auch noch nach Jahren und Jahrzehnten wieder. Dieses System ist praktisch, weil es einfach nachvollziehbar ist. Es spart Platz und ist optimal erweiterungsfähig.

Profi-Tipp aus dem Rechtsanwaltsbüro

Beim Umgang mit Urkunden unbedingt absolute Sorgfalt! Original-Urkunden sollten nicht gelocht werden, damit Textstellen nicht aus Versehen unkenntlich gemacht werden oder damit die Schriftstücke durch langjährige Lagerung in Aktenordnern nicht beschädigt werden, z. B. durch Ausreißen der Heft-Löcher. Also Zeugnisse, auch Arbeitszeugnisse, immer in Prospekthüllen abheften. Die Wiederbeschaffung einer Original-Urkunde ist meist langwierig und teuer. Manchmal – im Falle eines Arbeitszeugnisses – kann es sogar unmöglich sein,

ein Dokument wieder zu beschaffen, z. B. wenn ein Betrieb ohne Rechtsnachfolge eingestellt wurde. Verträge hingegen können bedenkenlos gelocht werden.

Viele Menschen haben eine Dokumentenmappe für ihre Schulzeugnisse. Nach der Schulzeit sollte man entweder konsequent die Mappe weiterführen oder die Schulzeugnisse nebst allen Urkunden in den aktuellen Ordner überführen.
Erst wenn sich so viele Unterlagen angesammelt haben, dass nicht mehr alle in den aktuellen Ordner hineinpassen, benötigt man weitere breite Aktenordner. Hier sind die wichtigsten Bereiche:

einer für **Versicherungen** (evtl. Versicherungspolicen, Schriftwechsel).
einer für die **Wohnung** (evtl. Mietvertrag, Korrespondenz mit der Hausverwaltung, Mieterhöhungsschreiben, ebenso bezahlte Rechnungen der letzten Jahre für Strom, Gas, Wasser, Schornsteinfeger etc.)
einer fürs **Berufsleben** (Sozialversicherung, Krankenkasse, evtl. Ausbildungsvertrag, Arbeitsvertrag, Zeugnisse)
ein **Finanzordner** (Kontounterlagen und -auszüge der letzten Jahre, Schriftwechsel mit Banken, Steuererklärungen, Korrespondenz mit dem Finanzamt; alles mit Trennblättern aufgeteilt.)
ein Ordner fürs **Auto** (Kaufvertrag, Kfz-Brief, Reparaturrechnungen etc.)
Ein Ordner heißt **Gebrauchsanweisungen** und enthält außerdem alle Garantiescheine. Aber hier liegen nur die Gebrauchsanweisungen, die nicht ständig griffbereit sein müssen. Die wichtigen liegen direkt am entsprechenden Gerät.
Der Ordner **Korrespondenz** enthält wichtigen erledigten Schriftverkehr, z. B. mit Behörden, Rechtsanwälten oder mit der Erbtante.

Ob Sie die Unterlagen zur Kfz-Haftpflichtversicherung im aktuellen Ordner, im Kfz-Ordner oder im Versicherungsordner ablegen, müssen Sie selbst entscheiden.

Wo würden Sie zuerst danach suchen? Grundsätzlich gilt:
In alle Ordner kommen nur erledigte Vorgänge.
Erst wenn es notwendig ist, wird ein neuer Ordner angelegt.
Das System richtet sich nur nach dem persönlichen Bedarf, nicht nach irgendwelchen Vorgaben.

So habe ich zum Beispiel einen „Reise-Ordner". Hier lagern berufliche und private Hotelreservierungen, Buchungsbestätigungen, Reiseunterlagen inkl. Prospektmaterial. Wenn ich von einem Hotel, das ich vor Jahren besucht habe, ein Mailing bekomme – ab ins mittlere Körbchen und danach in den Reise-Ordner. So habe ich mir mit der Zeit ein eigenes Unterkunftsverzeichnis aufgebaut.
Einen Rechnungsordner wird man in einem privaten Haushalt kaum benötigen, weil vermutlich nicht mehr als ca. 50 Rechnungen im Jahr anfallen, von denen ein Großteil per Überweisung bezahlt wird. Alle per Überweisung bezahlten Rechnungen liegen hinter den jeweiligen Kontoauszügen. Bar bezahlte Rechnungen mit Quittungen kommen chronologisch sortiert (die neueste ganz oben) in den aktuellen Ordner, unbezahlte Rechnungen sind Arbeit und liegen im oberen Körbchen.
Je nach Bedarf kann man im nächsten Jahr die bezahlten Rechnungen und Belege (bar und unbar) zusammenfassen und gemeinsam chronologisch oder alphabetisch abheften. Je nachdem, wie man sie am besten wiederfindet. Bei mir im Schriftwechsel unter „bezahlt".
Nur einmal im Jahr (!), am besten, wenn man ohnehin die Steuererklärung vorbereitet, muss man sich länger mit dem aktuellen Ordner befassen. Was aufgehoben werden muss, bleibt entweder, wo es ist, oder landet falls notwendig im passenden Ordner. Alles andere, z. B. private Korrespondenz mit Freunden und Verwandten, Kochrezepte, Erinnerungen etc. kommt in die Kiste. Man heftet die Kontoauszüge vom letzten Jahr ggf. in den Bankordner und geht den alphabetischen Teil durch. Was endgültig erledigt ist: weg damit! Was später noch interessant könnte (Korrespondenz mit Bank, Behörden, Steuerberater, Rechtsanwalt), wird ggf. in andere Ordner abgeheftet. Was weiter aktuell ist, bleibt auf jeden Fall

im aktuellen Ordner. Privater Kram, den man aufheben möchte, kommt in die Kiste.
Auf diese Weise vermeidet man, dass in zahllosen Ordnern über Jahre oder Jahrzehnte völlig überalterte Unterlagen lagern, so dass die Suche nach wichtigen Vorgängen allein schon durch die Menge an Altpapier erschwert wird.
Außerdem erspart man sich, mehrere Ordner durchzusehen, wenn man das Bedürfnis hat, die Unterlagen zu aktualisieren.

Für den Haushalt zu zweit kann man das System entsprechend erweitern. Hier gilt als Faustregel: Korrespondenz und Verträge, die auf beider Namen laufen, werden gemeinsam abgeheftet, und zwar in einem aktuellen „Pärchen-Ordner". In einer Familie hat jedes Kind einen eigenen Ordner. Wenn es auszieht, bekommt es seinen aktuellen Ordner in die Hand gedrückt – und eine Kiste. Und schon kann das Kind ein eigenes Privatbüro eröffnen.

Abzuraten ist von Systemen, in denen zum Beispiel ein Ordner „Verträge" heißt. Hier müssten der Arbeitsvertrag, der Mietvertrag und der Handyvertrag liegen. In einem anderen Ordner wäre dann die Korrespondenz dazu. Unpraktisch! Hinzu kommt, dass dieses System im Gegensatz zu meinem nicht selbst reinigend ist. Alte und nicht mehr gültige Verträge, die längst in den Müll gehören, bleiben so im Ordner. Es sei denn, man ist so diszipliniert, jedes Jahr sämtliche Ordner nach Papiermüll zu durchforsten. Aber wer ist schon fleißig im faulen Haushalt?
Nach meiner Methode hat man ein leicht durchschaubares System, das ständigen Durchblick garantiert. Vor allem gibt es keine Probleme, wenn man für Wochen oder Monate wenig Zeit hat, sich um mehr zu kümmern als um die Bezahlung von Rechnungen. Selbst dann braucht man wenig Zeit, um zu finden, was man sucht.
Wichtig ist nur, dass man sich daran gewöhnt, eingehende Post, Kontoauszüge etc. nicht über die gesamte Wohnung zu verteilen oder an unterschiedlichen Stellen zu lagern.

Für weitergehende Informationen und ein ausgeklügeltes System der Büroorganisation empfehle ich meinen „Ratgeber für das faule Büro“ (in Produktion). [1]

Ein kurzer Exkurs über die Finanzen

Ein Haushaltsbuch ist eine nützliche Sache. Allerdings gibt es dafür einige wesentliche Voraussetzungen, die in meinem faulen Haushalt nicht gegeben sind.

1. Disziplin

Ein Haushaltsbuch muss regelmäßig und zeitnah geführt werden. Wenn Ein- und Ausgaben nur einmal im Monat eingetragen werden, braucht man keines. Das gleiche gilt, wenn man prinzipiell Quittungen und Belege verschlampt.

2. Beständigkeit

Ein Haushaltsbuch über den Zeitraum von ein paar Wochen ist sinnlos.

3. bedingungslose Unterwerfung

aller Haushaltsmitglieder unter das Diktat des Wirtschafts- und Finanzministeriums. Wenn die 12-jährige Tochter selbstständig haushaltsrelevante Einkäufe tätigt, ohne jemals Belege dafür abzuliefern, nützt das ganze schöne System nichts.

Falls man sich zur Führung eines Haushaltsbuches entschlossen hat, genügt die Anschaffung eines Schulheftes. Ein Spaltenbuch ist schon Luxus. Im Schreibwarenhandel gibt es tolle Haushaltsbücher, in denen sogar erklärt wird, wie man sie führt. Man kann ein Haushaltsbuch natürlich auch prima im Computer anlegen.
In der Haushaltsbuchführung unterscheidet man zwischen festen und variablen Einnahmen und Ausgaben. Feste Ausgaben sind z. B.

---

[1] In kurzer, knapper Form können Selbstständige, Freiberufler, Künstler, Jungunternehmer und solche, die es werden wollen, erfahren, wie sie ihren ganzen Bürokram unter Kontrolle bekommen und beherrschen.

Miete, Strom und Beiträge. Variabel sind u. a. alle Ausgaben für Lebensmittel (Ernährung), Bekleidung, Telefon. Für die Einteilung nach unterschiedlichen Posten (z. B. Ernährung, Bekleidung, Kosmetik, Fahrtkosten) wählt man Ausgabengruppen. In der „richtigen" Buchhaltung nennt man so etwas Sachkonten. Am Ende eines Monats addiert man die jeweiligen Ausgaben in einer Gruppe, und schon weiß man, wie viel Geld man in einem Monat für Körperpflege ausgegeben hat.
Die monatlich entstandenen Einnahmen und Kosten werden in einer Jahresaufstellung, unterteilt nach Ausgabengruppen, zusammengefasst. Strich drunter, alles zusammengerechnet: Schon weiß man, wie viel Geld pro Jahr für alles zusammen und für die einzelnen Ausgabengruppen draufgegangen ist.
Streber und Perfektionisten bezeichnen die Ausgabengruppen mit Schlüsselzahlen (Sachkontonummern) und/oder schaffen zusätzliche Untergruppen, um einen noch besseren Überblick zu erhalten, z. B. Körperpflege/Eltern und Körperpflege/Kinder, Büromaterial/privat und Büromaterial/Schule.
Die Führung eines Haushaltsbuches kann eminent wichtig werden, wenn man zum Beispiel plant, Grundbesitz zu erwerben. Hierfür muss man herausfinden, welche festen und variablen Kosten anfallen, um eine realistische monatliche Kreditbelastung zu ermitteln. Man sollte so lange wie möglich vor grundsätzlichen finanziellen Entscheidungen mit der genauen Haushaltsbuchführung beginnen. So ermittelt man nicht nur den tatsächlichen Finanzbedarf, sondern auch vermeidbare Kosten, Einsparpotenziale und nicht zuletzt den möglichen finanziellen Spielraum z. B. für Urlaubsreisen, Anschaffungen und Reparaturen.

Wie werde ich den Krempel los? – Vom richtigen Wegwerfen

Was nicht benutzt wird, wird auch nicht gebraucht. Eine unangenehm destruktive und überaus pragmatische These, die aber leider schrecklich wahr ist.

In meinem faulen Haushalt beträgt die Halbwertzeit ein Jahr. Nach einem Jahr wandern alle nicht getragenen Kleidungsstücke und Schuhe sowie nicht verwendete Hausratsgegenstände in ein Zwischenlager. Dort dürfen sie ein weiteres Jahr verbringen. Wenn man sie dann immer noch nicht vermisst hat, müssen sie raus.

Für Bücher gelten verschärfte Bedingungen. Nur wenige Bücher sind es wert, als Klassiker oder Lieblingsbücher in meine bereits überfüllten Regale zu gelangen. Die meisten werden einmal und nie wieder gelesen. Also muss eine Auswahl getroffen werden. Das gleiche gilt für CDs, DVDs und Videokassetten, für die ebenfalls nur begrenzter Raum zur Verfügung steht. Manche habe ich aus beruflichen Gründen – z. B. zu Recherchezwecken – angeschafft. Sobald der Zweck erfüllt wurde, kommt alles auf einen Stapel zur kurz- oder mittelfristigen Entsorgung.

Die Alternative ist unschön: Wenn man nicht in der Lage ist, sich besser früher als später von häuslichem Ballast zu trennen, droht irgendwann der Umzug in eine größere Wohnung oder in eine Turnhalle, oder man versinkt im Chaos.

Auszusortieren, was nicht mehr gebraucht wird, fällt vielen Menschen sehr schwer. Meist haben Männer damit größere Probleme als Frauen. Aus Rücksicht auf möglicherweise empfindsamere Mitbewohner und um auch selbst sicher zu gehen, dass nicht versehentlich wertvolle Erinnerungsstücke verschwinden, würde ich immer die oben erläuterte Zwischenlagerlösung bevorzugen.

Wenn ich etwas wegwerfen möchte, was meinem Mann gehört, frage ich ihn selbstverständlich vorher um Erlaubnis. Und wenn ich der Meinung bin, dass er das quietschgrüne Hemd mit dem Entenkragen nie wieder tragen wird, werde ich es trotzdem nicht wegwerfen, wenn er nicht damit einverstanden ist.

Tatsächlich gibt es eine ganze Reihe von Gegenständen, die sich seit Jahren im Zwischenlager aufhalten, weil ich mich nicht von ihnen trennen kann. Das ist für mich kein Problem. Ungefähr einmal im Jahr werfe ich einen Blick auf das handbemalte T-Shirt, das mir mein Mann vor vielen Jahren aus New York mitgebracht hat und das wahrscheinlich beim Anziehen zerbrechen würde, so morsch ist es. Die Entscheidung fällt mir leicht: Das Hemd bleibt. Auf diese Weise kann ich mich ab und zu an vergangene Zeiten erinnern. Das ist auch mal ganz schön.
Anfangs hatte ich mit dem Aussortieren extreme Schwierigkeiten. Aber je öfter man's versucht, desto besser geht es.
Man kann sich entweder allein damit befassen oder einen Aufruf an Mitbewohner starten. Meist ist eine Aufforderung gar nicht nötig, denn komischerweise wirkt Entrümpeln ansteckend. Ich beginne am liebsten in dem Raum, wo es sich bei mir so richtig lohnt. Also im Schlafzimmer. Für den Anfang brauche ich nur zwei große Müllsäcke, einen Umzugskarton, und zwei große Klappkisten oder Wäschekörbe.
Die aufgefundenen und kritisch betrachteten Artikel kann man entweder:
wegwerfen - sofort: ab in die Müllsäcke, getrennt nach Textilien und Normalmüll; evtl. später bzw. noch mal nachdenken: ab ins Zwischenlager Umzugskarton
verschenken - in die eine Kiste
verkaufen - in die andere Kiste
In den Textil-Müllsack kommt alles, was offensichtlich unbrauchbar ist: kaputte Socken, billige T-Shirts mit Löchern und aufgerissenen Nähten. Niemals aufheben, weil man sie vielleicht noch zum Putzen anziehen könnte!

In den anderen Müllsack wandern sämtliche Gegenstände,

die lange nicht benutzt wurden und die ich aus Bequemlichkeit im Kleiderschrank oder in Schubladen und Regalen deponiert habe: defekte Computertastaturen, kaputte Wecker oder – besonders beliebt – überalterte Software.
Ich habe herausbekommen, dass das Wegwerfen in einen Müllsack die Angelegenheit für mich erheblich erleichtert. Aus den Augen, aus dem Sinn. Wenn ich alles, was weggeworfen werden soll, deutlich sichtbar vor meinen Augen z. B. in einer Kiste deponiere, fällt mein Blick immer wieder darauf. Das ist nicht wünschenswert. Womöglich packt mich dann das schlechte Gewissen oder ein Anfall von Nostalgie: Der Wecker war schrecklich teuer, und ihn nun, nach 25 Jahren, in denen er mir treu gedient hat, schnöde wegwerfen, nur weil er nicht mehr funktioniert? Vielleicht interessiert sich ein Uhrenmuseum dafür oder ein bastelfreudiger Cousin. So geht's nicht!
Wichtig fürs Wegwerfen: Gefüllte Säcke nicht in den Hausmüll geben, sondern am besten zur Müllabfuhr bringen. Das gilt übrigens für alles, was bei Entrümpelungsaktionen weggeworfen wird. Adressen, Öffnungszeiten und alle notwendigen Auskünfte erhält man bei der zuständigen Stadtreinigungsfirma. Manchmal wird Müll sogar kostenlos abgeholt, nicht nur Sperrmüll! Und es gibt echte Überraschungen. Oder wussten Sie, dass laut Auskunft der BSR (Berliner Stadtreinigungsbetriebe) Videokassetten Normalmüll sind und in den Hausmüll gehören?
Kleidung, Möbel, funktionsfähige Elektrogeräte und Bücher zu verschenken, ist relativ einfach. In jeder Stadt gibt es gemeinnützige Organisationen, die Wohnungslose, Flüchtlinge oder andere bedürftige Menschen unterstützen und die Sachen manchmal sogar abholen. Viele Institutionen annoncieren in Zeitungen und Zeitschriften. Die Adressen und Telefonnummern findet man außerdem im Telefonbuch, im Internet oder in Stadtmagazinen. In ländlichen Regionen wendet man sich am besten direkt an die Kirchen, Wohlfahrtsorganisationen oder an die zuständige Stadtverwaltung. Für Bücher kommen als Abnehmer außerdem Krankenhäuser und Seniorenheime in Frage.

Mottenzerfressene Pullis, farbverfleckte Hosen, kaputte T-Shirts, Unterwäsche und Strümpfe gehören nicht in die Altkleidersammlung, sondern ausschließlich gewaschene, saubere und gut erhaltene Oberbekleidung. Wer sicher sein will, dass wirklich Bedürftige unterstützt werden und die Garderobe nicht geschreddert oder in einem Second-Hand-Laden verscherbelt wird, wendet sich an regionale, gemeinnützige Organisationen.

Nicht nur ausgemusterte Kleidung, auch alles andere kann man – theoretisch – verkaufen. Die Masse macht's. Selbst wenn die einzelnen Sachen nur ein paar Euro bringen, kann man froh sein, sie los zu sein und sich von den Einnahmen ein schönes Abendessen zu zweit leisten zu können. Außerdem hat man vielleicht einen anderen Menschen beglückt, der schon jahrelang nach einer orangefarbenen Siebziger Jahre-Glasschale gesucht hat.

Ich würde liebend gern dauernd Hausrat, Bücher und LPs, Videokassetten und CDs auf Flohmärkten verkaufen. Leider komme ich nur selten dazu. Das kostet nämlich Zeit. Ein geeigneter Termin will gefunden und ein Stand angemietet werden. Oder man muss furchtbar früh aufstehen, um irgendwo einen Tapetentisch aufzubauen. Flohmärkte finden am Wochenende statt, sie beginnen meist zwischen 8.00 und 10.00 Uhr, so dass man ohne einen reservierten Stand manchmal bis 5.30 Uhr dort sein muss, um sich einen Platz zu sichern. Wenn am betreffenden Tag schlechtes Wetter ist, macht man keine Geschäfte und holt sich vielleicht eine Erkältung. Also kommen im wesentlichen die Monate ohne „r“ fürs Flohmarkten in Frage.

Wer kein Auto zur Verfügung hat, muss einen Chauffeur oder eine Chauffeurin finden, am besten in Kombination mit einer Standpartnerschaft. Denn allein einen ganzen Tag am Stand stehen, bringt auch nicht die rechte Freude. Wenn es allerdings mal geklappt hat, war es bei mir jedes Mal ein voller Erfolg. Finanziell, weil ich immer deutlich mehr als die Standmiete eingenommen habe, und für meinen Haushalt, weil ich einen Haufen Kram los geworden bin.

Die Standmiete wird in der Regel nach laufenden Metern gerechnet. Ein Tapetentisch (3 Meter Länge) kostet 10 bis 15 Euro.

Heute werden auf den popeligsten Flohmärkten luxuriöse Stände angeboten – überdacht, also geschützt vor Sonne und Regen, was nicht nur gut für die Verkäufer, sondern auch für die Ware ist. Die Marktstände kosten meist ab 25 Euro aufwärts. Dieses Geld muss erst einmal eingenommen werden. Hinzu kommen Kosten für Benzin und Verpflegung, wenn man sich mal einen Imbiss oder einen heißen Kaffee gönnen möchte, und – eigentlich auch für die Arbeitszeit. Aber das vergisst man gern, weil es sich um eine möglicherweise einträgliche Form der Freizeitgestaltung handelt. Wenn man 30 Euro rechnet, die man einnehmen muss, um die Kosten zu decken, bedeutet das 60 verkaufte Bücher zu je 50 Cent. Und Bücher sind schwer, ebenso Schallplatten ...
Es empfiehlt sich also, ein paar Artikel zum Flohmarkt mitzunehmen, die so attraktiv sind, dass ihr Verkauf allein schon die Kosten deckt. Das können Elektrogeräte sein oder hochwertige Küchenartikel. Alles selbstverständlich nicht nur funktionstüchtig, sondern auch auf Hochglanz gebracht.
Küchengeräte und Küchenzubehör gehen nach meinen Erfahrungen immer gut. Textilien, auch hochwertige, nur, wenn man sie ansprechend präsentieren kann. Das bedeutet einen großen Stand und Kleiderständer – Riesen-Investition! Aber wozu? Ich will doch bloß ein paar Klamotten loswerden ... Meine hässlichen alten Blumenvasen (manche von unschuldigen Kindern wie mir bemalt) und die zahlreich anfallenden leeren Senfgläser stellten sich dagegen als unerwarteter Verkaufserfolg heraus. Dutzende von Hausfrauen prügelten sich beinahe um die Vasen und Gläser und überboten sich gegenseitig. Das ist die angenehmste Seite des Flohmarkthandels: der Überraschungserfolg. Es gibt ihn wirklich!
Beinahe so gut wie der Marktstand ist ein privater Flohmarkt zu Hause. Den habe ich bisher allerdings nur in Form eines Büchertrödels betrieben. Und das geht so: Einladungen raus an alle, die Interesse an meist sehr gut erhaltenen, häufig noch aktuellen Büchern haben könnten. Eintritt: eine Flasche Wein. Termin: Samstag Nachmittag, evtl. noch Sonntag Nachmittag - je nach Warenmenge und Größe des Freundeskreises. Die Ware wird thematisch vorsor-

tiert und im Verkaufsraum, dem Wohnzimmer, liebevoll gestapelt. Kleine Schilder erläutern die einzelnen Stapel, z. B. „Schund“, „Thriller“, „SF-Fantasy“, „Sachbücher“, „Hochliteratur“, „Obscura“. Wer Lust und Zeit hat, kommt vorbei. Es gibt eine Kleinigkeit zu essen und zu naschen, was zu trinken, und man kann nach Herzenslust stöbern, sich beraten lassen und vor allem – handeln wie auf dem Flohmarkt. Nebenbei treffen sich Leute, die sich seit Monaten nicht gesehen haben. Ich nenne es „Bücherparty“, weil es ein wenig Event-Charakter hat. Die Einnahmen übersteigen die Ausgaben, und Spaß macht's außerdem. Manche Freundinnen und Freunde erscheinen zu solchen Gelegenheiten bereits mit Rucksäcken und Trolleys. – Nicht verkaufte Bücher werden in Bücherkisten verpackt und warten im Keller auf einen Flohmarkttermin, auf die nächste Bücherparty oder darauf, an ein Krankenhaus verschenkt zu werden.

Eine Variante der Bücherparty ist die von mir schon vor vielen Jahren erfundene Partytombola. Die macht ein bisschen Arbeit, aber sehr viel Freude und eignet sich auch zur Auflockerung, z. B. von Geburtstagsfeiern.

Man stellt alle Gewinne (das, was man loswerden möchte) präsentabel auf einen Tisch. Jeder Gegenstand bekommt eine Nummer oder einen hübschen Namen, wie z. B. „Hauptgewinn“ oder „Erster Superpreis“. Das muss ein richtiger Reißer sein, ein funktionsfähiger Fernseher zum Beispiel. Jeder Gast sollte die Chance auf einen Gewinn bekommen. Also mindestens 20 Lose für 20 Gäste. Zu jeder Gewinn-Nummer wird ein Los vergeben. Das Prinzip: Jedes Los gewinnt. Es gibt keine Nieten. Bestimmte Artikel kann man zu Paketen schnüren. So gibt es vielleicht ein Bücherpaket, ein CD-Paket oder ein Küchenpaket mit einem Kochbuch, der x-ten Packung Küchenhandtücher von der lieben Omi und einem überschüssigen Rührlöffel. Über die Preise deckt man ein Tuch, damit bis zur Tombola niemand sehen kann, was es zu gewinnen gibt. Die Gäste sollen erst mal ordentlich heiß werden. Wenn alle in animierter Stimmung und schön neugierig sind, werden die Lose in Schüsseln oder Ei-

merchen angeboten und zum Sensationspreis von (Beispiel!) 2,00 Euro verkauft. Großzügige Rabatte (6 Lose für 10 Euro) sichern, dass alle Lose verkauft werden. Und dann geht's los. Die Gäste fallen über die Gewinne her, als gäbe es kein Morgen, und freuen sich wie wahnsinnig. Das Schönste: Sie unterhalten sich und sie tauschen untereinander. Nach meinen Erfahrungen ein echter Beitrag zur Party-Kommunikation. Einfach mal ausprobieren?
In der letzten Zeit haben private Internetversteigerungen für mich einen Teil der Flohmarkt-Aktivitäten übernommen. Vorteil: Die Einnahmen können im Verhältnis höher sein als auf einem Flohmarkt. Bücher auf eBay zu versteigern, kann durchaus interessant sein, zumindest wenn es sich um aktuelle Titel handelt. Aber es macht viel Arbeit, sich um alles zu kümmern. Der Artikel muss bei eBay eingestellt, verwaltet und verschickt werden. Da ist es natürlich einfacher, sich mal eben einen Tag an den Flohmarktstand zu stellen. Nach 8 Stunden ist alles vorbei, und man kann das Geld zählen. Eine Internet-Versteigerung macht zwar auch Spaß, aber um die gleiche Menge Bücher zu verkaufen, muss man über mehrere Wochen Zahlungseingänge überwachen, Bücher verschicken und manchmal ziemlich anstrengende Korrespondenz mit potenziellen Käufern führen. Da gilt es sorgfältig abzuwägen, in welchem Verhältnis Aufwand und Nutzen stehen.
Buch-Antiquariate kaufen manchmal Bücher an. Allerdings leider nur zu einem winzigen Bruchteil des Einkaufspreises. Ebenso wie Schallplattenankäufer sind Antiquariatsbuchhändler außerdem meist nicht daran interessiert, unbesehen alles abzunehmen, was da ist, sondern sie suchen sich aus, was sie für verkäuflich oder wenigstens für interessant halten. Und das ist oft nicht viel. Und Sie können sicher sein, dass Sie auf jedem Trödelmarkt das Drei- bis Zehnfache dafür erlösen könnten, wenn Sie an Privatkunden verkaufen. Aber andererseits sind Sie's los ...

Hochwertige Kleidung kann man manchmal über Second Hand-Läden in Kommission verkaufen. Die nehmen allerdings hauptsächlich Kinder- und Damenbekleidung.
Jetzt haben wir fast alles weggeschmissen, verkauft, verschenkt, versteigert und verlost. Und was ist mit dem Rest?

Was mache ich mit dem alten Zeug, das ich nie mehr brauche? Da sind Theaterrequisiten, eine Rolle Plakate und meine geliebten, aber schon 10 Jahre nicht mehr benutzten Schlittschuhe, die Kiste mit meinen alten Schulheften und den Stofftieren ...
Für so etwas haben Menschen den Keller und den Dachboden erfunden. Der Dachboden in einer Mietwohnung ist oft ein Hängeboden. Die Decke in der Diele ist abgehängt, und so entsteht zusätzlicher Stauraum, der über eine Leiter zugänglich ist. Ein Mieterkeller ist oft nur ein winziger Drahtverhau, der mit einem einfachen Vorhängeschloss gesichert ist, aber besser als gar nichts. In Einfamilienhäusern und auf dem Lande gibt es luxuriöse Riesenkeller, manchmal mehrere Räume, die sich außer zum Aufbewahren von Hausrat zur Lagerung von Wein, Kartoffeln und Heizöl, als Fitness-, Wasch-, Partykeller oder als Sauna eignen.
So ein Keller ist eine tolle Sache. Wenn man einen hat. Bei Anmietung einer Wohnung sollte man sich versichern, dass ein Keller dazu gehört. Manchmal gibt es zwar einen zur Wohnung gehörigen Mieterkeller, aber ein anderer Mieter nutzt ihn, oder – auch schon erlebt – der entsprechende Keller wurde vom Vormieter nicht geräumt, sondern vergessen. Also denken Sie dran: Sie wollen einen Keller. Er sollte im Mietvertrag stehen, und Sie sollten sich versichern, dass er leer geräumt und zugänglich ist bzw. gemacht wird. Je größer er ist, desto besser.

Wenn ein Keller trocken ist, eignet er sich sogar zur Aufbewahrung von Büchern. Falls nicht – aber bitte erst mal testen bzw. Mitbewohner und andere Mieter fragen! – muss man sich gut überlegen, was darin gelagert werden kann, ohne dass es vergammelt. Koffer (in Hüllen), Fahrräder, Autoteile, Reifen, Gepäckträger und Sportzubehör wie Skier, Schlitten und Surfbretter können Sie trotzdem dort verwahren, sofern Sie gelegentlich nachsehen. Textilien, Schallplatten, Videokassetten und wertvollere Elektrogeräte würde ich immer in der Wohnung behalten bzw. zwischenlagern. Der typische Kellermief sorgt sonst schnell dafür, dass sich die Frage nach der Weiterverwendung von Kleidungsstücken nach ein paar Monaten erübrigt.

Alles, was im Keller gelagert wird, sollte gut verpackt sein. Bücher gehören also in Kartons, der alte Fernseher wird so luftdicht wie möglich in Müllsäcke oder Plastikplanen gehüllt. Die Skibindung wird mit Folie verklebt und so halbwegs vor Korrosion geschützt.

Der entspannte Umzug

Warum fürchtet man sich vor einem Umzug? Ein Grund ist, dass die meisten Menschen Angst vor Veränderung haben. Warum eigentlich? Warum freuen wir uns nicht auf die Herausforderung? Sind wir vielleicht doch Gewohnheitstiere?
Ein anderer Grund ist, dass man zu selten umzieht, um Routine darin zu bekommen. Wären wir noch Nomaden oder würde unser gesamtes Hab und Gut in eine Schubkarre passen, würde uns ein Umzug keine Probleme bereiten.

Bis in die 60er Jahre bedeutete eine Urlaubsreise mit der Familie noch ungefähr das gleiche wie ein Umzug. Schon Wochen vorher herrschte unterdrückte Katastrophenstimmung, die Eltern waren leicht reizbar, das Leben wurde in „vor dem Urlaub" und „nach dem Urlaub" eingeteilt. Bestimmte Kleidungsstücke waren schon Wochen vorher nicht mehr auffindbar, weil sie bereits gewaschen, gebügelt und in einem der zahlreichen Koffer sicher verstaut waren. Bloß nichts mehr dreckig machen! Manchmal wurden sogar Ärzte aufgesucht, damit es in der Fremde keine Zahnschmerzen und keine Blinddarmoperation geben konnte. Eine Woche vorher wurde von der gesamten Verwandtschaft Abschied genommen. Die Urlaubsrunde mit den Arbeitskollegen war Pflicht – ob man sich in diesem Leben wiedersehen würde? Der Reiseaufbruch selbst gestaltete sich dramatisch: Zu nachtschlafender Zeit wurden die Kinder geweckt. Mit vorgetäuschter Ruhe und einem leichten Beben in der Stimme verkündeten die Eltern, dass es nun losginge. Das Verpacken praktisch des gesamten Haushaltes in einen VW-Käfer (DDR-Variante: in einen Trabant) löste häufig die erste ernsthafte Krise aus. Theatralischer Höhepunkt war das traditionelle Durcharbeiten der Checkliste inkl. Abschließen der Wohnung, mit mündlicher Wiederholung aller dabei durchzuführenden und durchgeführten Tätigkeiten. Dagegen war der Countdown eines Mondraketenstarts eine entspannte Übungsrunde. Erst wenn das Autochen, vollgepackt bis unters Dach – die Kinder saßen eingezwängt zwischen Taschen und Buddeleimern auf Decken und Handtüchern – sicher auf der Autobahn rollte, wenn alle Unklarheiten geklärt waren, die mit „hab ich eigentlich ...“ anfingen, holten die Eltern tief Luft und meinten, jetzt würde der Urlaub anfangen. Und dabei hatten sie schon die ganze Zeit Ferien, aber sie mussten sich offensichtlich ordentlich in Stress bringen, um guten Gewissens abschlaffen zu können. – Also: Wir haben verreisen gelernt, und wir werden auch umziehen lernen, und zwar jetzt!

Genau wie der Urlaub nicht erst auf der Autobahn anfängt, beginnt der Umzug nicht erst mit einem Möbelwagen, der vor dem Haus anhält, sondern mit sorgfältiger und langfristiger Planung. Im faulen Haushalt ist ein Umzug keine Katastrophe, sondern vor allem eine Chance: Eine Gelegenheit, sich von überflüssigem Ballast zu befreien, Einrichtung und Arbeitsabläufe neu und vielleicht sinnvoller zu gestalten.
Wenn ein neuer fauler Haushalt gegründet wird, beginnt der natürlich ebenfalls mit einem Umzug, ganz gleich, ob zwei zusammenwohnen wollen oder ein junger Mensch allein die erste eigene Wohnung bezieht.
In erster Linie werde ich mich mit dem Umzug innerhalb einer Stadt bzw. in einem räumlichen Umfeld von max. 50 km beschäftigen, mit dem sogenannten Nahumzug also. Auch mit optimaler Vorbereitung und Durchführung ist ein Umzug immer eine Belastung. Die so niedrig wie möglich zu halten, soll das Ziel sein. Im faulen Haushalt beginnt der Umzug daher schon mit der

Terminwahl

Da die meisten Mietverträge zum Monatsende enden und zum Monatsanfang beginnen, finden die allermeisten Umzüge in der einen Woche rund um Ultimo statt, und dann meistens an dem entsprechenden Wochenende, zwischen Freitag und Sonntag.

Im Interesse einer ruhigen Abwicklung lohnt es vielleicht, mit Vormieter oder Hausverwaltung zu klären, ob man nicht einige Tage eher in die neue Wohnung einziehen kann. Das mindert den Druck und bedeutet weniger Stress, falls z. B. die alte Wohnung schnell in renoviertem Zustand übergeben werden muss.

Je nachdem, ob man den Umzug mit einem Umzugsunternehmen durchführt oder selbst organisiert, z. B. mit Freunden, ist zu überlegen, ob man den Freitag oder den Samstag wählt. Der Sonntag ist denkbar ungeeignet, und zwar aus verschiedenen Gründen: Sonntags sind die meisten Geschäfte geschlossen, und man kann nur unter erschwerten Bedingungen dringende Einkäufe tätigen, wenn etwas Wichtiges vergessen wurde. Außerdem haben die preiswerten Mietwagenfirmen keinen Sonntagsservice, so dass man für drei Tage bezahlen muss, weil man ein Fahrzeug schon am Samstag früh abholen müsste und erst Montag früh zurückbringen kann. Auch sollte man Rücksicht auf die neuen und alten Mitbewohner nehmen und die Sonntagsruhe einhalten! Für ein harmonisches Zusammenleben ist Umzugslärm am Sonntag ein denkbar ungünstiger Einstieg.

Ein Umzug mit Freunden und Bekannten als Helfer wird also fast immer samstags stattfinden. Denn wenn man Ihnen schon gratis hilft, können Sie wohl kaum verlangen, dass dafür auch noch Urlaub geopfert wird. Die Geschäfte sind samstags geöffnet, und man kann Mietwagen oft bis zum Abend zurückbringen.

Spätestens jetzt folgt die alles entscheidenden Frage:

Umzug mit Freunden? Oder lieber eine Firma beauftragen?

Im faulen Haushalt ist die Antwort einfach: Lieber eine Firma beauftragen. Warum es möglicherweise besser und in jedem Fall geruhsamer ist, ein Umzugsunternehmen zu beauftragen, werde ich gleich ausführen. Aber natürlich gibt es Situationen, in denen das nicht möglich ist. Ein Grund – außer Geldmangel – könnte falsches Heldentum sein oder: Man hat anderen schon so oft beim Umzug geholfen, dass man der Meinung ist, nun seien die endlich auch mal dran und würden sich bestimmt gern revanchieren. Hier können Erwartung und Realität in enttäuschender Form auseinander klaffen.

Generell ist zu sagen, dass ein Umzug immer Geld kosten wird. Das gilt nicht nur für den Transport, sondern auch und vor allem für die Neuanschaffung von Einrichtungs- und Hausratsgegenständen und Elektronik. Außerdem kostet ein Umzug immer etwas, was im faulen Haushalt manchmal wertvoller ist als Geld, nämlich Zeit. Zeit für Vorbereitung und Planung, Ummeldungen, Abmeldungen und Anmeldungen, Zeit zum sich Neu-Einrichten. Und wie auch immer Sie sich entscheiden: Der Umzugstag selbst ist nur ein Bestandteil des großen Ganzen. Sie sollten jedenfalls vor dem eigentlichen Umzugstermin alles erledigt haben, was bis dahin zu erledigen möglich war. Und hinterher so schnell wie möglich fertig werden.

Der große Umzugsvergleichstest – Firma oder Freunde?

Mit Hilfe von Freunden umziehen zu wollen, ist nicht unbedingt eine reine Kostenfrage, sondern auch abhängig von den Voraussetzungen sowie von Anzahl, Alter bzw. Fitness der beteiligten Helfer und natürlich von Art und Menge des Umzugsgutes.

Also: Bis zur Zwei-Zimmerwohnung ist ein Umzug mit Freunden recht leicht zu bewältigen. Das gilt auch evtl. noch für den Umzug von einer Zwei-Zimmer-Wohnung in eine Drei-Zimmer-Wohnung. Ab drei Zimmern wird's problematisch. Ein solcher Umzug ist für Amateure eine große physische Anstrengung.

Ausschlussgründe für den Umzug mit Kumpels sind zum Beispiel:

- alte Wohnung und/oder neue Wohnung liegen höher als im zweiten Stock, und es gibt keinen Fahrstuhl.

- Vor der alten/neuen Wohnung gibt es keine Parkmöglichkeit.
- Es sind sperrige oder schwere Möbel oder Geräte zu transportieren, die man selbst nicht zerlegen und wieder aufbauen kann (z. B. alte Schränke, Betten) und/oder für die ein Außenlift benötigt wird.
- Es sind mehr als ca. 60 Kisten mit Büchern und anderen schweren Gegenständen zu transportieren.
- Man hat keine Ahnung, wie man das überhaupt mit dieser Bande von unzuverlässigen Kerlen schaffen soll.
- Es steht nur ein einziger gesunder Mann unter 50 als Helfer zur Verfügung.
- Man kann oder will selbst seinen Freunden nicht beim Umzug helfen.
- Man zieht von einer Stadt in eine andere um und hat insgesamt mehr als 2,5 Kubikmeter Umzugsgut (Fernumzug über 50 km).

Gründe für einen Umzug mit dem Freundeskreis wären beispielsweise:
- eine riesige Schar liebenswerter, geduldiger, kräftiger und handwerklich überaus geschickter Helferinnen und Helfer.
- Für den Umzug steht bereits ein geeignetes Fahrzeug (z. B. ein Kleinbus) zur freien Verfügung.
- Man ist selbst organisatorisch begabt bzw. hat jemanden zur Verfügung, der kompetent bei der Vorbereitung und Durchführung helfen kann.
- Was soll die ganze Aufregung? Die paar Kisten und die Stehlampe kann man auch alleine tragen. Die Kumpels helfen bloß beim Ein- und Auspacken und hinterher beim Biertrinken.

Eine kleine Musterrechnung hilft vielleicht bei der Entscheidung. Nehmen wir mal an, Sie planen den Umzug von einer 2,5-Zimmerwohnung in eine andere innerhalb einer Stadt.
Wenn Sie den Umzug mit 6 Helfern selbst durchführen wollen, müssen Sie rechnen mit:

Materialkosten, also 30 Kartons, Miete für Hunt (das sind die kleinen Wägelchen mit „t" und ohne Lenker mit kleinen Rädern unten dran zum Transportieren von Möbeln), Sackkarre, Decken, Tragegurte, Klebeband usw. Hierfür veranschlagen wir ca.	100,00 Euro
Fahrzeugkosten für DB Sprinter, also Miete, Vollkaskoversicherung mit Selbstbehalt 1.000 Euro, Kraftstoff, für 1 Tag,	ca.130,00 Euro
Catering für die Helfer (Getränke und was zu essen, pro Helfer 10,00 Euro)	60,00 Euro
Macht zusammen	**290,00 Euro**

Das ist knapp gerechnet. Denken Sie nicht, Sie würden Ihren Helfern niemals Speisen und Getränke für 10,00 Euro in den gierigen Schlund schütten. Das summiert sich! Bedenken Sie, dass Ihre Freunde Ihnen den ganzen Tag helfen und während der gesamten Zeit Kaffee, Saft, Wasser und Bier trinken wollen. Vielleicht schmieren Sie noch ein paar belegte Brote, und nach getaner Arbeit werden Sie wohl mindestens Kartoffelsalat, Würstchen und noch mehr Bier spendieren wollen. Wenn man die ganze Bagage hinterher in eine Kneipe einlädt, wird's noch teurer. Denn bei einem Bier wird's wohl nicht bleiben. Teurer wird's auch, wenn man ein größeres Fahrzeug benötigt, mehr Kartons, Spezialwerkzeuge oder Gerätschaften, besondere Genehmigungen (z. B. Halteverbote) oder wenn Sie Sackkarre und Hunt kaufen müssen, weil es keine zu mieten gibt.

Eigentlich sollte man auch den Verdienstausfall hinzurechnen, der durch Mehrarbeit verursacht wird, die durch Organisation und Durchführung eines Kumpelumzuges notwendig wird (bzw. die entgangene Urlaubszeit, wenn Sie Urlaub nehmen müssen). Das wird gern vergessen. Vielleicht muss man erst ein gewisses Alter erreicht haben, um Lebenszeit als wertvoll einzuschätzen. Man kann nicht früh genug damit anfangen. Viele vergessen bei Tätigkeiten, die ihnen nicht einmal Spaß machen, dass sie Geld sowie mögliche Arbeitszeit oder Freizeit opfern. Deshalb kann es sich

eine Studentin eher leisten, ihren Umzug selbst zu organisieren als eine hoch bezahlte Managerin oder eine Unternehmerin, die 70 Stunden pro Woche arbeitet. Und das hat nicht nur etwas damit zu tun, dass die mehr Geld verdient. Es geht auch um den Wert der eigenen Arbeitskraft und um entgangene Freizeit.
Ich möchte niemandem Angst machen, aber natürlich wird's auch teurer, wenn beim Kumpelumzug was passiert. Das muss gar nichts Schlimmes sein. Aber solche Zwischenfälle komplizieren die Situation. Die Möglichkeiten sind vielfältig. Hier sind einige, die ich schon selbst erlebt habe: Es tritt ein Schaden am Mietwagen auf. Oder einer Ihrer Helfer verursacht einen Schaden, z. B. am Fahrstuhl. Das ist besonders peinlich, wenn Sie vorher vergessen haben zu fragen, ob Sie den Lift überhaupt für die Transporte benutzen dürfen. Als Mieter haben Sie eine Haftungsverpflichtung gegenüber Ihrem Vermieter. Denken Sie daran: Letztlich wird wohl kaum einer Ihrer Freunde, der Ihnen selbstlos hilft, auch noch bereit sein, für Sie zu zahlen. Wenn einer Ihrer Kumpels Ihre chinesische Ming-Vase fallen lässt, leidet meist nicht nur die Vase, sondern auch die Freundschaft.
Ein Umzugsunternehmen hingegen ist rundum versichert. Die gesamten Kosten für den oben bezeichneten Umzug innerhalb Berlins betragen bei einer renommierten Umzugsfirma ca. 650,00 Euro (ohne Handwerker, ohne Klaviertransport, Außenlift und andere kostenintensive Zusatzleistungen). Dafür sind Sie eine Menge Sorgen los. Sie sollten lediglich Kaffee und Mineralwasser bereithalten – Umzugsmitarbeiter dürfen keinen Alkohol trinken. Sie können die Bücherkisten voll packen, denn die Mitarbeiter wissen, wie man Umzugsgut richtig hebt und trägt. Wenn alles ausgeladen und ggf. aufgestellt ist, verabschieden sich die Herren, und Sie müssen nicht im Angesicht von querbeet abgeworfenen Möbelstücken und Kisten mit krampfhaftem Grinsen Getränke und eilig zusammengekauften Junk Food servieren. Sie können sicher sein, dass Ihr Umzug so schnell und effektiv wie möglich durchgeführt wird. Ein seriöses und qualifiziertes Umzugsunternehmen hat Ihnen nämlich schon bei den Vorbereitungen geholfen. Ich habe es selbst erlebt:

Der Umzug mit 120 Kisten (davon 80 Bücherkisten) hat genau 4 Stunden gedauert. Dann waren alle Möbel aufgebaut, alle Kisten ordentlich und nach System in den jeweiligen Räumen gestapelt. Ganz unaufgeregt, professionell und in aller Ruhe. Und wir konnten schon wohnen.
Aufgrund dieser guten Erfahrungen würde ich nie wieder auch nur in Erwägung ziehen, einen Umzug mit Freunden zu veranstalten. Unsere gute Laune wurde noch durch die Tatsache gesteigert, dass wir nach unserer Rechnung lediglich 20 Prozent mehr zahlen mussten, als wenn wir die Sache in Eigenregie durchgeführt hätten. Das lag hauptsächlich an den eingesparten Umzugskartons. Für Amateure hätten wir die Bücherkisten nur zur Hälfte füllen können. Unsere eigene Arbeitskraft bzw. den entgangenen Urlaub haben wir übrigens bei den 20 Prozent nicht berücksichtigt. Hätten wir das getan, wäre der Umzug mit dem Unternehmen sogar deutlich preiswerter gewesen.
Hier gilt es also abzuwägen. Manchmal ist es nur die Summe, die einen auf den ersten Blick abschreckt. Viele Menschen vergessen zu addieren oder sind es nicht gewöhnt. Natürlich wirken 200 Euro auf den ersten Blick Ehrfurcht gebietender als hier mal 50, da mal 60 und dann mal 40 und noch mal 50. Die Summe ist die gleiche.

Für die Einrichtung eines faulen Haushalts sollte man also durchaus überlegen, eine Firma zu beauftragen. Dabei sollte man auf jeden Fall Folgendes beachten:

1. Holen Sie mehrere Kostenvoranschläge ein. Wichtig: Die Erstellung muss kostenlos und unverbindlich erfolgen. Gute, seriöse Firmen schicken einen Mitarbeiter, der die Wohnung in Augenschein nimmt und auf dieser Grundlage den Kostenvoranschlag erstellt. Verlassen Sie sich nicht auf telefonische Auskünfte! Wählen Sie nicht unbedingt den billigsten Anbieter, sondern achten Sie auch auf Serviceleistungen: Werden Kartons und Verpackungsmaterial kostenlos ins Haus geliefert? Hat man ein Ohr für Ihre individuellen Probleme? Fühlen Sie sich gut informiert und gut betreut? Stellt man Ihnen weiteres Informationsmaterial, Benachrichtigungskarten und andere Umzugshilfen zur Verfügung?

2. Besprechen Sie alle zu erbringenden Leistungen so genau wie möglich! Machen Sie sich Notizen dazu. Achten Sie darauf, dass alle diese Leistungen ebenso wie besprochen im Kostenvoranschlag auftauchen.

3. Unabhängig vom Kostenvoranschlag sollten Sie immer, ich wiederhole IMMER! einen FESTPREIS vereinbaren. Akzeptieren Sie niemals eine Abrechnung nach Aufwand und Stunden.

4. Laut Gesetz sind die Spediteure dazu verpflichtet, Sie über Versicherungsmöglichkeiten aufzuklären! Wenn die Mitarbeiter nicht von selbst darauf zu sprechen kommen – schlimm genug! Klären Sie die Versicherungsfrage. Reicht die Grundhaftung aus? Benötigen sie zusätzliche Absicherungen (z. B. wegen der Ming-Vase)?

5. Führen Sie genau Buch über Schäden, die von Mitarbeitern der Umzugsfirma verursacht wurden. Unterschreiben Sie nicht, dass der Auftrag ordnungsgemäß ausgeführt wurde, wenn Ihnen bekannt ist, dass Schäden oder Mängel aufgetreten sind.

Aufgepasst! Äußerlich sichtbare Schäden müssen spätestens am Tag nach der Ablieferung des Umzugsgutes angegeben werden (auch bei Umzügen am Samstag!), äußerlich nicht sichtbare Schäden spätestens innerhalb von 14 Tagen (Eingang bei der Spedition). Wenn diese Fristen nicht eingehalten werden, besteht kein Anspruch mehr auf Schadenersatz.
Informationen hierzu z. B. im Sonderdruck der Stiftung Warentest, test 7/99 Möbelspediteure. Hier schnitt die Fa. Zapf Umzüge von 8 Unternehmen insgesamt am besten ab. Diese Bewertung erfolgte u. a. unter Einbeziehung von Preisniveau, Beratung, schriftlichem Angebot und Ablauf.[2]

[2] Die Firma Zapf Umzüge ist eine Art Berliner Kult-Spedition, aus der mittlerweile eine Reihe von Zweigstellen im gesamten Bundesgebiet hervorgegangen sind. Hoch angesehen und schon mehrmals Gegenstand von Fernsehreportagen und Zeitschriftenartikeln, hat die Firma Zapf aus Berlin-Kreuzberg sich vom engagierten Studentenbetrieb zu einem der bedeutendsten, beliebtesten und größten Umzugsunternehmen Deutsch-

Wie man sich's einfach macht, wenn man umzieht.
Organisation ist alles. Und die beginnt schon, wenn man weiß, wann man das neue Domizil beziehen kann. Sobald Ihr Wunschtermin feststeht, der Umzugsurlaub bewilligt wurde und vielleicht schon einige Helfer zugesagt haben, können Sie loslegen.

Und so geht's:

1. **Für alle:** Ein realistischer Zeitplan muss erstellt werden. – Rechnen Sie bitte mit 6 Wochen Vorbereitung, wenn's halbwegs geordnet ablaufen soll.
2. **Für Firmen-Umzieher:** Holen Sie Kostenvoranschläge ein, prüfen Sie sie und beauftragen Sie ein Umzugsunternehmen. Sie bekommen wahrscheinlich eine Checkliste und einen Haufen Ratschläge und Informationen. Richten Sie sich danach.
3. **Für Selbst-Umzieher:** Erstellen Sie eine persönliche Checkliste (z. B. angelehnt an diese Planung). Nehmen Sie Kontakt mit Ihren Helfern auf. Wenn Wunschkandidaten gleich absagen oder sich in vagen Äußerungen über Terminprobleme ergehen, laufen Sie ihnen bloß nicht hinterher! Kümmern Sie sich lieber um Ersatz. Zu viele Helfer gibt es nicht. Aber zu wenige Helfer können Ihren Umzug verlängern oder sogar unmöglich machen. Kümmern Sie sich auch darum, welcher Ihrer Helfer den Umzugswagen fahren soll, und sorgen Sie für einen Ersatz, falls der Fahrer am Umzugstag verhindert ist.

---

lands entwickelt – und zum zweitgrößten privaten Arbeitgeber in Kreuzberg. Zusätzlich engagiert sich die Firma im sozialen und kulturellen Bereich als Sponsor und Förderer, aber ohne jedes Medienspektakel oder persönliche Eitelkeiten.
Wer mit Zapf umziehen will, erhält eine Menge weitere Informationen, hilfreiche Ratschläge und Formulare kostenlos dazu. Ganz unabhängig von Stand und Vermögen. Also nicht nur beim Umzug von Luxusvilla zu Luxusvilla. Auch von Studentenbude zu Studentenbude.
Da ich selbst Kreuzbergerin und Zapf-Kundin bin, habe ich überhaupt keine Probleme damit, diese Firma völlig unverbindlich und kostenlos – versteht sich – zu loben. Noch dazu hat mir Herr Zetzsche von der Fa. Zapf sehr bei meinen Recherchen geholfen.

Holen Sie Preise von Mietwagenfirmen ein und reservieren Sie so früh wie möglich ein Fahrzeug, das eher eine Nummer zu groß als zu klein sein sollte. Manche Umzugstermine sind sehr beliebt. Da können die Wagen schon mal knapp werden, und schon landen Sie bei einer teuren Firma oder müssen ein kleineres oder größeres Fahrzeug anmieten, das wiederum mehr Aufwand oder Mehrkosten erfordert. Ist die notwendige Fahrerlaubnis beim Fahrer und seinem Vertreter vorhanden?

4. **Für alle:** Haben Sie einen Plan der neuen Wohnung? Falls nicht, messen Sie die neue Wohnung nochmals aus und malen Sie einen maßstabsgerechten Plan auf Millimeterpapier, in dem Sie vermerken bzw. einzeichnen, welche Möbelstücke in die einzelnen Räume gehören. Messen Sie auch vorhandene Möbelstücke noch einmal aus. Passt alles rein? Wo wollen Sie es hinstellen? Müssen Sie eventuell eine Schrankwand verkleinern oder etwas Neues kaufen?
5. **Für alle:** Erstellen Sie Listen der einzelnen Räume, in denen Sie niederlegen, was in diese Räume gestellt und was an Hausrat dorthin verbracht werden soll.
6. **Für alle:** Sammeln Sie Zeitungen. Sie brauchen sie zum Verpacken von Geschirr, Töpfen, Utensilien und Hausrat und als Lückenfüller. Sonst müssen Sie teures Seidenpapier oder Verpackungsmaterial kaufen.
7. **Für alle:** Kümmern Sie sich um Ummeldungen, z. B. Telefon, Gas, Strom – schlicht um alles, was bereits bei Einzug in der neuen Wohnung funktionieren soll bzw. wofür Sie bei Auszug aus der alten Wohnung nichts mehr bezahlen wollen! Wenn Sie hierbei schlampen, kann es richtig teuer und sehr unangenehm werden.
8. **Für alle:** Erstellen Sie zwei Adressenlisten, und zwar, wen Sie alles von Ihrem Umzug benachrichtigen MÜSSEN und wen Sie benachrichtigen MÖCHTEN. Erledigen Sie zuerst die MUSS-Liste.

9. **Für Selbst-Umzieher:** Machen Sie noch eine Liste: notwendiges Material, Werkzeug und Umzugszubehör. Gehen Sie die Liste durch, was Sie oder Ihre Freunde selbst beisteuern können. Alles andere müssen Sie mieten oder kaufen.
10. **Für Selbst-Umzieher:** Engagieren Sie eine Helferin oder einen Helfer als persönliche Assistenz. Mütter können sich prächtig als Assistentinnen eignen und haben manchmal prima Tipps parat. Sonst verpflichten Sie den fähigsten Ihrer Schlepper als Umzugsleiter. Er sollte besonders energisch, kräftig und in Umzugsangelegenheiten erfahren sein.
    Für Firmen-Umzieher: Kümmern Sie sich um kompetente Hilfskräfte, die ihnen beim Ein- und Auspacken helfen können. Besprechen Sie alles mit ihnen.
11. **Für Selbst-Umzieher:** Besorgen Sie mindestens 2 Wochen vor dem Termin die erste Partie Kartons. Es gibt Bücherkisten, Kleider- und Umzugskisten. Ein Umzugskarton kostet bei Umzugsfirmen neu etwa 2,50 Euro, von denen man bei Rückgabe 1,00 Euro erstattet bekommt. Gebraucht kostet einer 2,00 Euro. Gebrauchte Kartons kann man nicht zurückgeben.
    Firmen-Umzieher: müssen sich um die Kisten nicht besonders kümmern. Die benötigten Kisten werden zum vereinbarten Termin geliefert. Ebenso Verpackungsfolien und weiteres Packmaterial, wenn gewünscht und verabredet.
12. **Für alle:** Erstellen Sie Packlisten. Was können Sie jetzt schon einpacken? Was erst am letzten Tag oder am Umzugstag? Beginnen Sie so früh wie möglich mit dem Einpacken. Das Schwerste kommt immer nach unten. Große Bücher (Atlanten, Lexika) z. B. auf den Kistenboden legen, darauf die Taschenbücher. Beschriften Sie gepackte Kisten in geeigneter Weise (mit dickem, schwarzen Filzstift), ggf. schreiben Sie auf die Kiste, was sich darin befindet. Beispiel: „Kinderzimmer, Spielsachen Daniel“ oder „Kammer, Winterkleidung und Stiefel“. Bezeichnen oder nummerieren Sie die Räume der neuen Wohnung auf Ihren Listen und verwenden Sie dieselbe Bezeichnung auf den Kisten. Stapeln Sie die beschrifteten Kisten an einem geeigneten Platz.

Für Selbst-Umzieher: Denken Sie daran, die Kisten nur so voll zu packen, dass Sie selbst sie ohne Schwierigkeiten über eine größere Strecke tragen und nicht nur anheben können. Mehr als 10 bis maximal 15 Kilo sollte keine Kiste wiegen. Bücher und Schallplatten sind sehr schwer, deshalb Bücherkisten und Schallplattenkartons niemals bis zum Rand packen! Schon ein normales Taschenbuch wiegt ca. 300 Gramm, ein gebundenes Buch noch mehr. Keinesfalls sollten Sie die großen Umzugskartons mit Büchern oder Platten bepacken, wenn Ihnen die Gesundheit Ihrer Kumpels am Herzen liegt.
Halb volle Bücherkisten können Sie mit Decken, Kissen, Stofftieren oder anderem Hausrat füllen. Geschirr, Töpfe und Küchenutensilien können Sie in Zeitungspapier wickeln. Haben Sie schon genügend Zeitungspapier gesammelt? Sonst wird's jetzt langsam Zeit.
Für Firmen-Umzieher: Sie können Ihre Kisten so voll packen, bis sie etwa 20 kg wiegen.

13. **Für alle:** Denken Sie beim Packen gleich ans Wegwerfen. Was Sie vorher entsorgen, müssen Sie nicht mitschleppen und neu einsortieren. Beherzigen Sie die Ratschläge aus dem Kapitel „Richtig wegwerfen"!

Noch ca. zwei Wochen bis zum Umzugstag ...

14. **Für alle:** Informieren Sie beide Hausmeister bzw. Hausverwaltungen von Ihren Umzugsplänen und kümmern Sie sich um die entsprechenden Schlüssel (Fahrstuhl, Hauseingänge), Genehmigungen etc.
    Für Selbst-Umzieher: Falls Parkplätze auf öffentlichem Straßenland benötigt werden, sollten Sie die entsprechende Genehmigung (Ordnungsamt) einholen.
15. **Für alle:** Verpacken Sie alles so sicher wie möglich, was nicht in Kisten passt und was Sie bis zum Umzug nicht mehr benötigen. Bei Umzugsfirmen und in Baumärkten können Sie geeignete Folien bekommen. Firmen-Umzieher bekommen Verpackungsmaterial gestellt.

16. **Für alle:** Legen Sie alles gesondert bereit, was Sie direkt am Umzugstag brauchen, also nicht nur Ihre Checkliste, den Wohnungsplan und benötigte Dokumente, sondern auch Werkzeug, Verpackungsmaterial, Filzstifte und sonstiges Zubehör.
17. **Für alle:** Erledigen Sie die MÖCHTEN-Liste.
18. **Für alle:** Essen Sie Ihren Tiefkühlschrank leer und kümmern Sie sich um den Inhalt Ihres Kühlschrankes.

Noch ein bis zwei Tage bis zum Umzugstag ...

19. **Für alle:** Kleben Sie in der neuen Wohnung große Zettel an die Zimmer, auf denen Sie die Räume bezeichnen. Diese Bezeichnungen oder Ziffern sollten mit denen auf den Kartons übereinstimmen. Wenn Sie auch Bad und Küche kennzeichnen wollen, nur zu! Je seltener Sie hören müssen: „Und wo soll dieser Karton hin?“ desto besser...
20. **Für Selbst-Umzieher:** Kaufen oder organisieren Sie (Mutti? Vati? Freunde?) Speisen und Getränke für Ihre fleißigen Helfer.
21. **Für alle:** Tiefkühler und Kühlschrank leer? Bitte spätestens jetzt leer räumen und abtauen.

Der schnelle Umzug

Wer eine Umzugsfirma beauftragt hat, muss sich erst mal um nichts kümmern. Die Mitarbeiter sagen Ihnen, was Sie zu tun haben und wie. Sie sorgen für die richtige Reihenfolge beim Schleppen und beim Beladen. Als Kunde fahren Sie nur mit dem Umzugswagen mit und beaufsichtigen das Abladen und Einräumen. Außerdem werden Sie wahrscheinlich dauernd Kaffee kochen.

Zur Entspannung wieder mal eine wahre Geschichte:

Es war einmal eine kleine Familie – Vater, Mutter und ein Kleinkind. Da sie in einer Dachgeschosswohnung im 5. Stock ohne Fahrstuhl wohnten, sollte umgezogen werden. Für den geplanten Umzug war das Kind zu den Großeltern verbracht worden. Ca. 10 Leute, alles kräftige Herren, hatten ihre Hilfe zugesagt.

Die Strecke zwischen alter und neuer Wohnung betrug nur 250 Meter, ein kleiner Kastenwagen sollte hin und her fahren. Die neue Wohnung lag im ersten Stock. Es gab einen Fahrstuhl. Also eigentlich ein Späßchen. Und jetzt kommt´s:
Zur verabredeten Zeit am Umzugsmorgen waren genau 5 Personen anwesend; außer den Umziehern, nennen wir sie Mario und Tina, mein Mann und ich sowie ein weiterer Freund des Paares, der ebenfalls verschreckt reagierte, aber wie wir tatkräftig mit anpackte, statt die Flucht zu ergreifen – wofür wir alle Verständnis gehabt hätten.
Leider hatte Tina keine Zeit gefunden, irgend etwas einzupacken. So war ich die ersten 4 Stunden damit beschäftigt, Reiseandenken und Nippes in Zeitungspapier zu wickeln und Geschirr und Bücher in Kisten zu packen. Unsere Laune verschlechterte sich, als sich herausstellte, dass 1. der Fahrstuhl nicht für Lastentransporte benutzt wurden durfte, 2. so wenig Kartons vorhanden waren, dass beschlossen wurde, alle Kartons sofort in der neuen Wohnung auszupacken (= auszukippen), um Zeit und Geld zu sparen. Die Herren schleppten, was der Rücken hielt, und wechselten sich beim Fahren des Kleinlasters ab, Tina und ich trugen Kleinteile. So bald wie möglich fuhr Tina mit in die neue Wohnung und kippte Kisten aus, die dann zurück kamen, um von mir neu befüllt zu werden. Am Nachmittag verkündete Mario die frohe Botschaft, gleich würden noch zwei zum Helfen kommen. Aber es war klar, dass wir an diesem Tag keinesfalls den kompletten Umzug schaffen konnten.

Was lernt uns das? Siehe oben – Organisation ist alles, und abgesehen davon: Pannen passieren immer.

Die richtige Reihenfolge

Was kommt zuerst auf den Lkw bzw. in den Bus? Sperrige, schwere, unempfindliche Möbelstücke und Möbelteile (nach Möglichkeit in Transportfolie) sollten zuerst aufgeladen werden, dazwischen zum Schutz Decken packen. Danach kommen die Kisten. Zum Schluss werden die empfindlicheren Güter aufgeladen und – zum

Stopfen eventueller Lücken – kleinere Teile, wie Lampen, Klappstühle, Sofapolster etc. Als letztes werden z. B. große Topfpflanzen auf den Lkw gestellt, die möglichst trocken sein sollten, damit sie nicht zu schwer sind und/oder womöglich tröpfeln.
Bitte sorgen Sie dafür, besonders bei Regen, Schnee oder Nässe, dass Kisten und Möbel nicht unnötig lange auf der Straße herumstehen. Die Möbel leiden darunter, und für die Kisten hat es u. U. dramatische Folgen, wenn die Kistenböden durchweichen.

Wer trägt was und wie viel?
Menschen, besonders eine bestimmte Sorte junger Herren, neigen dazu, sich zu überschätzen. Nun ist es kein Kunststück, eine Last von 20 kg mal eben 5 Meter weit zu schleppen, besonders dann nicht, wenn man es gewöhnt ist. Aber wer ist das schon gewöhnt außer Möbelpackern? Beim Umzug muss eine einzelne Person u. U. viele hundert Kilogramm bewegen, hoch heben und abstellen, treppauf und treppab. Das Gewicht ist dabei nicht verpackt in praktische, rückenschonende Rucksäcke oder Taschen, sondern bestenfalls in Kisten. Häufig sind es sperrige Güter oder Möbelstücke, die nur zu zweit und mit unzulänglicher Ausrüstung (z. B. ohne Tragegurte) bewältigt werden müssen. Dann kommt zur reinen Lastenschlepperei der Stress – gemeinsames Tragen nach Verabredung ist für die meisten ungewohnt – und natürlich Angst: etwas Wertvolles fallen zu lassen, zu beschädigen oder zu zerstören.

Also:
1. Niemand sollte genötigt oder gezwungen werden, Lasten zu tragen, die er oder sie nicht tragen möchte. Frauen sollten aus gesundheitlichen Gründen niemals Lasten heben oder transportieren, die schwerer sind als 15 Kilo. Auch nicht, wenn sie das wollen.
2. Ketten bilden! Das ist um so einfacher, je mehr Helfer da sind. Also nach Möglichkeit nicht eine Person mit einer Last von der Wohnung die ganze Treppe runter bis zum Lkw laufen lassen. Wenn sich viele Menschen die Lasten über möglichst kurze Ent-

fernungen zureichen, werden die Gewichte gleichmäßiger verteilt und die Erholungsphasen werden länger.

3. Für sperrige Lasten, die zu zweit getragen werden müssen, feste Teams bilden, die sich gut verstehen und untereinander absprechen. Wenn ein Team nicht zusammen arbeiten kann, sollte man nicht versuchen, vermittelnd einzugreifen, sondern die beiden lieber trennen.

Und was passiert, wenn alles abgeladen und aufgebaut ist?

Zunächst mal ist der Dank an die Helfer das wichtigste. Man sollte nicht knickerig sein, wenn es um die Pizzabestellung oder die Anzahl der Biere geht, denn schließlich haben diese Leute ihre Freizeit geopfert, um Ihnen beim Umzug zu helfen. Manche haben sich womöglich körperlich verausgabt, trotz Ihrer Versuche, das zu verhindern. Vielleicht sind einige heftige Worte gefallen. Das sollte nun alles vergessen sein. Bedanken Sie sich bei allen zusammen und auch noch mal einzeln. Geben Sie einen aus, auch wenn Sie auf den einen oder anderen böse sind. Vergessen Sie's einfach. Seien Sie froh, dass es vorbei ist.

Erst danach – und beim selbst gemachten Umzug meist erst am nächsten Tag – kommt das Auspacken und das Großreinemachen. Aber das dann so schnell wie möglich. Nach aller Erfahrung bleiben Kartons, die nicht sofort ausgepackt werden, noch tage- oder wochenlang stehen. Manche noch länger.

Und jetzt kommt die große Überraschung zum Schluss des Umzugskapitels:

Im faulen Haushalt wird man nicht nur den Umzug mit einer Firma bevorzugen, sondern speziell für den faulen Haushalt gibt es eine ganz besondere Dienstleistung, die allen Menschen zu empfehlen ist, die ihr Leben genießen wollen oder überhaupt keine Zeit für Umzüge haben. Man nennt es **Komplettservice,** und darin ist alles eingeschlossen, was mit dem Umzug verbunden ist. Nicht nur die Verpflichtung eines Umzugsunternehmens, das Ein- und Auspacken, sondern auch das Ummelden von allem und jedem. Als Kunde müssen Sie sich buchstäblich um nichts kümmern. Sie können eine Woche lang in Urlaub fahren und wenn Sie zurückkom-

men in Ihre Wohnung einziehen. Dort hängen schon die passenden Gardinen und die neuen Lampen, das Geschirr steht im Schrank, und die Bücher stehen in den Regalen. Der Computer ist angeschlossen, der ISDN-Anschluss und DSL funktionieren. Diese maßgeschneiderte Dienstleistung für den faulen Haushalt bieten einige Umzugsunternehmen zusätzlich an. Der Preis: ab ca. 2.500 Euro aufwärts. Es gibt dafür in allen Großstädten Agenturen, die sich z. B. „Relocation Service" nennen.

Auch wenn manche Menschen eine solchen umfassenden Service für übertrieben halten oder – gibt's auch – als Eingriff in ihre Intimsphäre betrachten: Ich find's toll, auch wenn ich mir so etwas nie leisten könnte.

Denn der Komplettservice für den Umzug beinhaltet alle Grundlagen des faulen Haushalts:

Arbeitsreduzierung bzw. Arbeitsvermeidung, also
vorausschauend planen und organisieren!
Arbeitsübertragung, also
das Delegieren von Arbeit an andere,
und eine angemessene Arbeitsphilosophie, und meine lautet:
Es gibt sehr vieles auf der Welt, was mir wichtiger ist als mein Haushalt.

Für das Putzen und alle Reinigungsarbeiten im faulen Haushalt geht es weiter mit Regina Ewert. Schon bei unseren ersten Vorgesprächen, vor ca. anderthalb Jahren, habe ich begonnen, meinen Hausputz nach Reginas Ratschlägen umzustellen und bin nach wie vor begeistert. Alles funktioniert! Mein Verbrauch an Reinigungsmitteln ist drastisch zurückgegangen, ich verwende beinahe ausschließlich Microfasertücher, ich putze seltener, dafür gezielt und spare auch noch Geld. Was will man mehr? – Viel Spaß beim Lesen und bei der Umsetzung der zahllosen Tipps und Ratschläge!

Teil 2
Sauberkeit das Herz erfreut –
Putzen und Waschen im faulen Haushalt

Haushaltsputz ist Ansichtssache – der Wohnungs- und Reinigungs-Check

Was ist schmutzig? – Ich behaupte: Schmutz ist lediglich Materie am falschen Ort!
Das scheint objektiv eine einfache Sache zu sein. Die Betonung liegt auf „scheint", denn wie bei vielen Dingen des alltäglichen Lebens ergeben sich auch hier Probleme aus einer subjektiven Betrachtungsweise. Der Schmutzbegriff ist mit einer individuellen Vorstellung von Sauberkeit verknüpft. Was der Einzelne für sauber hält, wird u. a. durch Erziehung, den jeweiligen Zeitgeist, Werbung und Sachkenntnis mit geprägt.
Materie ist also nicht einfach Schmutz, sondern steht demnach in Zusammenhang mit einer Bewertung. Die Ansichten darüber, wie viel und welche Materie als Schmutz bezeichnet wird und ob der Ort falsch ist, können enorm auseinander gehen. Wer schnell dazu neigt, etwas als Schmutz zu bewerten, hat logischerweise viel zu putzen.
Mit dem Putzen verhält es sich genauso wie mit allen anderen Lebensbereichen: Man kann es sich leicht machen ...
Dabei möchte ich Sie in den folgenden Kapiteln unterstützen. Ich beschränke mich auf einen Schmutz- bzw. Sauberkeitsbegriff, von dem vermutlich die Mehrheit der Bevölkerung in Mitteleuropa

eine ungefähr gleiche Vorstellung hat. Darüber hinaus lege ich einen gesundheitlichen und ökologischen Maßstab an, der das Risiko für den Einzelnen, die Gemeinschaft und die Natur gering hält. Ich arbeite seit fast 20 Jahren als unabhängige Umweltberaterin mit dem Schwerpunkt „Hygiene und Umweltschutz". Meine Ausführungen basieren auf Forschungsergebnissen und Praxiserfahrungen. So hoffe ich Sie davon zu überzeugen, dass Sie meinen Tipps vertrauen, jedenfalls eher als den Werbeaussagen, deren Aufgabe die Verkaufsförderung von Produkten ist.

Und jetzt kommen die nützlichen und bewährten Tipps, wie Sie mit möglichst wenig Nerven, Zeit, Energie und Geld Ihren Haushalt reinigungstechnisch optimal einrichten und hygienisch sauber halten.

Sinnvoll kaufen und schenken lassen

Um Tinnef von Ihrem Haushalt fernzuhalten, ist es sinnvoll, gegenüber Freunden und Verwandten detaillierte Geburtstags- und andere Wünsche zu äußern. Nur keine falsche Scheu, sonst kann die Angelegenheit später peinlich werden – wenn Sie nämlich Plastikblumenkaskaden oder ähnlich Abschreckendes für den Besuchsfall aufbewahren und jeweils passend „umdekorieren" müssen. *Da hilft nur noch der radikale Tipp aus Teil 2: „Der faule Haushalt ist pflegeleicht."*

Der Einkaufs-Check aus reinigungstechnischer Sicht

Weniger ist mehr – nämlich Freizeit: Ein fauler Haushalt verträgt sich nicht mit voll gestopften Räumen, denn all die schönen Dinge wollen irgendwann gereinigt werden bzw. stehen beim Saubermachen im Weg. Deshalb sollte jede Anschaffung einer eingehenden Prüfung unterzogen werden. In der Einrichtungsphase einer Wohnung gibt es andere Notwendigkeiten als in einer bereits eingerichteten Wohnung. Lassen Sie sich aber besser nicht von tradierten Ansichten leiten, wie „In ein Wohnzimmer gehören ..." Auf diese Weise wurden schon viele Wohnungen mit Krempel voll gestellt, der aufwändig gesäubert werden muss. Haben Sie bereits eine eingerichtete Wohnung, so kann es eine gute Regel sein, wenn Sie für jedes neue Stück ein altes rausschmeißen.

Kaufsperre

Machen Sie es sich zur Gewohnheit, drei bis fünf Fragen als „Kaufsperre“ fest in ihr geistiges Repertoire aufzunehmen. Hier sind fünf Fragen, die sich dafür eignen könnten:

1. Ist das anvisierte Teil notwendig?

Sie sehen ein schönes Sofakissen, das sie kaufen wollen. Halt! Der Gedanke an „kaufen“ aktiviert automatisch Ihre Kaufsperre. Zuerst prüfen Sie, wie viele Sofakissen Sie bereits besitzen und ob ein weiteres Modell die zusätzliche Wascharbeit lohnt. Wenn Sie den Kauf für notwendig erachten, aber schon genug Kissen besitzen, trennen Sie sich von einem alten.
Oder: In der Fußgängerzone wird ein wirklich toller Kartoffelschäler angeboten. Zuerst fragen Sie sich, ob Sie ihn wirklich benutzen würden. Wenn schlagkräftige Argumente dafür sprechen, hat der Kauf Auswirkungen auf ihren alten Schäler. Entweder verschenken Sie ihn oder Sie entfernen ihn auf andere Weise aus Ihrem Haushalt. Ganz schlecht sind Haushaltsgegenstände, die als Reserve aufbewahrt werden. So vergrößern Sie Ihr Inventar, bis Sie schließlich eine zweite Wohnung brauchen, um alles unterzubringen, und ein zweites Leben, um alles benutzen zu können.

2. Ist der Gegenstand für den vorgesehen Ort optimal geeignet?

Sie möchten Ihre Sitzecke im Wohnzimmer kuscheliger gestalten und überlegen, ob Sie auf den kahlen Holzfußboden einen Teppich legen. Im Möbelgeschäft haben Sie einen Flokati-Teppich entdeckt, der auf den ersten Blick ideal wäre.
Kaufsperre! Fragen Sie sich, ob so ein langfloriger Teppich für diese Ecke reinigungstechnisch optimal geeignet ist. Haben Sie bisher häufig verkleckerten Saft, Chipskrümel oder andere Essensreste dort entfernen müssen? Wenn ja, ist der Flokati eine Katastrophe an Mehrarbeit oder bald optisch unschön. Ein in Braun-Orange-

Rot-Tönen gemusterter kurzfloriger Teppich wäre besser geeignet. Wenn es denn ein trendiger Flokati sein muss, vielleicht lieber vor Ihrem Bett, wo er sicherlich weniger reinigungsintensiv ist.

3. Erfüllt die Anschaffung mehrere nützliche Funktionen?

Sie haben einen Flur ohne größere Ablagefläche, wo in allen Ecken irgendetwas herumliegt, Mütze, Telefon und -zubehör, Ersatzschlüssel usw. Eine Kommode kann gleichzeitig die beiden Funktionen „Aufbewahrung von Kleinteilen" und „Ablagemöglichkeit" erfüllen: Die Kleinteile sind aus dem Blickfeld und der Raum wirkt aufgeräumt. Ein Regal hätte zwar den Vorteil, dass Sie sofort sehen, was darin liegt. Aber es wäre schnell mit Krempel voll gestellt, der aufwändig entstaubt werden muss. Außerdem bräuchten Sie als Ablage einen zusätzlichen Tisch. So würden zwei Möbelstücke den Raum füllen.

Die Bank

Bei meiner Freundin Evelyne fiel ständig das Telefon vom Bambushocker im Flur. Kabel lagen wie Fußangeln herum. Neben dem Hocker türmten sich offizielle und private Telefonverzeichnisse. Telefonieren war eine unbequeme Angelegenheit im Stehen und im Chaos rundherum. Ein zweiter Hocker diente zur Ablage von Kleidungsstücken, die nicht an die Garderobe passten. Der Gesamteindruck des Flures war „überfüllt".

Als Evelyne mir von ihrer neuesten Anschaffung, einer gusseisernen Bank, berichtete, war ich skeptisch, ob das den Flur nicht endgültig unpassierbar machen würde. Doch bei der Besichtigung stellte sich das Gegenteil heraus. Der Raum wirkte trotz der großen Bank plötzlich überschaubar und beinahe leer. Des Rätsels Lösung: Es handelte sich um eine multifunktionale Anschaffung. Das Telefon steht jetzt fast unsichtbar in einem Korb unter der Bank, darin ebenso die Telefonbücher und Kabel. Die beiden Hocker flogen raus. Auf der Bank kann man zum Telefonieren bequem sitzen oder liegen. Selbst mit einem Pullover über der Lehne erscheint die Bank aufgeräumt und leer.

4. Ist der Gegenstand Schmutz abweisend bzw. integriert seine optische Gesamterscheinung eine akzeptable Menge Schmutz (Staub, Kalkablagerungen, Sand oder ähnliches) ohne dass es auf den ersten Blick auffällt?
Auf stumpfen Fliesen sieht man keine Kalkflecken; auf einem unregelmäßig farbig gesprenkelten hellgrundigen PVC-Bodenbelag oder auf einem hellbraungrundigen Holzimitat sind Krümel und Flecken schwer erkennbar; auf einer gemusterten, nicht glänzenden Oberfläche fällt Staub kaum auf.
Mehr Tipps hierzu im Kapitel: „Simsalabim – der Schmutz ist unsichtbar".

5. Sind Material und Oberfläche leicht zu säubern bzw. zu pflegen?
Auf einer geschlossenen, glatten Oberfläche bleibt Schmutz einfach liegen, das erleichtert die Reinigung.
Offenporige und grob strukturierte Materialien, wie z. B. gelaugtes, geöltes Holz als Möbel oder Stirnholz als Fußboden bremsen beim Wischen, saugen flüssigen Schmutz auf und sind generell schwer zu reinigen.
Auf eloxiertem, glattem Metall ist jeder Fingerabdruck zu sehen.
Tipps dazu wieder im Kapitel „Simsalabim ..."!

Neben der Wahl des geeigneten Materials, der Farbe und der Oberflächenbeschaffenheit ist die Beurteilung, ab wann eine Oberfläche als verschmutzt angesehen wird, entscheidend für den Reinigungsaufwand im Haushalt.

Schmutz ist Entscheidungssache!

Jeder Mensch entscheidet im Alltag tausendfach und immer aufs Neue, ob er eine Oberfläche als schmutzig bewertet und zur Tat schreitet oder ob er keinen Schmutz, sondern lediglich Gebrauchsspuren wahrnimmt und daher keinen Handlungsbedarf sieht.
Achtung: Je eher Sie etwas als schmutzig bezeichnen, desto häufiger muss es gesäubert werden.

Wer schon einmal mit einem anderen Menschen zusammengewohnt hat, der weiß, dass es sehr unterschiedliche Bewertungen und damit viel Diskussionsstoff gibt. Um die eigene Einstellung zu Schmutz verändern zu können, muss man sich diese erst einmal bewusst machen. Hierbei können Ihnen die folgenden Wohnungs- und Reinigungs-Checks helfen.

Zunächst stelle ich Ihnen eine effektive Methode vor, wie Sie Ihre Wohnung optimal um- und ausräumen können. Im zweiten Durchgang geht es um den Entwurf eines maßgeschneiderten Reinigungsplans.
Erst einmal sollten Sie einigen Ballast abwerfen. Es wäre kontraproduktiv, mit Ihren alten, inzwischen überholten Vorstellungen an diese Aufgabe heranzugehen. Vergessen Sie also die Ideen, mit denen Sie die jetzige Wohnungseinrichtung geplant haben. Und – ganz wichtig! – vergessen Sie auch Ihre Sauberkeitsideale.
Bedenken Sie: Hohe Erwartungen, Perfektionismus und Detailverliebtheit ziehen unweigerlich einen höheren Arbeits- und damit auch Zeitaufwand nach sich. Eine weitere Voraussetzung ist, dass Sie wirklich entschlossen sind, Ihren Haushalt und Ihre Einstellung zur Hausarbeit zu verändern.

Dann kann's losgehen:

Der Wohnungs-Check
Formulieren Sie zuerst ein klares Ziel in vollendeter Form, als ob Ihre Wohnung bereits nach Ihren Wünschen umgebaut ist. Zum Beispiel: „Diese Wohnung ist übersichtlich und einfach zu säubern!“
Stellen Sie sich an die Eingangstür und sprechen Sie diese Zielsetzung laut und entschlossen aus. Falls Ihnen das zu albern ist, denken Sie daran: Es geht darum, eine ausreichende Distanz zur eigenen Wohnung zu schaffen, um großzügige Entscheidungen treffen zu können. Sobald Sie Ihr Ziel laut formuliert haben, erinnern Sie sich später leichter daran und können immer wieder Distanz herstellen.

Versetzen Sie sich gedanklich in eine Persönlichkeit, deren Urteil Sie akzeptieren. Wie würde diese Person Ihre Wohnung betrachten? Was würde ihr auffallen? Legen Sie ebenfalls laut, deutlich und überzeugend ein Versprechen ab, dass sie zu Ihren Entscheidungen stehen und sie konsequent umsetzen werden.
Mit den „fremden Augen" checken Sie dann Raum für Raum, vergessen Sie den Balkon und den Keller nicht. Sie werden staunen, wie viel Entscheidungsfreude Sie plötzlich an den Tag legen. Denken Sie daran: Es gibt nichts, was „heilig" ist, alles darf umgeräumt oder rausgeschmissen werden. Nach und nach kristallisieren sich auf diese Weise Möglichkeiten für reinigungstechnisch optimal ausgestattete Räume heraus.

Wichtig:
Rufen Sie sich immer wieder Ihre Zielsetzung ins Gedächtnis, konzentrieren Sie sich ausschließlich darauf!
Verzetteln Sie sich nicht in Sortier-, Dekorations- oder Malerarbeiten! Das wäre Gegenstand einer neuen Zielsetzung.
Zum Schluss heißt es beinhart gegen sich selbst bleiben und nicht umfallen oder schummeln.
Hilfreiche Tipps zum Entrümpeln und zur Verbesserung der Übersichtlichkeit in Ihren Räumen finden Sie in Teil I!

Der Reinigungs-Check
Wieder formulieren Sie zuerst Ihre Zielvorgabe, z. B. „Diese Wohnung macht mit wenig Putzaufwand einen sauberen Eindruck."
Dann betreten Sie die Wohnung erneut durch die Eingangstür und gehen, z. B. mit den Augen eines Besuchers, den Sie als „durchschnittlich ordentlich" bezeichnen würden, durch die einzelnen Räume. Wählen Sie die Person gut aus, mit der Sie sich für diese Aufgabe identifizieren wollen. Die eigene Mutter oder der Single-Saufkumpel eignen sich meist nicht zur Optimierung der Putzaufgaben im faulen Haushalt.
Vielleicht nützt es etwas, sich vorzustellen, es handele sich um die Wohnung einer Freundin, die Sie gebeten hat, ihr Tipps zu geben,

auf was sie beim Hausputz unbedingt achten muss und was sie vernachlässigen kann.
Gehen Sie von vornherein davon aus, dass es Oberflächen in diesem Haushalt gibt, die nicht täglich gewienert werden müssen.

Verabschieden Sie sich von Ihren bisherigen Sauberkeitsprinzipien!
Dazu gehört „In meiner Wohnung muss man vom Fußboden essen können" oder auch „Jeder Winkel meiner Wohnung muss hygienisch rein sein, sonst bin ich ein Schmutzfink, sonst hole ich mir Krankheiten, sonst bekomme ich Pickel, sonst…", „Man wischt einmal pro Woche alle ….", „Man putzt mindestens viermal pro Jahr die Fenster", „Man muss überall Staub wischen" und so weiter und sofort.

Man muss gar nichts, wenn man nicht will!
Werfen Sie alle „Man-muss-Formeln" über Bord!

Zerkleinern Sie den Furcht einflößenden Riesen „Haushaltsputz" in erträgliche Einzelaufgaben. Die lassen sich nämlich ohne große Hemmschwelle und häufig sogar nebenbei erledigen.
Die Oberflächen in den Räumen Ihrer Wohnung sind nicht immer alle zur gleichen Zeit gleich schmutzig. Ein Sisalteppich im Flur schluckt optisch sehr viel mehr Sand und Staub als die weißen Bodenfliesen im Bad. Also muss der Flurboden wesentlich seltener gesäubert werden als der Badboden.
Bestimmen Sie selbst, wie oft Sie welche Oberflächen in jedem Raum reinigen wollen. Formulieren Sie Ihren persönlichen Anspruch an die Sauberkeit der einzelnen Bereiche. Der könnte so aussehen: „Bad und Küche sollen immer sauber sein." Das könnte bedeuten: Spüle und Waschbecken werden täglich gewischt, die Böden zwei Mal pro Woche. Oder: „Das Wohnzimmer räume ich täglich auf, das Schlafzimmer nur ein Mal pro Woche." So stellt sich automatisch eine Differenzierung ein, die Ihnen in Zukunft den Druck nimmt, alles auf einmal in einem Gewaltakt putzen zu müssen.

Verabschieden Sie sich von dem traditionellen „Putztag"! Portionieren Sie die Reinigungsaufgaben!

Wer kleine Arbeitsaufgaben vor sich hat, muss auch nur eine kleine Hürde zu deren Bewältigung überwinden, hat die Arbeit schnell geschafft und eine Vielzahl kleiner, aber sich summierender und motivierender Erfolgserlebnisse.

Erledigen Sie den Haushalt nebenbei, delegieren Sie – soweit möglich – an Mitbewohner oder bezahlte Arbeitskräfte. Lassen Sie andere putzen! Aber bedenken Sie, dass jeder Mensch eigene Vorstellungen von Sauberkeit hat, die sicher hier und da von den Ihren abweichen. Kinder in die Pflichten eines funktionierenden Haushalts einzuweihen, ist eine anstrengende Aufgabe. Mit Konsequenz und einer gewissen Dickfelligkeit sollten sich kleine und größere Erfolge erreichen lassen. Vermeiden Sie es, aus Verzweiflung Hand an fremde Pflichten zu legen. Bedenken Sie: Je höher Sie Ihre Norm für Sauberkeit setzen, desto mehr Arbeit bleibt letztlich an Ihnen hängen!

Putzen Sie statt der gesamten Wohnung lieber nebenbei oder zu festen Tageszeiten Ihrer Wahl nur einen Teil der Räume. Nehmen Sie sich z. B. den Badboden jeden zweiten Tag beim WC-Besuch vor. Mit einem Stück Toilettenpapier lassen sich eben mal Flusen und Haare aufnehmen und in den Müll (nicht ins WC!) entsorgen. Für die üblichen Blickfänge, wie Armaturen, Waschbecken, Badewannenränder, Fliesen überm Waschbecken, nehmen Sie ein dünnes Microfasertuch zum Abwischen. Dazu reicht Wasser pur. Sie benötigen dafür kein chemisches Reinigungsmittel, denn:

Mindestens 90 % des Haushaltsschmutzes lassen sich trocken oder nur mit Wasser hygienisch beseitigen.

Auf diese Weise investieren Sie ab und zu eine Minute, und Ihr Bad sieht stets akzeptabel aus. Natürlich werden Sie weiterhin, einmal pro Woche oder auch nur einmal im Monat, feucht wischen müssen. Das dauert jeweils ca. 5 Minuten. Denken Sie daran, dass sich die Notwendigkeit zu putzen nach dem tatsächlichen Verschmut-

zungsgrad und nicht nach dem Kalender richtet.
Leben Sie damit, dass im Haushalt immer wieder dieselben Arbeiten anfallen. Finden Sie sich damit ab und vermeiden Sie negative Emotionen im Zusammenhang mit Hausarbeit. Das zieht Ihre Stimmung in den roten Bereich und steigert nur die Abneigung. Sprechen Sie im Zusammenhang mit Hausputz keine negativen Meinungen oder Gefühle laut aus. Das gesprochene Wort hat eine nicht zu unterschätzende Wirkung auf Ihre Psyche. Vorsicht damit!

Richten Sie Ihre Aufmerksamkeit lieber auf das, was Ihnen Freude bereitet.

Beachten Sie die erledigten Aufgaben. Freuen Sie sich über Ihre kleinen Erfolge. Nutzen Sie diese Chance zu einem Eigenlob, und tun Sie ihre Arbeit nicht als Selbstverständlichkeit ab. Sie werden feststellen, dass sich der Hausputz mit Geduld, Übung und ein bisschen Disziplin viel leichter und wie nebenbei erledigen lässt.

Entwickeln Sie ein Reinigungskonzept!

Das Prinzip: So viel wie nötig und so wenig wie möglich!

Diese Fragen sollten Sie sich stellen:

Welche Oberfläche ist für Sie und andere ein Blickfang und sollte daher häufiger gewischt werden?

Worauf ruht der Blick nur gelegentlich? Hier ist wöchentliches Wischen mit feuchtem Microfasertuch ohne Allzweckreiniger völlig ausreichend.

Wo kuckt keiner hin? Entscheiden Sie, in welchen Abständen (monatlich, viertel- oder halbjährlich, einmal im Jahr, beim Auszug?) diese Oberflächen nur mit einem feuchten Microfasertuch oder mit einem Reinigungsmittel gesäubert werden sollen.

Über die Häufigkeit und Intensität der Reinigungsaktionen entscheiden Sie mit Ihrer Grundeinstellung, ab wann Sie eine Oberfläche für verschmutzt halten. Listen wollen zwar wegen des Aufwandes nicht so recht in einen faulen Haushalt passen, aber vielen Menschen sind sie wenigstens zu

Anfang eine Gedankenstütze beim Sortieren und Bewerten, bis sich die Abläufe automatisiert haben. Stellen Sie nacheinander Reinigungspläne für jeden Bereich auf. Wenn Sie es psychisch verkraften, nehmen Sie sich gleich die gesamte Wohnung vor.
Im Kopf oder auf dem Papier teilen Sie die Arbeit in Einzelaufgaben ein. Für die Erledigung können Sie sich dann loben. Ein großes Manko – neben dem Perfektionismus – ist die fehlende Anerkennung für die vielen kleinen geleisteten Arbeiten. Warten Sie mit Ihrem Eigenlob nicht, bis Sie erschöpft neben Schrubber und Eimer zusammenbrechen, seien Sie großzügig gegen sich selbst. Sagen Sie laut, wie schnell das mal wieder ging oder wie prima die geputzte Oberfläche aussieht. Das klingt beim ersten Mal möglicherweise ungewohnt bzw. sogar lächerlich (In Gegenwart anderer loben Sie sich besser ohne Ton!). Aber es stärkt auf Dauer Ihr positives Lebensgefühl. Allmählich verschwinden die negativen Gedanken. Lassen Sie sich von Rückfällen nicht entmutigen.
Und noch etwas: Wenn Sie Ihre Zufriedenheit vom Lob anderer abhängig machen, riskieren Sie es, selbst enttäuscht zu werden und andere zu nerven.
Selbstverständlich will ich Sie nicht ermuntern, sich für jeden Klacks zu lobhudeln. Einen Eimer Wischwasser und einen Schrubber bereitzustellen, ist vielleicht bei Kleinkindern eine Belobigung wert. Für eine sekundenschnelle Überwindung der Handlungs-Hemmschwelle können Sie sich allerdings anfangs anerkennend auf die Schulter klopfen. Auch ein Lob muss Qualität haben, passen Sie es deshalb gelegentlich Ihrem reinigungstechnischen Fortschritt an.

Diejenigen, die jetzt befürchten, sie müssten sich mit einer Palette schmutzfarbener Dunkelbrauntöne anfreunden, kann ich gleich beruhigen. Auch ich liebe eine helle, aufgeräumte und sauber wirkende Wohnung. Die Betonung lege ich allerdings auf das Wort „wirken". Meine Wohnung ist nämlich so eingerichtet, dass eine große Menge „ortsfremder Materie" im optischen Allgemeineindruck integriert wird. So lassen sich z. B. Krümel und Sandkörner auf dem gesprenkelten hellgraugrundigen PVC- Küchenboden nur schwer orten. Im Kapitel „Simsalabim ..." finden Sie Tipps, auf welchen Materialien der übliche Schmutz schwer erkennbar ist. Und keine Angst: Aus gesundheitlicher Sicht sind alle meine Ratschläge einwandfrei!

Hygiene ohne Desinfektion

Kurzempfehlungen:
Öfter mal die Hände waschen ist der wirksamste Schutz vor Infektionen.
Gründliches Wischen sowie Essig oder Zitronensäure im Spülwasser wirken genauso Bakterien reduzierend wie teure und manchmal sogar gesundheitsgefährdende desinfizierende Reinigungsmittel.

Die üblichen Haushaltskeime stellen keine Gesundheitsgefahr dar!

Wer bisher im Haushalt desinfiziert hat, kann sich diesen Aufwand von nun an sparen. Haushaltsschmutz ist eine Frage der Sichtbarkeit und nicht der Gesundheitsgefährdung!

Durch einfaches Wischen mit einem sauberen, feuchten Tuch entfernen Sie bereits auf mechanischem Weg über 90 Prozent aller gegebenenfalls, möglicherweise und eventuell vorhandenen Krankheits- oder Verderbniskeime. Angesichts der zunehmenden Werbung für desinfizierende Toiletten-, Bad- und sogar Mülleimer-Reiniger (Isst irgendjemand aus dem Mülleimer?) kann diese Tatsache nicht oft genug wiederholt werden.
Keime sind grundsätzlich allgegenwärtig. Sie befinden sich auf, in und um uns herum. Mit ihnen leben Menschen, Tiere und Pflanzen seit Anbeginn des Lebens auf dieser Erde. Es handelt sich bei den üblicherweise vorkommenden Arten um eine Mischung aus nützlichen und schädlichen Mikroorganismen.

In den normalen Einzelhaushalten in Mitteleuropa ist die Wahrscheinlichkeit, sich irgendeine ansteckende Krankheit zu holen, verschwindend gering. Und wenn's dennoch passiert, wette ich, dass diese Ansteckung höchstwahrscheinlich eher mit Händewaschen und strikter Lebensmittelhygiene, aber nicht mit Desinfektionsreinigung zu verhindern gewesen wäre.
Der Hauptübertragungsweg für die am häufigsten vorkommenden Erkältungs- und Durchfallerkrankungen ist nicht der noch so versiffte Teppichboden, die Toilettenbrille oder der Abfalleimer in der Küche, sondern die menschliche Hand und alles, was mit einer kontaminierten, feuchten Hand angefasst wird. Eingetrocknete Krankheitserreger stellen (bis auf die Bakterien der bei uns wenig verbreiteten TBC) keine Gesundheitsgefahr dar.

„Schmutz" stärkt das Immunsystem!

Die meisten Infektionskrankheiten verlaufen ungefährlich, weil sie durch das Immunsystem eingedämmt werden können. Für den Aufbau und den Erhalt einer gut funktionierenden körpereigenen Abwehr ist der Kontakt mit Keimen unverzichtbar. Dies sei den Desinfektionsgläubigen ins Buch geschrieben, die des Guten entschieden zu viel tun.
Die unbequeme Wahrheit lautet: Sie schützen und stärken Ihr Immunsystem nicht durch den Einsatz von Desinfektionssubstanzen, sondern durch eine gesunde Lebensführung.

Verkeimung? – Geruchstest!

Wenn Putz-Utensilien müffeln, dann weil sich in und auf ihnen Heerscharen von Fäulnis- und anderen Bakterien tummeln. Falls Sie die Angewohnheit haben, ihre Wischtücher nass und zusammengeknüllt nach dem Putzen liegen zu lassen oder sie länger als drei Tage in diesem Zustand zum Putzen zu verwenden, wäre das eine Ursache für die Verbreitung von Keimen, welcher Art auch immer.
Wischtücher und Schwämme können nur dann hygienisch akzeptabel bleiben, wenn sie nach Gebrauch gut ausgespült und ausgewrungen werden und möglichst schnell trocknen. Dies kön-

nen die Lappen ausgebreitet auf dem Heizkörper oder über dem Wasserhahn oder auf einer Stange am Schrank. Mit Nahrungsmittelresten verunreinigt, zerknüllt, nass und warm bilden alle Putztextilien die optimale Umgebung zur Züchtung unterschiedlicher bakterieller Lebensgemeinschaften.

Dass Haustiere eine Gesundheitsgefahr für den Menschen darstellen, wird immer wieder gern berichtet, stimmt aber nicht. Hier und da hört man zwar von Einzelfällen, wie einer schmusebedingten Milbenwanderung zwischen Wellensittich und Frauchens Lunge, aber das können wir getrost als eine der überaus seltenen Erkrankungen der nördlichen Hemisphäre bezeichnen. Auch die angebliche Gefährdung schwangerer Frauen durch Toxoplasmose ist ein Gerücht. Typischerweise erkranken gerade Schwangere an Toxoplasmose, die keine Katzen haben. Hätten sie eine, würden sie Antikörper besitzen. Ungefähr jeder zweite Erwachsene trägt Toxoplasmose-Erreger in sich bzw. hat dagegen Antikörper entwickelt.

Nachdem Sie in Ihrem Haushalt ermittelt haben, welche Oberflächen Sie wie häufig, mit welcher Intensität und wieviel Zeitaufwand reinigen wollen, folgen jetzt die praxiserprobten Putztipps. Sie berücksichtigen Aspekte der Sauberkeit und Gesundheit und sind obendrein auch noch umweltfreundlich.

Putztipps – Die Grundausstattung des faulen Haushalts

Nach dem Motto „Besser vorsorgen als hinterher putzen!“ finden Sie hier Tipps, mit denen sich in geradezu märchenhafter Weise Zeit, Ärger, Geld und Nerven sparen lassen.

Schmutzfangmatten – wehret den Anfängen!

Kurzempfehlungen:

Schmutzfangmatten an allen Übergängen von schmutzig zu sauber, also vor oder gleich hinter der Wohnungstür, vor der Küchentür, an der Balkontür.

Schuhe im Eingangsbereich ausziehen oder Schuhe mit wenig Profil tragen, so dass wenig Schmutz transportiert werden kann.

Schmutzfangmatten

bestehen häufig aus speziellen Kunstfasermischungen, die besonders gut geeignet sind, Schmutz von den Schuhsohlen zu entfernen. Je länger die Matte ist, desto mehr Schritte macht man auf ihr, und desto mehr Schmutz „fängt“ sie bei jeder Berührung. Eine 350 cm lange Matte betritt jeder Fuß mindestens zweimal, wodurch über 70 % des Straßenschmutzes abgeputzt werden.

Sie erhalten solche Matten in verschiedenen Größen oder als Meterware in vielen Teppichläden.

Der beste Platz für Schmutzfangmatten ist vor allen Eingängen, also auf dem Weg von draußen ins Treppenhaus oder in den Flur, vor dem Terrassenzugang und vor Aufzugtüren. Alle Matten werden längs in die Laufrichtung gelegt, damit man so oft wie möglich drauftreten kann. Je nach Verschmutzungsgrad müssen sie regelmäßig staubgesaugt werden.

**Die Putz-Aussteuer –
Grundausstattung für den faulen Haushalt**

Kurzempfehlungen:
Handgeschirrspülmittel,
Allzweckreiniger (möglichst als Pulver),
Essigessenz oder Zitronensäurekristalle (keine flüssige Zitronensäure),
Anlauger (nur, wenn Sie keinen pulvrigen Allzweckreiniger bekommen).

Zu Beginn noch einmal die kleine und überaus erfreuliche Tatsache, die man gar nicht oft genug wiederholen kann:
Um ca. 90 Prozent des im Haushalt anfallenden Schmutzes zügig, gesundheits- und umweltfreundlich zu entfernen, brauchen Sie nur Wasser. Für den größten Teil der übrigen 10 Prozent benötigen Sie ein einziges chemisches Reinigungsmittel, nämlich das klassische Geschirrspülmittel.
Als Luxus können Sie einen Allzweckreiniger anschaffen, dies ist ein weniger schäumender Verwandter des Geschirrspülmittels.
Wenn Sie ohnehin Essig oder Zitronensäurekristalle (aus dem Handel) im Lebensmittelregal und Anlauger im Werkzeugschrank haben, ergänzen diese Chemikalien Ihr kleines Putzmittelschränkchen vorzüglich. Jedes weitere chemische Reinigungsmittel ist überflüssiger Luxus.

Alle üblichen im Haushalt anfallenden Verschmutzungen lassen sich tatsächlich mit Geschirrspülmittel, Anlauger und Säure entfernen.

Was hilft wogegen? – Kleine Haushaltschemie
kaltes Wasser beseitigt alle Arten von wasserlöslichem Schmutz,
heißes Wasser beseitigt sogar kurzkettige Öle und Fette, wie z. B. Sonnenblumenöl, Butter, Schokolade,
Geschirrspülmittel und Allzweckreiniger helfen gegen Fettiges und hartnäckigen Allgemeinschmutz,
Essig- und Zitronensäure entfernen Kalkablagerungen,

mit **Anlauger** beseitigen Sie Wrasenablagerungen und beinahe alles Schmierige.

Weitere Tipps finden Sie im Kapitel: „Weg mit dem Fleck!“

Sollten Sie sich darüber wundern, dass nicht jeder Schmutz im Nullkommanix wie in der Werbung verschwindet, so gebe ich Folgendes zu bedenken:
Es kommt darauf an, auf oder in welchem Trägerstoff sich der Schmutz befindet, wie alt er ist sowie ob und inwieweit der Untergrund eine leichte Reinigung ohne Beschädigung zulässt.
Je frischer ein Fleck ist, desto leichter lässt er sich aus nahezu allem entfernen. Schmutz verändert mit der Zeit seine Beschaffenheit. Er zerfällt nicht immer zu Staub, sondern neigt auch zum Verfestigen und „Versteinern“ und wird dadurch im Haushalt zu einem Putzproblem. Nehmen wir z. B. kleinste Fett- bzw. Essenskügelchen, die mit dem Dampf aus dem Kochtopf auf ihre Fensterrahmen gelangen. Würden Sie sofort nach jedem Kochen das feuchte Viskosetuch zücken und drüberwischen, dann entstünde dort keine Schmierschicht. Aber man muss nicht einmal in einem faulen Haushalt leben, um diese Putzaktion als übertrieben abzulehnen. Nach mehreren Wochen hat sich dort ein hartnäckiges Sediment abgelagert, dem Sie mit einem feuchten Tuch nichts mehr anhaben können. Da hilft nur Anlauger, einweichen und abwischen.
Je geschlossener die Oberfläche ist, desto einfacher lässt sich der Schmutz entfernen, z. B. kann man Öl von lackierten Holzdielen leichter abwischen als aus unbehandeltem Holz, in das es eingezogen ist.

Außerdem kommt es darauf an, wie und welche Reinigungsfaktoren am Putzen beteiligt sind.

Die Reinigungsfaktoren:
Wasser - Chemie - Zeit - Mechanik – Temperatur
Wenn Sie einen der Faktoren verändern, wirkt sich das auf die übrigen aus.

Benutzen Sie z. B. warmes (Temperatur!) Wasser und ein Microfasertuch (Mechanik!), so brauchen Sie keine Chemie und weniger Zeit zum Geschirrspülen, als wenn Sie einen Schwamm (weniger Mechanik) verwenden würden. Mit dem allein bekommen Sie kein Öl aus der Salatschüssel. Wenn Sie das vorhaben, müsste die Temperatur des Wassers erhöht bzw. ein Tropfen Geschirrspülmittel (Chemie!) ins Wasser gegeben werden.

Die Umweltverträglichkeit von Reinigungsmitteln

Jedes Reinigungsmittel, das wir verwenden, stellt eine Umweltschädigung dar. Am umwelt- und gesundheitsverträglichsten ist das Reinigungsmittel, das nicht eingesetzt wird. Das kleinste Übel ist der zielgerichtete, geringst mögliche Verbrauch an Reinigungschemie. Wussten Sie, dass rund 15 Prozent der von Ihnen benutzten Reinigungsmittel trotz Kläranlagen in die Gewässer fließen?

Alles, was Sie immer schon über Reinigungsmittel wissen wollten ...

Handgeschirrspülmittel

werden (wie alle Neutralreiniger) in Hülle und Fülle angeboten. Sie schäumen etwas mehr als Allzweckreiniger. Einige Profi-Gebäudereiniger verwenden sie sogar wegen der handlichen Flaschen und der niedrigen Kosten anstelle von Allzweckreinigern. Spülmittel sind nur gering umweltschädigend. Weil sie hauptsächlich fettige Speisereste rückstandsfrei vom Geschirr spülen sollen, enthalten einige neben den unten erwähnten Tensiden als schnellen Fettlöser und zum streifenfreien Abtrocknen Alkohol, meist ist das Isopropanol und nicht der sonst als Trinkalkohol bekannte Ethanol.

Tenside

gibt es in fast allen Reinigungsmitteln. Sie umzingeln die Schmutzpartikel, teilen sie in kleine Portionen, trennen sie von ihrem Untergrund und sorgen so dafür, dass sie sich mit Wasser leicht wegspülen lassen.

Es gibt anionische, nichtionische, amphotere und kationische Tenside. Wenn Sie sich die sehr klein gedruckten Angaben zu den Inhaltsstoffen auf den Wasch- und Reinigungsmittelverpackungen ansehen, finden Sie diese vier Tensid-Arten fast überall.
Aus der Gruppe der anionischen Tenside ist die gute alte Seife aus natürlichen Ölen und Fetten am bekanntesten. Seit Anfang des letzten Jahrhunderts werden viele Tenside synthetisch hergestellt. Während die Seife recht „kalkempfindlich“ reagiert, haben die künstlichen Tenside damit weniger Probleme und weisen auch sonst viele positive Eigenschaften auf.

Umweltfreundliche Reinigungsmittel

Im Großen und Ganzen kann man beim Kauf der heutigen Allzweckreiniger und Geschirrspülmittel nichts verkehrt machen. Die Hauptsache ist: Man nimmt so wenig wie möglich.
Wer genauer wissen will, welcher Reiniger umweltfreundlich ist, kann sich in den praktischen Sonderheften zu Wasch- und Reinigungsmitteln von der Stiftung Warentest und ÖkoTest informieren. Sie erscheinen im Abstand von ca. zwei bis drei Jahren.
Ein Gesundheits- und Umweltproblem stellen häufig Spezialreiniger dar.
Die Auffassung „Was in normalen Läden verkauft wird und eine UBA-Nummer hat, das ist auch nicht schädlich“ kann ich aus jahrelanger Erfahrung als Umweltberaterin als absolut blauäugig und realitätsfern bezeichnen.

Umweltzeichen? – Nix da!

Die **UBA-Nummer** ist eine reine Registriernummer, d. h. die übliche Zusammensetzung dieses Mittels ist dem Umweltbundesamt (UBA) mitgeteilt worden, nichts weiter. Die Qualität der Produkte wird von Experten dieser Behörde nicht beurteilt.
„Der blaue Engel“ des Umweltbundesamtes wird seit 25 Jahren für Produkte vergeben, die im Vergleich zu früher umweltfreundlicher geworden sind. Insgesamt haben ca. 3.800 Produkte von 710 Unternehmen dieses Zeichen erworben. Allerdings werden die Vergabekriterien von einigen Experten als unzureichend bewer-

tet; zum Beispiel erhalten alle Produkte, die schon immer umwelt- und gesundheitsfreundlich waren, nicht diese Plakette.
Ein Kuriosum ist z. B. die Vergabe des blauen Engels „weil formaldehydfrei“ für Spanplatten, die Isocyanate enthalten. Dies sind äußerst „reizende“ Chemikalien, die stark gesundheitsgefährdend wirken. Hier wurde ein schädlicher Stoff durch einen anderen ersetzt, und das Produkt erhielt dennoch eine Umweltplakette.
Auch der **„Grüne Punkt“** auf einer Verpackung sagt nichts über die Qualität des Inhalts aus. Er bedeutet lediglich, dass für die Möglichkeit einer ordnungsgemäßen Entsorgung dieser Verpackung bezahlt wurde.
Einige Hersteller von Reinigungsmitteln haben inzwischen **„Blaue Fische“**, **„Grüne Bäume“** und andere eigene „Umweltzeichen“ entwickelt, die sie ihren Produkten „verleihen“ und die keinerlei Aussagekraft haben.
Selbst der Blick auf das unauffällig angebrachte Kleingedruckte unter dem Hinweis „Inhaltsstoffe“ nutzt dem Verbraucher häufig wenig. Er findet dort allenfalls allgemeine Angaben zu Stoffgruppen wie z. B. anionische Tenside. Ob sich die umweltverträgliche Seife oder die im Abbau fischgiftigen Linearen Alkylbenzolsulfonate (LAS) dahinter verstecken, können Sie als Laie nicht herausfinden.

Allzweck-/Neutralreiniger

Allzweckreiniger, Geschirrspülmittel, Bodenwischmittel usw. sind sämtlich Produkte aus der Gruppe der Neutralreiniger. Sie können sich ohne Zögern eins aussuchen, das Ihrem Geschmack entspricht. Alle handelsüblichen Mittel sind sowohl von ihrer Leistung her als auch ökologisch akzeptabel.
Neutralreiniger entfernen Sand, kurzkettige Fette (Öle), Eiweißverschmutzungen und vieles mehr. Sie enthalten neben ca. 70 bis 85 % Wasser vor allem Tenside. Die sind die eigentlichen Arbeitstiere bei allen Reinigungs- und Waschprozessen.
„Neutral“ bedeutet, dass sie chemisch gesehen keine aggressiven Bestandteile (also keine Laugen und keine Säuren) enthalten und einen pH-Wert von 7 aufweisen.

Die einzelnen Zusammensetzungen sind ebenso vielfältig wie ihre Produktnamen.

Pulver oder Flüssigprodukte?

Einige wenige Allzweckreiniger werden noch als Pulver im Karton angeboten wie z.B. „IMI“ oder „dor“. Ältere erinnern sich vielleicht an die Zeiten, in denen sogar „Pril“ im Pappkarton am Spültisch stand. Der kleine, aber umwelt-, geld- und schlepptechnisch entscheidende Unterschied besteht darin, dass die flüssigen Allzweckreiniger reichlich gutes, deutsches Wasser enthalten. Die Pulver sind genau genommen Reinigerkonzentrate und wesentlich ergiebiger als die verdünnten Flüssigprodukte. Mit einem Esslöffel mehr kann man aus ihnen eine konzentrierte Reinigungslösung herstellen, die auch hartnäckigen Schmutz entfernt. Das spart z. B. Anlauger. Ein verdünntes Produkt bleibt verdünnt, daran kann auch ein Spritzer mehr nichts ändern.

Bis Anfang 2004 habe ich Pulver-Allzweckreiniger wie z. B. „dor“ in den meisten Drogeriemärkten gesichtet. Seitdem sind sie kaum noch zu finden.

Die Entwicklung in Richtung flüssige Allzweckreiniger führt eher zu Nachteilen für den Verbraucher und die Umwelt. Denn fast alles, was Wasser enthält, muss mit Konservierungsstoffen (z. B. Formaldehyd-Abspalter) vor dem Verderben geschützt werden. Und noch etwas lässt die Flüssigprodukte im Verhältnis zum Pulver ökologisch bedenklich erscheinen: Flüssige Produkte benötigen viel mehr und teure Verpackungen. Der Wasseranteil in Flüssigreinigern muss zusätzlich transportiert werden. Die Herstellung und Vernichtung dieser Behälter erfordert Energie und ist ebenfalls umwelttechnisch problematisch.

Eine Zwischenlösung sind die Konzentrate. Sie enthalten weniger Wasser, sind meist preislich günstiger und halten auch länger, wenn man sie so sparsam wie möglich verwendet. Leider ist das Wissen um die geringstmögliche Dosierung der Konzentrate noch nicht sehr verbreitet. Deshalb sollten Verbraucher, die ihre gewohnten Mengen Reiniger auch weiterhin ins Spülwasser kippen möchten, aus Gründen des Umweltschutzes besser weiter wie bisher mit den verdünnten Produkten arbeiten, damit sie nicht in die Versuchung kommen, zuviel Konzentrat zu verwenden. Vielleicht wird in einigen Jahren Pulverreiniger als revolutionäre Neuentwicklung wieder auf dem Reinigungsmittelmarkt angeboten. Wir wollen es hoffen.

Säuren – die Feinde aller Kalkablagerungen

Zitronen- oder Essigsäure

Die beiden Säuren können Sie außer im Salat auch zur Beseitigung normaler Kalkrückstände verwenden. Zitronensäure wird in einigen Drogeriemärkten als Pulver (Kristalle) in Lebensmittelqualität in Tüten oder Pappkartons angeboten.

Tipp:

Für eine Entkalkung rund um die Armatur (den Wasserhahn) reicht ein Teelöffel Kristalle, die angefeuchtet werden müssen. Je weniger Wasser, desto konzentrierter ist die Säure. Einfach mal ausprobieren!

Nehmen Sie ruhig die billigsten Angebote, da gibt's keine Unterschiede. Essig gibt es z. B. als 5-prozentigen Haushalts-, Apfel-, Wein-Essig. Etwas stärker (über 10-prozentig) sind die Essig-Essenzen. Flüssige Zitronensäure-Entkalker zu kaufen bedeutet: Wasser bezahlen und schwerere Einkaufstaschen schleppen. Faule Haushälter kaufen Pulver.

Faustregel:

Dünne Kalkablagerungen werden mit schwachen Säuren und dicke Kalkrückstände mit starken Säuren beseitigt.
Natürlich können Sie auch immer „mit dem stärksten Hammer zuschlagen". Essigessenz löst Kalkablagerungen schneller auf als Zitronensäure. Außerdem hilft eine Temperaturerhöhung und oder der Faktor Zeit, damit auch eine schwache Säure starke Kalkablagerungen auflösen kann.

Sanitärreiniger

Sanitärreiniger sind vereinfacht gesagt Allzweckreiniger mit Säurezusatz. Heutzutage sind häufig Zitronensäure oder Essig enthalten. Es gibt aber auch einige stärkere Produkte mit Amidosulfon- und sogar mit Phosphorsäure. Letztere heißen dann „Rost- und Kalklöser". Aus reinigungstechnischer Sicht erledigen alle ihre Aufgabe. Die weniger starken Säuren wie z. B. Zitronen- und Essigsäure entfernen geringe und mitteldicke Kalkrückstände auf Fliesen, Mischbatterien, Sanitärobjekten, Fußböden, in Töpfen, Wasserkochern, Duschköpfen, Blumentopfuntersetzern usw. Die stärkeren Säuren wie z. B. Amidosulfon-, Phosphor- und Salzsäuren lösen nicht nur stärkere Kalkablagerungen, sondern sogar Rost und Urinstein auf.

Nähere Informationen zum Entkalken im Kapitel „Weg mit dem Fleck!"

Laugen (Alkalien)

Starke Laugen beseitigen sogar Jahrzehnte alte fettige und eiweißhaltige Verschmutzungen am schnellsten. Das ist genau die richtige Aufgabe für pulverförmige Allzweckreiniger oder Geschirrspülmaschinenreiniger. Die darin konzentriert enthaltenen Tenside und Alkalien, in etwas Wasser gelöst (ca. 1 - 2 Esslöffel pro Tasse), entfernen nach kurzer Einwirkzeit selbst hartnäckige Fettverschmutzungen mit Leichtigkeit. Empfindliche Hände sollten Sie bei diesen Reinigerkonzentraten auf jeden Fall in Schutzhandschuhe stecken. Und Vorsicht vor Spritzern in die Augen! Setzen Sie gleich eine Brille auf! Oder stellen Sie sich darauf ein, im Unglücksfall das mit zwei Fingern geöffnete Auge unter fließendem Wasser (Verdünnungseffekt) gründlich auszuspülen.

Wenn's den schmierigsten und fettigsten Sedimenten in der Küche an den Kragen gehen soll, dann lassen Sie sie ein paar Minuten einweichen. Wahre Wunder vollbringen die stark alkalischen Anlauger, die es als Pulver im Baumarkt gibt. Eigentlich dienen sie der Vorbehandlung von alten Lackschichten vor dem nächsten Anstrich.

Vorsicht:
Gummiteile, z. B. Dichtungen, werden durch starke Laugen angegriffen. Setzen Sie diese nicht zu lange den aggressiven Einflüssen aus.

Es gibt neuerdings Soda-Reiniger, mit denen ich meine zu Versuchszwecken „gezüchteten" Fettablagerungen aber nicht wirklich gut wegwischen konnte. Beim Schrankauswischen dagegen machte der Soda-Reiniger eine sehr viel bessere Figur als das Geschirrspülmittel.

Das ebenfalls stark alkalische und äußerst wirksame Backofenspray enthält meist Natronlauge.
Vorsicht! Vorsicht! Vorsicht! Ich habe zwar noch niemanden erlebt, der nicht von der schnellen Arbeit dieses Hammer-Reinigers geschwärmt hat, aber es hat auch jeder bei dieser Arbeit gehustet. Ich bin kein Missionar, und es ist selbstverständlich Ihr Risiko, wenn Ihnen die schnelle Krustenentfernung im Backrohr wichtiger ist als Ihre Lunge ...

Mit allen Spray-Reinigern ist höchste Vorsicht geboten!!! Außer Backofenspray gibt es beispielsweise Teppichreiniger und Glasreiniger. Während des Sprühens können winzige Reinigertropfen über die Atemluft in die Lunge geraten. Die in diesen Mitteln enthaltenen aggressiven Chemikalien erledigen selbstverständlich auch dort ihre Arbeit. Vor dem Einsatz von Sprays kann ich nur eindringlich warnen.
Wer ohnehin Lungenprobleme hat oder generell empfindlich ist, sollte auf jeden Fall die Finger von allen Spray-Produkten (Reiniger und Pflegemittel) lassen!

Mechanische Schmutzentferner

1 Bürste zum Geschirrspülen mir auswechselbarem Kopf
1 Flaschenbürste mit Pinselende
2 Microfasertücher mit Noppen in unterschiedlichen Farben für Küche und Bad

- Topfschrubber (Metall, kein Kunststoff)
- Klapphalter mit Wischbezug für den Boden **oder** Schrubber mit Microfasertuch,
- Handfeger und Kehrblech

Faul reinigt, wer möglichst wenig Zeit und Kraft (in Mechanik enthalten) aufwendet. Umweltfreundlich handelt, wer auf Chemie und Temperatur (Energie) verzichtet und die Nutzungsdauer mechanischer Putzhilfen möglichst verlängert (Stoffbilanz verbessernd). Im faulen und ökologisch einwandfreien Haushalt wird pfiffig beides kombiniert. Zum Beispiel verwende ich Microfasertücher fast nur mit Wasser pur, und zwar so lange, bis sie richtig kaputt sind. Sämtliche mechanischen Putzmittel sind dazu da, Zeit, Chemie und Temperatur zu sparen. Wichtig für ihre lange Nutzungsdauer und zur Verhinderung von Bakterienkulturen ist, dass sie nach jedem Gebrauch Gelegenheit zum Trocknen bekommen. Geruchstest!

Bürste zum Geschirrspülen

Was eine Bürste ist und wofür sie verwendet wird, setze ich als bekannt voraus. Für Faule mit sozialem Engagement hier ein Hinweis auf die mancherorts vorhandenen Verkaufsstellen für handgefertigte Bürsten aller Art, die von Behindertenwerkstätten betrieben werden. Der Aufwand des Einkaufes und die höheren Kosten werden durch die jahrelange Haltbarkeit der Produkte wettgemacht.

Hautverträgliche Gummihandschuhe – es gibt sie doch!

Eine einzige Sorte Handschuhe hat den dreimonatigen Praxistest von Gebäudereinigern sowohl hinsichtlich der Hautverträglichkeit als auch im Hinblick auf die Haltbarkeitsdauer bestens bestanden. Diese Handschuhe sind nicht mit einem antibakteriellen Mittel ausgerüstet, sondern haben als befestigte Innenseite quasi einen zweiten Handschuh aus feinem Baumwollstrick. Zum Trocknen müssen sie wie alle anderen auf links gedreht werden, sonst stinken sie bald. Sie sind ca. fünf Mal teurer als die Billigprodukte, halten aber unter Profibedin-

gungen sechs Mal länger. Zum Umdrehen hilft Hineinblasen. Um die umgestülpten Fingerlinge zu richten, kann man den stumpfen Stiel eines Kochlöffels benutzen.
Und noch einmal:
Wasser reicht für 90 % der Reinigungsarbeiten völlig aus!

Entgegen der inzwischen flächendeckend verbreiteten Auffassung, dass nichts ohne Reinigungschemie geht, lässt sich mit klarem Wasser der meiste Haushaltsschmutz haut-, umweltschonend und hygienisch einwandfrei bestens beseitigen.
Da staunen Sie? Zu viel Werbung gesehen?
Probieren Sie's einfach mal aus.

Alles, was z. B. mit Kaffee, Tee, Marmelade, Ei usw. beschmaddert ist, lässt sich sogar mit kaltem Wasser abspülen. Zur Beschleunigung des Vorgangs setzen Sie eine Bürste, Microfaser- oder Viskosetücher ein.

Selbst zur rückstandsfreien Beseitigung von Butter, Schokolade, Margarine, Salatöl und ähnlich fetthaltigen Schmierereien benötigen Sie nur Wasser, wenn auch heißes, und vielleicht ein Viskose- oder Microfasertuch. Den reflexartigen Griff zur Spüli-Flasche können Sie sich abgewöhnen. Lediglich Enten-, Hühner- und Rinderfett und generell Bratenfett erfordern einen Chemikalieneinsatz. Durch längeres Erhitzen bzw. Antrocknen verändern Fette ihre Beschaffenheit. Je älter Fettreste sind, desto schwerer lassen sie sich beseitigen.

Flaschenbürste
Sie ist unverzichtbar für alle engen Innenräume wie z. B. Sektflöten, in die man mit Tüchern und Schwämmen nicht hineinreicht. Kaufen Sie die Teile mit dem Pinsel vorne, der kommt in alle versteckten engen Winkel.

Microfasertücher
sind die beste Erfindung der vergangenen Jahrzehnte! Man erkennt sie daran, dass beim Anfassen der Eindruck rauer Hände entsteht, weil die Tücher daran festhaken. Es sind wahre Alleskönner im

Haushalt. In einem Wischvorgang ist alles erledigt, kein Nachtrocknen ist mehr erforderlich und auch keine Reinigungschemie. Bei starkem Schmutzaufkommen oder hartnäckigeren Verschmutzungen kombiniert man sie mit ganz gering dosiertem Allzweckreiniger oder ein paar Tropfen Geschirrspülmittel.
Beim trocken eingesetzten Staubtuch kommt die anziehende elektrostatische Ladung zum Tragen. Staub ist überwiegend negativ geladen und wird vom positiv geladenen Tuch angezogen.
Im feuchten und nassen Zustand zieht die Kapillarwirkung der feinen Faserröhren den Schmutz in das Materialinnere. Durch die angeschrägten Faserenden entsteht ein Peeling-Effekt, der die Schmutzpartikel besonders nachdrücklich vom Untergrund trennt.
Microfasertücher können bei 40 bis 90 Grad ohne Weichspüler (!!!) in der Maschine gewaschen werden. Weichspüler verstopft die feinen Kapillaren und zerstört so ihre Wirkung.
Es gibt Spezialtücher zum Staubwischen, zum Geschirrspülen, für Küchen- und Badeinrichtungen, zur Körperpflege, zum Autoputzen, für Holz- und Polstermöbel, Fenster, Spiegel, PC und Brillen, Wände, Kleidung, einfach für alle im Haushalt befindlichen Oberflächen.
Leider herrscht ein ungeheures Tohuwabohu von Qualitäten und Preisen. Sie können qualitativ gute Tücher zu niedrigen Preisen und qualitativ schlechte zu hohen Preisen kaufen und umgekehrt. Die besten überstehen ca. 100 Maschinenwäschen und halten über 2 Jahre im Dauereinsatz mit minimalen Einbußen in Struktur, Leistungsfähigkeit und Farbe. Dann treten erste Löcher auf, die der Wirkung aber keinen Abbruch tun. Sie können die Tücher benutzen, bis Sie auseinanderfallen bzw. solange Sie es ästhetisch vertreten möchten.

Metalltopfschrubber

Sie beseitigen stark haftenden Schmutz wie z. B. Angebranntes im Topf. Je nach Druckstärke und Widerstandsfähigkeit des Untergrundes hinterlassen sie Kratzer, oberflächliche Riefen und stumpfe Oberflächen und bedürfen daher einer Nacharbeit mit Seifenkissen aus Stahlwolle. In vielen Haushalten wird der gelbgrüne Topfreiniger-Schwamm benutzt. Er ist den Metallteilen in Härte und Leistung unterlegen, je nach Qualität schneller verbraucht und wenn er länger „lebt", wird er häufig zum Keimreservoir.

Viskose-/Zellulosetuch

Diese neue und umweltverträgliche Wischerfindung nimmt allen Schmutz begierig auf, ohne sich mit ihm zu verbrüdern. Das Tuch darf nicht zu stark auf die Oberfläche gedrückt werden und arbeitet am besten mit viel Wasser. Das vollgedreckte Viskosetuch wird in reichlich Wasser gespült und lässt dabei sofort alle Schmutzpartikel wieder los. Ein gründliches Ausspülen und anschließendes Trocknenlassen verhindern die Verkeimung. Sie können z. B. bedenkenlos einen Aschenbecher auswischen, dann das Tuch ausspülen und sofort Ihre Kaffeetasse damit säubern. Klingt unglaublich, ist aber so. Der Geruchstest wird Ihnen diese unerklärliche und sehr praktische Eigenschaft noch nach sechswöchigem Einsatz bestätigen. Das schafft kein noch so sauber gespültes Baumwoll- oder Microfasertuch. Alle anderen Putzutensilien müffeln nach spätestens drei Tagen.

Von den zurzeit in Drogerien angebotenen Viskosetüchern taugen die meisten nicht viel. Akzeptabel funktioniert ein gelborange kariertes Produkt. Nach ca. 5 Maschinenwäschen sieht es aber ebenfalls schwer mitgenommen aus und hat seine vorteilhafte Wirkung größtenteils verloren. Das mit großem Abstand beste Viskosetuch (CFT) lässt sich leider nur über einen Vertreter bestellen. Ein Aufwand, der nicht so recht in den faulen Haushalt passt.

Der Reinigungsmarkt wird von einigen Großherstellern für chemische Reinigungsmittel beherrscht. Da Viskosetücher den Absatz von Reinigungsmitteln stark senken würden, ist mit einer schnellen Verbreitung dieser Tücher erfahrungsgemäß nicht zu rechnen.

Boden wischen mit dem Klappgerät

Manche Leute schwören auf den altbekannten Schrubber und schwingen damit einen Lappen oder ein Tuch aus Microfaser über die glatten Bodenbeläge.

Wenn es bei Ihnen abgezogene Holzdielen, Fliesen und PVC gibt, empfehle ich einen stabilen Klapphalter mit Wischbezug. Das Gerät heißt Klapphalter, weil es aus zwei mittig ein- oder ausrastenden Klappteilen besteht, über die ein passender Bezug (Mop) gespannt wird. Beides wird zusammen oder einzeln in sehr unterschiedlichen Qualitäten zu Preisen zwischen 10 und 80 Euro angeboten. In diesem Falle ist tatsächlich teuer = besser. Am längsten halten Klappsysteme mit Metallrahmen. Gute Wischbezüge bremsen ein wenig, nehmen aber gründlich Schmutz, Haare und Flusen mit.

Auch aus dem genialen puscheligen Viskosegewebe von CFT werden Wischbezüge angeboten, die nur mit Wasser arbeiten. Sie sind die einzigen, die alle aufgewischten Haare und Flusen bis zum Schluss mitnehmen und nicht unterwegs wieder verlieren. Außerdem wischen sie mühelos Absatzstreifen weg. Leider kann man sie zurzeit noch nicht im Laden kaufen.

Mit dem Klapphalter schiebt man den aufliegenden Schmutz vor sich her, indem man das Gerät nur mit leichtem (!) Druck in Achten über den Boden führt. Dabei zeigt immer dieselbe Seite in Fahrtrichtung. Ein höherer Krafteinsatz bringt beim Klappgerät rein gar nichts. Fest haftende Flecken werden mit der Längsseite einfach nur mehrmals überfahren. Wenn nicht gerade Unmengen Haare, Flusen, Sand und anderer aufliegender Schmutz zu beseitigen sind, können Sie sich sogar das vorherige Fegen sparen.

Sonstige Reinigungsmittel

Geschirrspülmaschinen können, müssen aber nicht in faulen Haushalten vorhanden sein. Maschinengeschirrspülmittel, Klarspüler und Spülmaschinensalz zähle ich deshalb zu sonstigen Reinigungsmitteln.

Maschinengeschirrspülmittel

Wenn Ihre Spülmaschine lediglich ein- oder zweimal pro Woche läuft, wählen Sie ein Geschirrspülmittel in Tablettenform. Damit kann's keine Überdosierung geben.

Denken Sie daran: Eingetrocknete Essensreste lassen sich nur schwer entfernen. Bevor Sie das Geschirr in die Maschine stellen, spülen Sie den gröbsten Schmutz kurz unterm Wasserstrahl ab. Dann schaffen es normale Reiniger auf der Basis von Natriumbicarbonat (Soda), das Geschirr zu säubern.

Bei täglichem Maschineneinsatz sind Sie mit einem Pulver besser bedient. In diesem Fall kann man davon ausgehen, dass die Essensreste nicht oder nicht extrem angetrocknet sind. Bleiben Sie mit der Dosierung gut ein Drittel unter Herstellerangabe. Probieren Sie ruhig aus, welche Mengen Pulver für ein akzeptables Ergebnis ausreichen. Vielleicht genügt auch die Hälfte!

Wenn man Mengenangaben und Preise für Tabs und Pulver vergleicht, schneiden die Pulver am besten ab. Sollten Sie jedoch prinzipiell dazu neigen, alles eher großzügig zu dosieren, also nach der Devise „Viel hilft viel", dann sind Sie mit den Tabs finanziell und ökologisch auf jeden Fall besser dran. Das gilt auch, wenn Sie das Beladen Ihres Geschirrspülers an andere delegieren, die sich mit der Einhaltung von Dosieranleitungen schwer tun.

Generell ist es für die Gewässer besser, wenn Sie ein Mittel mit den Enthärtern Zeolith und Polycarboxylate verwenden. In Berlin arbeiten Phosphateliminierungsanlagen. Deshalb ist es nicht so problematisch, wenn Phosphate und Phosphonate als Enthärter enthalten sind.

Neben der oben erwähnten Dosierung ist auch die „Aggressivität" des Reinigungsmittels für ein gutes Waschergebnis ausschlaggebend. Gegen stark angetrocknete Rückstände helfen nur noch Metasilikate. Die greifen jedoch auch viele Materialien von Besteck und Geschirr an.

Die „3 in 1"- Produkte belasten deutlich mehr die Umwelt und sind teurer. Also eigentlich reiner Blödsinn, weil sie keine Verbesserung der Reinigungsleistung bewirken. Die äußerst geringfügige

Zeitersparnis – weil man Salz und Klarspüler nicht extra einfüllen muss – rechtfertigt jedenfalls nach meiner Ansicht nicht die Anschaffung.

Klarspülmittel

Die meisten Klarspüler, die auf dem Markt angeboten werden, enthalten nichtionische Tenside, die teilweise auf dem Geschirr haften bleiben und beim nächsten Gebrauch mitgegessen werden. Gesundheitliche Auswirkungen wurden diesbezüglich noch nicht untersucht.

Tipp:

Ich verwende seit 15 Jahren ohne Probleme 5- oder 10-prozentige Essigessenz im Klarspülfach. Damit trocknen meine Gläser ohne Kalkränder und ich bin sicher, keine unnützen Chemikalien mitzufuttern.

Geschirrspülmaschinensalz

Nun zum geheimnisvollen „Spezialsalz“ für die Geschirrspülmaschine. Das ist ganz einfaches, schlichtes Kochsalz (NaCl).
Einziger Unterschied: Es ist steuerfrei und grobkörniger als das übliche Speisesalz. Ob die häufig erwähnte „Schlammbildung“ bei zu feinkörnigem Salz tatsächlich stattfindet, habe ich nicht klären können.
Im Handel gibt es Kartons, auf denen besonders „reines“ oder sonst ein Super-Spezialsalz zu Mondpreisen feilgeboten wird. Alles Humbug! Wenn Sie das billigste „Spülmaschinensalz“ nehmen und darauf achten, dass es grobkörnig ist, können Sie gar nichts verkehrt machen. Schütteln Sie den Karton. Am dumpfen Geräusch erkennen Sie auch ohne große Fachkenntnisse, dass es sich um grobkörniges Salz handelt. Feinkörniges Salz klingt heller.

Es gibt zwei mechanische Putzhilfen, nämlich Schaber und Pads, die ich zwar nicht zur Grundausstattung zählen kann, von denen ich aber so begeistert bin, dass sie in diesem Kapitel erwähnt werden sollen.

Schaber

In meinem Haushalt gibt es einen ca. 30 cm langen Schaber mit 10 cm breiter Klinge, den ich schon seit Jahrzehnten benutze. Dieses Werkzeug ist in jedem Baumarkt erhältlich, und ich halte es für ideal, wenn es um die schnelle Beseitigung von Farbklecksen, Wachs- und Kleberresten sowie um die Entfernung von Fettablagerungen auf glatten und harten Untergründen wie Glas, Fliesen, Emaille-Flächen (Herd, Badewanne), PVC- oder Linoleumboden geht. Weil der Schaber sehr scharf ist, muss man darauf achten, auch auf ebenen Flächen die Klinge immer parallel zur Oberfläche im flachen Winkel (weniger als 10°) anzusetzen. Wenn die Klinge verkantet, verewigen sich schnell Riefen und Ecken im Material. Für besonders empfindliche Oberflächen, wie Glasscheiben, setzen Sie sicherheitshalber eine neue Klinge ein, um Kratzer durch eine bereits eingekerbte Schneidekante zu vermeiden.

Textil-Pad

Sie gehören zu den neueren Wischtextilien auf dem Markt. Leider bekommen Sie diese praktischen Haushaltshelfer nicht in jedem Laden, was sie für den faulen Haushalt noch nicht interessant macht. Aber es ist vielleicht nur eine Frage der Zeit, dass sie – ebenso wie Microfasertücher – überall verkauft werden.
Diese kurzflorigen Putzutensilien bestehen aus Polyamid-Polyester-Fasern und werden mit unterschiedlich starkem Peeling-Effekt angeboten. Sie sind den schnell verfilzenden, puscheligen Polyester-Wischhandschuhen in jedem Fall überlegen.
Als Ergänzung zu den Topfreinigern mit einer Schwamm- und einer Kratzseite und den Microfasertüchern eignen sich meiner Meinung nach am besten die grünweißen Fasern des härtesten Pads. Damit bekommen Sie Kalkablagerungen sogar von empfindlichen Duschwänden, Fettsedimente von Kücheneinrichtungen und fremde Lackstriche vom eigenen Auto ohne – und jetzt kommt's!!! – ohne chemisches Reinigungsmittel und ohne dass die Oberflächen stumpf oder zerkratzt werden. In schwersten Fällen erhöhen Allzweckreiniger oder Geschirrspülmittel die Wirkung.

Pflegendes für Möbel, Leder und Holzböden

Möbel

Auch die empfindlichsten Möbel lassen sich sehr gut mit einem nur leicht angefeuchteten Microfasertuch reinigen. Für Tiefenglanz und eine optisch gleichmäßige Oberfläche brauchen die meisten lackierten oder gewachsten Stücke Polituren und Wachse. In beiden Produktgruppen sorgen organische Lösemittel für die Geschmeidigkeit bzw. für die flüssige Konsistenz der Pflegekomponenten. Daher Schutzhandschuhe und nicht vergessen: Hinterher lüften!

Leder

Glattleder säubern Sie mit einem feuchten Microfasertuch. Gegen hartnäckige Flecken hilft ein Tropfen Haarwaschmittel oder Spülmittel. Die feuchten Stellen reiben Sie mit einem gebrauchten, alten Handtuch in kreisenden Bewegungen und mit wenig Druck trocken, sonst bleiben Ränder.

Zur Pflege gibt es Wachse. Wenn Sie's nicht so genau nehmen, greifen Sie wie ich zur Körperlotion. Verteilen Sie etwas davon auf den Handinnenflächen und cremen Sie das Leder damit ein. Das ging bisher immer gut. Die Wirkung ist zufriedenstellend: Die Lotion ist leicht fettend, und man spart Kosten und die Suche nach einem geeigneten Wachs. Außerdem steht ein Mittel weniger im Putzschrank.

Wildleder ist etwas empfindlicher, ich behandle es dennoch mit gutem Erfolg wie Glattleder.

Holzboden – geölt oder gewachst

Diesen Boden frischen Sie mit Hartöl bzw. Möbelwachs auf. Ökologisch und gesundheitlich wenig bedenklich ist z. B. Hartöl von Leinos, das Sie in alternativen Malerläden bekommen. Mit wasserlöslichem Hartöl habe ich leider keine guten Erfahrungen gemacht.

Auf geölten und gewachsten Dielen lassen sich die meisten Riefen und Dellen relativ leicht wieder ausbessern. Sorgen Sie dafür, dass Wasser plus Spülmittel oder Schmierseife

ca. 30 Minuten auf den Dielen steht. Immer schön nass halten, dann können sich die zusammengestauchten Holzfasern richtig voll saugen und durch die Vergrößerung ihres Volumens die Lücke schließen. Anschließend prangt dort meistens ein Wasserfleck, den Sie aber nach dem Abtrocknen mit einem Holzpflegemittel ihrer Wahl (oder mit Körperlotion) schnell beseitigen können.
Bei größeren Kratzern, die garantiert vorkommen werden, besonders wenn Sie Kinder haben oder häufig Gäste empfangen, nehmen Sie erst grobes und dann feines Schleifpapier und schleifen die Riefen samt Umgebung damit ab. Danach behandeln Sie die Stelle mit einem Holzpflegemittel. Die hellere Holzfarbe, die an diesen Stellen zuerst zu sehen ist, dunkelt schnell nach und passt sich nach wenigen Wochen wieder farblich an.

Weg mit dem Fleck!

Allgemeines zur Fleckbeseitigung

Frisch verschwindet am schnellsten

Diese Regel gilt für fast alle Flecken.
Wasserlösliche Flecken auf Möbelpolstern, Wänden oder Kleidungsstoffen entfernen Sie am besten sofort mit einem feuchten Microfasertuch. Hierbei wird der Fleck mit dem feuchten Tuch betupft. Nicht drauf rumreiben oder wischen! Denn damit wird der Fleck häufig nur vergrößert.
Zur Beseitigung fetthaltiger Flecken nehmen Sie zusätzlich einen Tropfen Spülmittel.

Empfindliche Untergründe

wie z. B. Acrylglas, Edelstahl, Wolle, Seide müssen vorsichtig behandelt werden. Probieren Sie alle mechanischen und chemischen Methoden innen unten an unauffälliger Stelle aus. Viele dieser Materialien verlieren unwiederbringlich ihren Glanz, ihre Farbe oder verändern sogar ihre Struktur.

Sand- und Straßenschmutz

Ob auf dem Land oder in der Großstadt: Straßenschmutz ist dunkelbraun und auf Fußböden am häufigsten vertreten. Er besteht je nach der örtlichen Bodenbeschaffenheit auf dem Lande mehr oder weniger aus Lehm (Ton, Schluff und Sand) und in der Stadt aus Sand.
Trockener Straßenschmutz lässt sich gut auffegen oder mit Wasser feucht wegwischen. Angetrocknete Flecken sind in der Regel mit Wasser pur oder mit Spülmittel bzw. Allzweckreiniger leicht entfernbar.

Nasser Lehm und Sand dringen in durchlässige Materialien ein. Je feiner der Schmutz, desto tiefer kann er eindringen. Aus textilen Untergründen (z. B. Teppich, Hosen) kann man ihn häufig nur mit Microfasertuch, viel Wasser und Zusatz von Reinigungsmittel entfernen. Die Art des Reinigers richtet sich nach der Empfindlichkeit des Stoffes. Generell können für material- und farbunempfindliche Stoffe Allzweckreiniger oder Spülmittel, Waschpulver oder Gallseife verwendet werden. Wolle und farbempfindliche Textilien (ausblutende, helle Farben) sollte man vorsichtig mit Haarwaschmittel und mit wenig Knittern, Knautschen und Reiben behandeln.

Öliges und Fettiges

Je kürzer das einzelne Fettmolekül ist, desto flüssiger ist das Fett. Und desto besser dringt es in einen empfindlichen Untergrund ein. Fette mit sehr langen Molekülen sind z. B. Schmierfette für Fahrradketten. Sie bleiben zwar nur auf der Oberfläche haften, das aber mit erstaunlicher Hartnäckigkeit.
Generell dringen Fette und Öle mit steigender Temperatur tiefer in manche Materialien ein. Manchmal hilft eine Oberflächenverdichtung (z. B. auspoliertes Wachs auf unlackiertem Holzboden) oder eine Beschichtung (z. B. lackierte Küchenschränke, imprägnierte Möbelstoffe oder Tischdecken), um das zu verhindern.

Grundprinzip der Fettentfernung

Feste und zäh schmierige Fette und Öle werden mit etwas geschmeidigeren und leichter entfernbaren Fetten auf das Entfernen vorbereitet. Das geht so: Schmierfett auf Haut oder Stoff wird mit Butter oder Margarine satt eingerieben und dann mit warmem Wasser und einigen Spritzern Geschirrspülmittel gut durchgeknetet. Bei hartnäckigen Flecken wird die Prozedur wiederholt.
Vorsicht: Wolle, Seide und andere empfindliche Stoffe und Oberflächen mögen weder Reiben noch Seife.

Tipps zur Reinigung finden Sie im Kapitel „Textilpflege – Sortieren, Waschen, Fleckbeseitigung und Trocknen".

Ölige Flecken

Liegen sie nur oberflächlich z. B. auf einer Arbeitsplatte, so reicht ein feuchtes, frotteeähnliches Microfasertuch oder ein feuchter Lappen mit einem Tropfen Spülmittel. Sind sie in Leder, in Polstermöbel oder Teppiche eingezogen, so hilft warmes Wasser plus Spülmittel auf einem frotteeähnlichen Microfasertuch und vorsichtiges Reiben in Strichrichtung. Nacharbeiten mit lauwarmem Wasser, vorsichtiges Trockentupfen und -wischen mit einem Frotteehandtuch, damit keine Ränder zurückbleiben.

Fettige, hartnäckige Flecken

Ist der Untergrund glatt und fest, wie z. B. lackierte Teile, Resopalplatten oder andere melaminbeschichtete Arbeitsplatten, Glas, Metall, Kunststoff, dann lassen sich mittelalte (ca. 3 Monate alte) schmierige und klebrige Fettablagerungen schnell und kratzerfrei mit einem Microfasertuch oder einem Polyesterpad und einem Tropfen Spülmittel entfernen.

Verwenden Sie keine Topfreiniger, grüne oder anders farbige kratzige Schwammseiten von Küchenschwämmen! Die zerkratzen glatte und empfindliche Oberflächen.

Handelt es sich um sehr viel ältere oder mit hohen Temperaturen eingebrannte Fettflecken, so muss zur harten Chemie gegriffen werden. Zuerst werden Gummihandschuhe übergestreift und eine Schutzbrille wird aufgesetzt, denn die Mittel sind aggressiv und können gefährlich ins Auge gehen. Alkalische Reiniger wie z. B. ca. 1 Teelöffel Geschirrspülmaschinenpulver oder Anlaugerpulver aus dem Baumarkt werden dazu in eine kleine Plastikschüssel mit lauwarmem Wasser (eine normale Kaffeetasse voll) gerührt. Die Dosierung ist Übungssache. Je mehr Pulver man in dem Wasser auflöst, desto aggressiver wird die Lösung und desto schneller wird die Verkrustung geknackt. Diese Chemikalien-Mischung reagiert gegenüber allem aggressiv, auch gegenüber dem Reinigungsgut. Deshalb kann es passieren, dass man eine Oberfläche nicht nur reinigt, sondern zerstört.

Mit einem Pinsel oder Schwamm trägt man die Lösung auf die Flecken auf. Nach ca. 5 bis 10 Minuten Einwirkzeit kann die

Schmutzschicht mit lauwarmem Wasser abgewaschen werden. Nachwischen mit frischem Wasser und eventuell einem Spritzer Haushaltsessig ist notwendig, damit Reinigerreste vollständig neutralisiert und beseitigt werden.
Vorsicht bei Gummi, Linoleum oder lackierten Oberflächen! Nur kurz einwirken lassen und schnell mit klarem Wasser und einem Spritzer Essig oder Zitronensäure nachwischen. Sonst werden die Oberflächen schnell matt.
Man kann natürlich auch Benzin und Terpentinölersatz ausprobieren. Achtung! Die Dämpfe sind gesundheitsgefährdend!
Sie greifen meistens nur die Ablagerungen, jedoch nicht die Oberflächen an. Eine Garantie gibt es dafür aber nicht. Wer auf Nummer sicher gehen will, sollte lieber mit der oben beschriebenen Methode und Geduld zu Werke gehen.

Bei Nagellackentferner oder Nitroverdünnung usw. ist ebenfalls Vorsicht geboten. Diese organischen Lösemittel nehmen zwar Fettverschmutzungen oft mühelos weg, können aber z. B. auch empfindliche Kunststoffe (wie Gummi, Silikon, Acryl), Farben und die Gesundheit angreifen. Deshalb ist von diesen Chemikalien abzuraten.

Kalkablagerungen

Vorsicht:

Haut- und Augenschutz sind dringend angeraten! Es besteht Verätzungsgefahr!
Kalkhaltige Materialien, z. B. Marmor, dürfen nicht mit Säuren gereinigt werden!
Starke Säuren, die z. B. in Urinstein- u. Rostentferner enthalten sind, verfärben sogar Chromarmaturen.
Alle Säuren lösen Kalk. Je stärker oder konzentrierter die Säure, je höher die Temperatur und je länger die Einwirkzeit, desto gründlicher ist die Kalkbeseitigung.

Leichte bis mittlere Kalkablagerungen in elektrischen Geräten

Meistens genügt es, zur Beseitigung von geringen bis mittleren Kalkablagerungen einen gehäuften Esslöffel Zitronensäurekristalle in ca. 50 bis 100 ml Wasser im zu entkalkenden Gerät aufzukochen. Gegebenenfalls schütten sie mehr Säurekristalle dazu und wiederholen Sie den Vorgang. Die Kristalle erhalten Sie als Pulver in Lebensmittelqualität z. B. von Heitmann in einem 375-g-Karton oder im Doppelpack in zwei kleinen Tüten als Kaffeemaschinen-Entkalker. Mit der Heitmann-Zitronensäure können Sie auch Essen würzen, wenn Ihnen danach ist. Essig eignet sich ebenfalls zum Entkalken, riecht aber nicht so angenehm. Der Vorteil dieser beiden Säuren: Sie sind gut ausspülbar und hinterlassen keine Duftstoffe, die später im Kaffee- oder Teewasser stören könnten.

Was man noch entkalken kann...

Mit heißem oder kaltem Zitronen- oder Essigwasser können auch Blumentöpfe, Teekessel, Duschköpfe, Schlauchdichtungen, Düsen von Zerstäuberflaschen usw. vom Kalk befreit werden. Zur Entkalkung von Armaturen, Fliesen, Wasch- und Spülbecken können Sie ebenfalls saure Sanitärreiniger verwenden. Beim Sanitärreiniger-Einsatz sorgen die Tenside für ein abschließendes, schnelles Wegspülen des gelösten Schmutzes, was z. B. bei abgenutzten Waschbecken ein besseres Erscheinungsbild hinterlässt, als wenn Sie lediglich Säuren verwenden.
Wenn Sie Kalkränder von besonders zerkratzten Chromarmaturen entfernen wollen, nehmen Sie besser keine pure Säure, sondern den nicht ganz so aggressiven Sanitärreiniger. Sonst verunziert zusätzlich Grünspan das angegriffene Teil.

Säuren

Schwache Säuren: Zitronensäure, Haushaltsessig
Mittelstarke Säuren: Essigessenz, Amidosulfonsäure, phosphorige Säure
Starke Säuren: Phosphor-, Salzsäure

Tipp: Das Bad als Chemielabor

Das wird Ihnen Spaß machen und den Kindern auch. Es ist ein kleines Erfolgserlebnis, wenn man beobachtet, wie ein paar Tropfen Zitrone oder Essig (Haushaltsessig reicht schon), einmal um die kalkverkrustete Armatur gespritzt, die Kalkablagerungen unter wildem Aufschäumen beseitigen. Das Schöne daran: Man hat praktisch keine Arbeit, es passiert etwas Spektakuläres, und man sieht sofort den Erfolg.

Die Kristallkörnchen der Zitronensäure müssen nur ein wenig angesprüht oder mit Wasser beträufelt werden. Dann geht es auch gleich los.

Und wie immer und bei allem: Nachspülen mit klarem Wasser nicht vergessen!

Starke und stärkste Kalkverkrustungen

Dicke Sedimente aus kalkhaltigen Rückständen findet man manchmal in einer frisch bezogenen Wohnung, und dann häufig in Spüle und WC.

Der Handel bietet speziell für dieses Haushaltsproblem Rost- und Urinsteinentferner an. Die Flaschen mit orangefarbenem Gefahrenzeichen enthalten meist Phosphorsäure, eine von den „reizenderen" Chemikalien. Also vor dem Öffnen des Sicherheitsverschlusses schon Schutzhandschuhe und möglichst Schutzbrille anlegen! Auf jeden Fall vorsichtig sein! Am besten verwenden Sie den Rost- und Urinsteinentferner nur im WC-Becken. Das ist meist eine bei ca. 800 Grad Celsius gebrannte Keramik und die ist dadurch relativ säureresistent.

Je nach Schichtdicke müssen Sie die Mischung länger einwirken lassen. Bei 0,5 cm Belag können das ein paar Stunden sein. Bei weniger starken Ablagerungen können Sie alle 10 Minuten mit der Klobürste testen, wie leicht der Dreck bereits abgeht. Manchmal strahlt einen anschließend ein schönes „neues" WC an. Kommt unter den Schichten ein mit dunklen Rissen durchzogenes Becken zum Vorschein, so kaufen Sie oder der Hauseigentümer besser ein neues Toilettenbecken, denn ein solches Exemplar ist schnell

wieder angeschmutzt und schlecht sauber zu halten. Das gilt auch für Keramikwaschbecken.
Manchmal müssen auch geflieste Wände von Kalkablagerungen befreit werden. Dann wässern Sie diese bitte vorher ausgiebig, sonst holt Ihnen der Kalkentferner gleich den kalkhaltigen Fugenkitt mit aus der Wand. Versuchen Sie es zuerst mit nicht ganz so aggressiven Zitronensäurereinigern und einer längeren Einwirkzeit. Vor einer großflächigen Aktion mit stärkeren Säuren (z. B. phosphorige Säure, Phosphorsäure, Salzsäure) muss hier ganz entschieden gewarnt werden! Die Säurekonzentration in der Badezimmerluft oder gar in einer Duschkabine kann gesundheitsschädigend sein. Für gute Durchlüftung muss auf alle Fälle gesorgt werden.
Nach der Entkalkungsaktion wird mit viel Wasser gründlich abgespült.

Aus eigener unangenehmer Erfahrung kann ich nur davor warnen, Rost- und Urinsteinlöser auf Metall, wie z. B. Spüle oder Armaturen, auszuprobieren. So schnell können Sie gar nicht kucken, wie die Säure das Metall dunkel verfärbt, und zwar dauerhaft.

Sonstige Flecken

Kaugummi

Ein Dauerproblem. In Teppich oder Sisal getretener Kaugummi ist eine Fummelarbeit für geduldige Feinmotoriker. Verwenden Sie dazu, was Ihnen am angenehmsten ist von den spitzen Gegenständen ihres Besteck- oder Werkzeugkastens.
Es gibt zwar Spezialsprays, die das klebrige Zeugs vereisen, um es dann leichter vom Untergrund abpulen zu können. Aber so richtig begeisterte Resonanz von Reinigungsfrauen ist mir dazu noch nicht begegnet. Manchmal funktioniert angeblich der Tipp mit dem Pullover im Gefrierschrank.

Dunkle Absatzstreifen

Gehen Sie mit einer hellen Gummisohle (Hauslatschen, Turnschuhe o. ä.) wie mit einem Radiergummi drüber. Die Streifen gehen schnell weg. Sie können auch ein feuchtes Microfasertuch mit einem Tropfen Spüli und etwas Druck einsetzen, das ist aber aufwändiger.

Tinte und andere Schreiberflecken

Die bekannte königsblaue Tinte können Sie am einfachsten mit einem Tintenkiller beseitigen, den Sie in jedem Schreibwarenladen erhalten.

Wenn die Farbe tiefer im Material steckt, geben Sie einen Tropfen Spülmittel mit etwas warmem Wasser dazu.

Wenn ich Rot sehe ...

Vor Rot in jeder Abstufung hab' ich inzwischen einen höllischen Respekt. Kleinere rote Farbflecke auf hellem Untergrund übermale ich erstmal mit schwarzem Permanentstift, bevor ich sie endgültig mit der entsprechenden Farbe abdecke. Rot setzt sich nämlich meistens gegen alle anderen hellen Farben durch.

Zum Abdecken auf weißem Grund eignet sich vorzüglich Korrekturflüssigkeit aus dem Büro, z. B. Tipp-Ex.

Meist erzielen Sie mit Abdeck-Aktionen ein besseres Ergebnis als mit Reinigungsversuchen, unter denen das Material fast immer leidet. Falls Sie es dennoch optimistisch mit Reinigen versuchen wollen, probieren Sie Microfasertücher mit Spülmittel, angefeuchtetes Backpulver oder Sauerstoff abspaltende Reiniger!

Tipp:
Korrekturflüssigkeit als Malermeister in der Wohnung

Wer hat sich bisher noch nicht über abgestoßene, dunkle Stellen auf ehemals weißen Fußleisten, Tapeten, an Türkanten, Fenstern, Küchenmöbeln usw. geärgert?!!!

Das ist jetzt vorbei! In Nullkommanix kann man mit einem Fläschchen Korrekturflüssigkeit vom Schreibtisch (z. B. Tipp- Ex) alle Abnutzungsspuren überpinseln. Die Dellen bleiben zwar erhalten, aber die fallen nicht mehr auf, wenn sie erst mal weiß angemalt sind. Das gleiche gilt für Farb- oder andere Flecken auf weißen Tapeten.

Gleich noch'n Tipp:
Ebenfalls schön ist die scheinbare Beseitigung von Bohrlöchern. Sie reißen ein Stück weißes Korrekturband mit unregelmäßigem Rand auf die gewünschte Größe zurecht, kleben es über das Loch,

drücken die Ränder mit dem Fingernagel fest an und pinseln Korrekturflüssigkeit drüber. Schneiden Sie das Korrekturband bloß nicht zurecht! Das fällt zu sehr auf. – Je unregelmäßiger, desto besser ist die Wirkung. Besonders gut verschwindet diese Stelle auf Rauhfasertapete.
Heben Sie sich solche Erfolgserlebnisse für einen regnerischen oder generell frustigen Tag auf.

Auf die verschiedenen Spezialmittel zur Beseitigung besonders schwieriger Farb-, Kleber- oder sonstiger Flecken möchte ich nicht eingehen. Sie stammen fast ausschließlich aus der Familie der organischen Lösungsmittel, die häufig besonders gesundheitsschädlich sind.
Vorsicht: Alle Spezial-Fleckentferner selten und nur unter Schutzvorkehrungen verwenden!

Simsalabim – der Schmutz ist unsichtbar

Die üblichen Bodenbeläge

Allgemeines

Alle Bodenbeläge haben Vor- und Nachteile.

Wer unter einer Hausstaub-/Milben-Allergie leidet, wird textilfreie Böden zu schätzen wissen.

Geschlossene und widerstandsfähige Oberflächen wie z. B. Fliesen, Terrazzo, Kork, Parkett, PVC, Linoleum, abgezogene Dielen usw. lassen den Schmutz nicht eindringen und sind daher am schnellsten zu säubern.

Farbe und Farbmuster wählen Sie am besten so aus, dass der vorwiegend anfallende Schmutz nicht so schnell zu sehen ist.

> *Nehmen Sie eine Tüte zusammengefegten Schmutz aus dem Raum mit, für den Sie den Belag aussuchen. Scheuen Sie sich nicht, den Schmutz im Geschäft auf den Boden oder die Fliesen zu verteilen.*

Für das Badezimmer zu empfehlen: eher Muster als einfarbig und besser ein möglichst kleinflächiges Muster. Hier geht es darum, dass vor allem Haare und Flusen schwer zu erkennen sind.

In der Küche fallen hauptsächlich Krümel und Flecken an. Sie sind am wenigsten sichtbar, wenn man für den Boden ebenfalls ein kleinflächiges Muster wählt, vielleicht Flecken oder Punkte, in hellbraun oder orange oder in verschiedenen rötlichen, bräunlichen oder gelblichen Farbtönen.

Flur- und Küchenboden

In diesen Räumen ist der Bodenbelag besonderen Belastungen ausgesetzt.

Ein Fußbodenbelag im Flur muss schmirgelnde Steine, punktschwere Pfennigabsätze und schleifendes Schlurfen mit möglichst geringen Schäden überstehen.

Im Eingangsbereich einer Wohnung hat man es überwiegend mit Straßenschmutz zu tun. Auf mittel- bis dunkelbraunem Untergrund sind zwar helle Fussel zu sehen, aber Straßenschmutz ist kaum darauf zu erkennen.

Dementsprechend empfiehlt sich ein widerstandsfähiger Belag in mittel- bis dunkelbraunen Farbtönen, z. B. Nadelvliesboden oder Laminat.

Ein Hoch dem mittelbraunen Sisalläufer!

In unserer Altbauwohnung tat 14 Jahre lang ein mittelbrauner Sisalteppich im sieben Meter langen Flur seinen Dienst. Auf diesem Belag sah man fast gar nichts. Er musste nur alle 10 bis 14 Tage mal staubgesaugt werden. Er sah bis zu den dann unerwartet plötzlich und massiv auftretenden Auflösungserscheinungen immer edel aus. Ich werde Zeit meines Lebens in tiefer Dankbarkeit für all die ersparte Reinigungszeit und -arbeit an ihn denken.

In der Küche sind Herd und Spüle die reinigungstechnischen Problemzonen. Beim Kochen und Braten spritzt heißes Fett in die Umgebung und dringt unentfernbar in viele Materialien ein. Rund um die Spüle überlebt auf Dauer nur ein wasserbeständiger Bodenbelag.

PVC

Der große Vorteil dieses leider ökologisch ungünstigen Bodenbelags liegt in seiner Resistenz gegenüber fast allen haushaltsüblichen Flüssigkeiten, sowohl auf Wasser- als auch auf Öl-Basis. Je länger ein PVC-Boden in Verwendung ist, desto besser fällt seine Umweltbewertung aus.

Umweltschädlich sind Rohstoffverbrauch sowie Abfallprodukte bei der Herstellung und Luftbelastung bei der späteren Entsorgung. Hält ein PVC-Belag 10 Jahre statt 5 Jahre, verringert sich die Umweltbelastung, weil der neue Belag erst später hergestellt werden muss bzw. das Entsorgungsproblem zeitlich hinausgezögert wird.
Es gibt ihn in sehr vielen unterschiedlichen Farben und Mustern. Herunterfallende Messer oder andere scharfe Gegenstände hinterlassen zwar schnell einen nicht reparablen Schlitz im Belag, aber das schadet dem Erscheinungsbild und dem Gebrauch nur wenig. PVC ist insgesamt sehr gut verwendbar in allen stark beanspruchten trockenen und feuchten Räumen. Diese Böden lassen sich wegen ihrer glatten Oberfläche schnell fegen und wischen. Sie sind unempfindlich gegen alle üblichen Reinigungsmittel, auch gegen säurehaltige oder alkalische.
Nehmen Sie zum Kauf – wie schon empfohlen – eine Tüte zusammengefegten Küchenschmutz mit und wählen Sie danach die Farbe. Dann halten Sie ihre Nase an die Rolle. Um späteren Gesundheitsbeeinträchtigungen in Ihrer Wohnung vorzubeugen, sollten Sie bereits im Laden darauf achten, ob der Bodenbelag stark nach Chemikalien riecht, denn die unangenehmen Substanzen können jahrelang ausdünsten. Besonders Billigprodukte geben die gesundheitsschädlichen Weichmacher Vinylchlorid-Monomere und Methylenchlorid ab. Achten Sie darauf, dass Sie einen Boden erwerben, der dicker als 2 mm ist. Der ist zwar etwas teurer als die dünnen Bodenbeläge, gleicht aber kleinere Unebenheiten des Estrichs bzw. Untergrundes optisch aus.

Linoleum

Seit den 90er Jahren wird Linoleum vor allem aus ökologischen Gründen und vollkommen zu Recht als Bodenbelag propagiert. Linoleum gibt es in angenehmen Farben und in Mustern, die ihn zum Verstecken der verschiedenen Schmutzzusammensetzungen im Haushalt geeignet machen.
Leider ist das Material kratzempfindlich. Viele Linoleumbeläge sind werkseitig mit Acryl beschichtet, um sie gegen Flecken resistent

zu machen. Als Boden für PC-Arbeitsräume ist Linoleum gut geeignet. Durch eine Acrylbeschichtung kann es allerdings zu elektrostatischen Aufladungen kommen.
Wird dieser Bodenbelag stark beansprucht, so erfordert er gründliches Wischen, Wachsen und Polieren, um ihn widerstandsfähig und optisch akzeptabel zu erhalten. Das ist nix für den faulen Haushalt.
Mit einer Schmutzfangmatte könnte man Linoleumböden ein bisschen schonen. Ich bezweifle aber, dass das die Arbeit entscheidend verringert. Trotz der optischen Vorzüge, die ihn auch zum Verstecken von Küchenschmutz geeignet machen, habe ich Zweifel, ob die als „Finish" bezeichnete Kunststoffschicht dauerhaft gegenüber heißem Fett schützt. Rund um den Herd ist daher eventuell eine fleckige Verdunkelung dieses Belages zu erwarten. Was seinen ökologisch guten Ruf angeht: Den verliert Linoleum umgehend, wenn er schon nach drei Jahren entsorgt werden muss, weil er nicht gut genug gepflegt wurde. Im Vergleich dazu könnte ein PVC-Boden mit weniger Aufwand 10 Jahre halten. – Hier gilt es abzuwägen.
Angeblich soll dieses Material empfindlich auf alkalische Reinigungsmittel ab pH 9 reagieren. Nach langjährigen Praxiserfahrungen in der Reinigungsberatung kann ich dem widersprechen. Schmierseifenlösung mit einem pH-Wert von 12 oder 13 tut jedem Linoleumboden ausgesprochen gut, wenn sie nicht als Pfütze auf dem Boden zurückgelassen wird. Sie reinigt sehr gut und wirkt rückfettend, wodurch der Belag gepflegt wird. Was das Material tatsächlich brüchig werden lässt, ist jede Art von stehender, wässriger Flüssigkeit.
Für alle, die unter einer Hausstaubmilben-Allergie leiden, ist Linoleum eine mögliche Alternative.
Wenn Sie diesen Bodenbelag verkleben, achten Sie bitte auf das Lösemittel des Klebers. Gesundheitsbeeinträchtigende Inhaltsstoffe können jahrelang ausdünsten.

Linoleum hält 100 Jahre – unter Umständen!

Wer seinen Fuß in sehr alte Amtsflure setzt, trifft häufig nicht nur auf Granit, sondern auch auf dunkelgrünes oder dunkelbraunes Linoleum. So kann der Eindruck entstehen, dass beide Materialien unverwüstlich sind. Für Granit trifft das zu. Der beeindruckende Zustand des uralten und immer noch hoch glänzenden Linoleums muss laufend schwer erarbeitet werden. Die Farbwahl aus dem frühen 20. Jahrhundert ist aus heutiger Sicht genial. – Inzwischen wissen Sie, warum. Die glänzend-geschlossene Oberfläche ist das Verdienst harter menschlicher und aufwändiger maschineller Arbeit. Linoleum selbst würde von den vielen Füßen der Besucher abgeschliffen werden. Es ist die so genannte „Opferschicht", die es seit Jahrzehnten vor einem frühzeitigen Ende bewahrt. Diese Bezeichnung ist ein reinigungstechnischer Fachbegriff. Wer oder was opfert sich hier oder wird geopfert? – Das Bohnerwachs!

Kork

Kork hat mehrere Vorteile. Er ist von seiner Farbe her ein prima Schmutzversteck, hat eine Trittschalldämmung, ist fußwarm und angenehm federnd beim Auftritt. Kork eignet sich sehr gut für Kinderzimmer, Arbeitsräume oder für ärztliche Behandlungszimmer. Eine Empfehlung für Nassräume kann ich nicht geben, denn ich habe zu viele Korkplatten in Bädern gesehen, die nach ca. vier Jahren bereits völlig verranzt waren. Den Einwand, die Böden wären nicht ordentlich gepflegt worden, pariere ich mit „zu viel Aufwand". Auch im Eingangsbereich ist Kork nicht empfehlenswert. Er müsste ständig mit einer neuen Beschichtung versehen werden, damit sich keine hässlichen Laufstraßen abzeichnen. Selbst eine Schmutzfangmatte dürfte nicht viel daran ändern.

Für Faule ein Hinweis, der Kork-Liebhabern die Nackenhaare hochstellt: Es gibt auch PVC in Korkoptik. Dieser Belag hat natürlich nicht die oben beschriebenen speziellen Kork-Vorteile, ist dafür aber wesentlich strapazierfähiger und hält länger.

Korkplatten werden verklebt. Hier ist auf gesundheitsgefährdende Ausdünstungen des Klebers zu achten. Auch Kork erfordert wie

Linoleum eine konsequente Säuberung und Pflege. Für stark frequentierte Räume ziehe ich andere Materialien vor.

Laminatböden

Laminate sind kunststoffbeschichtete Holzfaserplatten. Auf der Melaminharzschicht könnten Sie sogar Zigaretten ausdrücken, ohne dass die Oberfläche sichtbaren Schaden nimmt. Das einzige, was diese Böden gar nicht mögen und wodurch sich ihre Kanten irreparabel wölben, ist stehende, wässrige Flüssigkeit. Das macht sie für Küche und Bad ungeeignet.

Als störend z. B. am PC-Arbeitsplatz wird häufig die elektrostatische Aufladung dieses Bodens empfunden. Im Gegensatz zu den ca. 50 Volt, die natürliche Materialien wie Holz, Linoleum oder Fliesen aufweisen, erreichen Laminate locker zwischen 2.000 und 10.000 Volt. Die Hersteller empfehlen dagegen antistatische Reinigungsmittel oder einen gut leitenden Untergrund.

Diesem Bodenbelag machen die üblichen Beanspruchungen im Eingangsbereich nichts aus. Von der Farbgestaltung (Holzimitate) her verträgt er Straßenschmutz recht gut, allerdings fällt Sand und anderer aufliegender Schmutz auf dem glatten Boden – besonders im Gegenlicht – sehr leicht auf.

Wenn Ihr Flur viel Nässe aushalten muss, ist Laminat fehl am Platze. Im Vergleich zu Kork, PVC und Linoleum bieten diese beschichteten Pressplatten recht wenig Trittschalldämmung, was möglicherweise den Nachbarn unter Ihnen den letzten Nerv ziehen könnte. Wegen der versiegelten Oberfläche sind Laminate im Gegensatz zu geölten und gewachsten Holzböden nicht in der Lage, das Raumklima zu regulieren.

Dank der geschlossenen Oberfläche der Holzfaserplatten (oben beschichtet, seitlich kaum Fugen), ist nur mit einem geringen Ausgasen des Formaldehyds zu rechnen. Durch regelmäßiges Lüften wird die Raumluft so weit erneuert, dass keine Gesundheitsbeeinträchtigungen zu erwarten sind. Im Handel werden die auch vom Laien leicht verlegbaren Klick-Verbindungen in sehr unterschiedlichen Qualitäten angeboten. Fragen und vergleichen ist also unumgänglich.

Laminate im Test

Nach der europäischen Norm EN 13329 werden Laminate in verschiedene Beanspruchungsklassen (drei im privaten und drei im gewerblichen Bereich) eingeteilt. Im Privatbereich ist z. B. die Klasse 21 nur für Schlaf- und Gästezimmer geeignet. Klasse 23 ist strapazierfähiger und daher für Flur und Wohnzimmer vorgesehen. Im gewerblichen Bereich ist die Klasse 31 für Hotelzimmer und Büros gedacht, während Klasse 33 für stärker beanspruchte Böden in öffentlichen Gebäuden oder Kaufhäusern verwendet werden kann. Kugelfall-Tests ergaben, dass ein großer Teil der scheinbar unbeschädigten Laminate unter der Oberfläche bereits zerbröselt war. Ausgasungen gesundheitsbelastender organischer Verbindungen liegen erfreulicherweise weit unter dem baubiologischen Richtwert von 300 Mikrogramm pro Kubikmeter.

Diese Informationen stammen aus dem ÖKO-TEST 6/2003. Die Tests werden in ca. zweijährigem Abstand durchgeführt und kommen z. T. zu sehr unterschiedlichen Ergebnissen. Deshalb empfiehlt es sich, die aktuelle Fassung zu besorgen.

Textile Bodenbeläge

Kurzflorig und möglichst in braun-orange-Tönen sollten sie sein. Dann sind sie optisch am unempfindlichsten und lassen sich am schnellsten säubern. Dunkelbraun ist die Farbe des gemeinen Straßenschmutzes. Wenn Sie diese Farbe wählen, werden Sie auch nach Jahren stärkster Frequentierung keine Laufwege erkennen können.

Vom gesundheitlichen und ökologischen Standpunkt gesehen, ist ein „Tredford“ am besten geeignet. „Tredford“ ist ein Teppichvlies mit Juterücken, das es in unterschiedlicher Zusammensetzung und Qualität als Rollenware oder Fliesen gibt. Wer Haustiere und/oder Kinder hat oder zum Kleckern neigt, der ist mit austauschbaren Fliesen am besten beraten. Das Material besteht zu unterschiedlichen Anteilen aus Wolle und Ziegenhaar. Je größer der Ziegenhaaranteil, desto strapazierfähiger ist der Teppich. Er besteht aus nachwachsenden Rohstoffen und lässt sich daher nach Jahren des Gebrauchs auch noch umweltfreundlich entsorgen.

Mottenschutz für Teppichwaren

Wer empfindlich oder durch eine Krankheit vorgeschädigt ist, sollte darauf achten, dass das Teppichmaterial nicht mit Insektiziden

gegen Mottenbefall ausgerüstet ist. „Eulanisiert“ wird diese Schutzeigenschaft häufig genannt und ist nach „Eulan“, einem chemischen Insektizid, benannt. Mottenschutzmittel sind geruchlos und meist in der Faser fixiert, gelangen aber über den normalen Abrieb in die Lunge.

Pyrethrum ist z. B. eines der eingesetzten Mittel.
Hierbei handelt es sich um ein pflanzliches Nervengift, das in Chrysanthemen enthalten ist. Nur weil es ein natürliches Gift ist, ist es noch lange nicht ungefährlich!
Tatsächlich ist Pyrethrum ein Nervengift, das je nach Empfindlichkeit bei Menschen zu nicht näher untersuchten Gesundheitsstörungen führen kann.
Es ist übrigens das gleiche Mittel, das auch von den Steckdosenverdampfern gegen Mücken gezielt in die Raumluft abgegeben wird.

Bei fehlender „Ausrüstung“ ist es ratsam, wenn Sie in dunklen, wenig begangenen Ecken, hinter Möbeln usw. gelegentlich ein paar Tropfen Lavendel- oder Zedernholzöl an die Teppichunterseite geben oder ein Büschel „über Kopf“ getrockneten Waldmeister deponieren: kurz vor der Blüte gepflückt und für Menschen geruchlos. Eine 100-prozentige Sicherheit bieten diese Ölungen und Büschelablagen aber nicht. Lediglich fliegende Textilschädlinge werden durch die Ausdünstungen abgeschreckt. Wenn dort bereits Motteneier abgelegt sind, ist es zu spät. Geschlüpfte Mottenlarven lassen sich dadurch nicht vom Teppich-Verzehr abbringen.

Fliesen

Terrazzo-Fliesen sind Kunst- bzw. Betonwerksteine aus zerkleinertem Naturgestein in Zement. Alle 0,5 bis 1 cm großen Musterungen und Körnungen in Hell-Dunkel-Kombinationen sind ein gutes optisches Schmutzversteck. Flure, die mit viel Lehm und Schmutz belastet werden, eignen sich besonders gut für diese

Fliesen aus schwarzen und weißen Steinen. Wegen der fehlenden Trittschalldämmung sind Betonwerksteine und Fliesen aber nur für untere Wohnungen und allenfalls in Treppenhäusern geeignet.

Wie Sie sehen, sehen Sie nichts! – Terrazzo

Dieser Spruch passt prima zum Terrazzo-Boden. Im Bauernhaus meiner Großeltern hat Oma die Küche in den 20er Jahren des letzten Jahrhunderts mit klein gesprenkeltem braun-weiß-schwarzem Terrazzo ausgießen lassen. Nach ihrem Einzug vor 13 Jahren zeigte mir meine Mutter voller Stolz den Boden, den sie mit Erfolg behandelt hatte. Es war ihr gelungen, die Farbenvielfalt des lang vernachlässigten und daher beinahe einfarbig dunkelbraun erscheinenden Bodens wieder herauszuholen. Der Terrazzo-Boden sah beinahe wieder aus wie neu. Das Rezept meiner Mutter: Ein Schuss Essig und ein Spritzer Brennspiritus im Wischwasser. Als einzigen Nachteil musste sie in Kauf nehmen, dass heruntergefallene Tabletten, Ohrstecker, Schrauben usw. wie im „Bermuda-Dreieck" verschollen blieben.

Braun-weiß-schwarzer, gegossener Terrazzo, wie man ihn oft in den Genossenschaftsbauten der zwanziger Jahre des letzten Jahrhunderts findet, ist aus reinigungstechnischer Sicht der beste Bodenbelag. Es gibt leider kaum Firmen, die heute noch flächigen Terrazzo herstellen. Für Mietwohnungen sollten Sie sich den Aufwand und die Geldausgabe gut überlegen.
Auch Keramikfliesen der Abriebstärke 4 sind für stark belaufene Flure empfehlenswert. Nehmen Sie zum Aussuchen eine Tüte mit flur- bzw. küchenüblichem Schmutz mit (Öl und Butter nicht vergessen!) und verteilen Sie diesen auf die Fliesen ihrer Wahl. So können Sie prüfen, wie unsichtbar bzw. auffällig der Schmutz dort ist. In manches Material, wie z. B. in Terrakotta, dringen Flüssigkeiten so tief ein, dass sie schnell als nicht entfernbarer Fleck verewigt sind.
Bei allen Fliesen sollten Sie auf eine leicht stumpfe Oberfläche achten, damit man bei Nässe nicht so leicht ausrutschen kann.

Holzböden

Für den faulen Haushalt sind Holzböden – vor allem im Eingangsbereich – keine wirklich gute Idee. Sie stecken optisch zwar eine Menge Straßenschmutz weg, sind aber äußerst kratzempfindlich, vertragen also kein Geschlurfe, keine Stöckelabsätze und weder groben Sand noch Steinchen. Deshalb müssten sie z. B. von einem strapazierfähigen Sisalläufer geschützt werden. Schon hat man mit zwei verschiedenen Oberflächen einen erhöhten Reinigungsaufwand.

Wer sich dennoch für einen Holzboden entscheidet, sollte die geölte und gewachste Oberfläche der lackierten vorziehen. Erstere kann man nämlich relativ leicht ausbessern, letztere nicht.

Einen gewissen Schutz vor flüssigem Schmutz bietet eine mehrmalige Behandlung mit Hartöl und Wachs. Nach dem Ölen sollte man jeweils eine Wachsschicht auf den getrockneten Boden aufbringen. Deren Oberfläche kann man durch Polieren mit einem ausrangierten Wollpulli verdichten, so dass sie etwas widerstandsfähiger wird. Diese Schutzschicht will mindestens einmal pro Jahr aufgefrischt werden. Was für ein Aufwand!

Holz ist auch nicht das optimale Material für die Küche. Da vor allem rund um den Herd heiße Fettspritzer auf den Boden gelangen, ist eine entsprechend fettresistente Oberfläche zu empfehlen. Der Holzboden muss außerdem wasserabweisend sein, nicht nur vor der Spüle. Beide Eigenschaften erhält man bei einem Holzfußboden nur mit einem besonders widerstandsfähigen Lack. Hierzu zählen z. B. die Polyurethanlacke, die allerdings kratzempfindlich sind und beim Verarbeiten gesundheitsschädliche Dämpfe abgeben.

Pflege- und Ausbesserungstipps für geölte, gewachste Holzböden finden Sie im Kapitel „Putztipps“ unter „Pflegendes für Möbel, Leder und Holzböden“.

Praktische Wände in Küche und Bad

Keramikfliesen

Zumindest rund um Spüle und Herd sollten die Wandflächen wegen der vielen Spritzer gefliest sein. Um die Spüle fliesen Sie am besten 80 cm hoch und jeweils seitlich 50 cm über die Spülenränder hinaus. Am Herd sind nach oben 100 cm und zu den Seiten jeweils 60 cm über die Herdmaße hinaus sinnvoll. Gut eignen sich z. B. Fliesen in hellem Grau-Beige mit stumpfer Oberfläche. Auf ihnen sind die Kalkränder von Wassertropfen, aber auch Fettspritzer nicht sofort zu erkennen.
Im Bad verstecken Fliesen in hellen Farbtönen und mit stumpfer Oberfläche eine ganze Menge Wasserflecken und Kalkrückstände. Gänzlich ungeeignet sind dunkle – besonders schwarze – und alle glänzenden Fliesen. Das bedeutet ständiges Wischen. Oder Sie akzeptieren Kalkflecken.
Die oberste Fliesenreihe sollte mindestens eine Reihe über Kopfhöhe eines stehend duschenden, großen Menschen enden. Auf diese Weise kommen Wasser und Seifenspritzer nicht so schnell an die Tapete oder an die Wandfarbe, wo beides schon bald zu unschönen Verfärbungen führen würde.

Lack

Haben Sie sich für einen wasserabweisenden Kunststoffbelag (Lack) an der Wand entschieden, so gilt für Farbe, Oberflächenbeschaffenheit und Streichhöhe das gleiche wie für die Fliesen. Allerdings ist Lack wesentlich stoßempfindlicher und sieht daher schneller ramponiert aus.

Tapete

Niemals um Herd und Spüle! Heiße Fettspritzer ziehen sogar in lackierte Tapete ein, und einer Dauerbelastung an der Spüle widersteht sie auch nicht. Das sieht schnell versifft und eklig aus.
Unterhalb von zwei Metern sind Papiertapeten auch im Badezimmer eine reine Katastrophe. So wasserdicht und scheuerfest ist keine Elefantenhaut oder Lackschicht oder was Sie sich zum

Schutz dieser Tapete sonst noch einfallen lassen könnten, dass sie nicht nach spätestens zwei Jahren ausgebessert werden müsste.

Holz
ist ebenso wie Tapete kein idealer Wandbelag für Küche und Bad. Wegen der hohen Luftfeuchtigkeit überleben Holzwände nur in geräumigen Bädern mit Fenstern bzw. guter Belüftung. In großen Küchen sind Holzwände u. U. akzeptabel, aber nur dort, wo weder Wasser- noch Fettspritzer hingelangen.
Vorsicht! Finger weg von Schutzanstrichen mit Wirkstoffen gegen Schimmel und Bakterien. Sie sind allesamt gesundheitsschädlich. Wenn überhaupt verwenden Sie Hartöl von „Leinos“.

Textilpflege – Sortieren, Waschen, Fleckbeseitigung und Trocknen

Kurzempfehlungen:
Bevor es ans Sortieren geht, stellen Sie am besten die nötigen Waschmittel bereit:

- Bunt- oder Colorwaschpulver wie z. B. burti, coral (ohne Firlefanz, also keine „Supraperlen“ oder „Mega-weiß-ich-was“)
- Gallseife

Für stark verschmutztes Weißes außerdem:

- Enthärterpulver (= Entkalker), inzwischen auch als Tabs erhältlich
- Bleichmittelpulver (= Fleckensalz)
- Sodapulver

Für Weichspül-Fans: Es gibt inzwischen Weichspüler, die als ökologisch akzeptabel eingestuft werden, Beispiele im Öko-Test 10/2004.

Ich benutze Waschmittel in Pulverform, weil es sich besser dosieren lässt als Tabs und weil es kein Konservierungsmittel benötigt, die z. B. in Flüssigwaschmitteln enthalten sind.
Wer nach der ökologisch äußerst schädlichen Devise „Viel hilft viel“ dazu neigt, zu hoch zu dosieren, sollte lieber Tabs kaufen. Solche Gewohnheiten lassen sich nur schwer abtrainieren, auch wenn man einsieht, dass die Grundeinstellung sachlich falsch ist.

Moderne Waschsubstanzen (Tenside, Enzyme, Bleichmittel usw.) erledigen die Wascharbeit auch in kleinen Mengen (ca. ein Drittel weniger als auf der Packung empfohlen). Da ist jedes zusätzliche Körnchen und jeder weitere Spritzer Waschmittel reine Fischvergiftung.
Vielleicht hilft es den notorischen Überdosierern, wenn sie sich vorstellen, dass sie die zweite, überflüssige Becherfüllung ebenso gut direkt ins Becken ihres geliebten Koi-Karpfens oder eines niedlichen kleinen Nemos schütten könnten. Denen geht's beiden erst an die Kiemen, und dann bleibt ihnen die Luft weg, weil sie keinen Sauerstoff mehr aufnehmen können.

Augen auf beim Textil-Kauf!

Kaufen Sie Kleidungsstücke in Mustern und Farben, die viel Schmutz verstecken!
Eine prima Strategie ist die farbliche Anpassung des Trägerstoffes an die vorwiegende Schmutzart. Wie wär's mit Anregungen aus dem oft frappierenden künstlerischen Bereich der optischen Täuschung?! Was man nicht sieht, kann optisch nicht stören und erspart einen sonst irrwitzigen Reinigungsaufwand. Kommen Ihre Kinder häufig mit Grasflecken vom Fußballspielen heim? – Wie wär's mit dunkelgrünen Hosen? Man weiß es und riecht's ja auch, dass das Teil in der Wäsche war, und damit hat es sich.

Über Ihren späteren Waschaufwand entscheiden Sie bereits beim Kauf der Kleidungs- und Wäschestücke. Kurzinformationen zur Waschbarkeit finden Sie in den Etiketten. Wenn Sie einen zeitsparenden, faulen Waschhaushalt haben möchten, sind einige Materialien von vornherein tabu.

Finger weg von
- Kleidung mit ausschließlich Kreisen im Etikett. Diese Teile müssen chemisch gereinigt werden. Das bedeutet zusätzlichen Aufwand und zusätzliche Kosten.
Manchmal möchte man so ein Stück trotzdem haben.

Dann mache ich den Härte-Test in der Waschmaschine. Toi-toi-toi, bisher ging's zu ca. 95 % gut.
- Cupro: Blusen und Kleider sehen seidenähnlich aus, müssen aber im Schonwaschgang oder per Hand gewaschen werden, da sie sehr knitterempfindlich sind.
- Polyacryl: Wer zum Schwitzen neigt, sollte sich besser nicht in Acrylpullover hüllen. Die Geruchsentwicklung ist enorm. Die Fasern mögen nicht gerieben, gewrungen oder im Wäschetrockner getrocknet werden.
- Seidenstoffe werden aus Eiweißfäden von Schmetterlingsraupen gefertigt. Sie reagieren empfindlich auf Wringen, Schleudern, Eiweiß spaltende Enzyme und Seife (alkalisch!).
- Wolle besteht aus Tierhaaren von Schafen, Kamelen, Alpakas, Kaschmirziegen usw. Die meisten Wollsachen vertragen nur Temperaturen unter 30 °C. Schweiß, (Gall-)Seife, Reibung, Wringen, starkes Drücken oder Schleudern ist Gift für Wollteile. Je edler das Material, desto eher verfilzt es und schrumpelt zusammen. Es gibt chemisch behandelte Wollen, z. B. Strumpfwolle, die den Schongang in der Waschmaschine ansehnlich überstehen.

95 Prozent ist 40° C-Wäsche!

Seit 26 Jahren waschen mein Toplader und ich nach einem der einfachsten Systeme unter erfolgreicher Erhaltung von Originalfarben und Materialqualität, seit 15 Jahren auch Kinderkleidung.

Beinahe sämtliche Wäsche wird bei 40°C im Hauptwaschgang mit Buntwaschmittel sauber. Jahrelange Erfahrungen haben bewiesen, dass diese Temperatur von allen Textilien akzeptiert wird, die nicht aus Tierhaaren und Seide bestehen. Deshalb ignoriere ich die meisten Reinigungsempfehlungen auf den Etiketten einfach.
Sie halten das für riskant? In dem besagten Zeitraum habe ich höchstens vier Teile ruiniert. Dies betraf dann allerdings tatsächlich sehr schöne Stücke mit dem Reinigungszeichen im Etikett. Sie wurden Opfer meines gelegentlichen Waschpokers.
Ich halte mein Waschverhalten nicht nur für zeit- und nervenspa-

rend, sondern auch für umweltfreundlich, da überwiegend Buntwaschmittel (geringe Gewässerbelastung) bei geringen Temperaturen (energiesparend) zum Einsatz kommt.
60°- bzw. 90° C- Waschprogramme nutze ich höchst selten. Eigentlich nur für die handbestickten, weißgrundigen Riesentischdecken, die nach ausgiebigem Festtagsschmaus mit Milchkaffee und Bratensoßen befleckt sind. Heiß wasche ich außerdem sehr stark verdreckte weiße T-Shirts und Blusen aus Baumwolle. Vorwaschprogramme kommen in meinem Haushalt nicht vor.

Dass man Bett-, Säuglings-, Kranken- und Unterwäsche aus hygienischen Gründen bei mindestens 60° C waschen muss, gehört in die Abteilung „überlieferter Blödsinn".
Es gibt heutzutage fast keine Infektionen, bei denen man (auf ärztlichen Rat) Unterwäsche mit höheren Temperaturen unter Verwendung von Bleichmitteln (Bakterien tötend) waschen sollte.

Textilien aus Microfaser

Microfasern werden aus Polyester, Polyamid, Polyacryl oder auf Zellulosebasis hergestellt. Ihre Fadenstärke beträgt 0,5 bis 1,2 dtex (Dezitex).
Zum Vergleich: Seide, der feinste natürliche Faden, entspricht 1 dtex, das heißt: 1 Gramm Seide ist 10.000 Meter lang. Microfasern können doppelt so fein wie Seide und ca. sechzigmal feiner als ein Menschenhaar sein. Sie besitzen ausgesprochen angenehme Trage- und Wascheigenschaften. Auch hier gibt es große Qualitätsunterschiede. Kleidung aus Microfasern wirkt „atmungsaktiv". Sie wird inzwischen häufig als „Funktionstextilien" im Sportbereich angeboten. Es gibt Laufsocken, Skiunterwäsche, Sporthosen und Unterwäsche aus diesem Material.
Aus den sehr feinen Fasern lassen sich feine Gewebe mit einer riesigen (Faser-)Oberfläche herstellen. Die feinen Zwischenräume zwischen den Fasern können sehr viel Feuchtigkeit aufnehmen.
Zusätzlich können Microfasern Feuchtigkeit im Inneren ihrer Hohlfasern zwischenlagern, ohne dass sich das Gewebe selbst

feucht anfühlt. Die Aufnahmekapazität hat natürlich Grenzen – als Windelersatz eignen sich Microfaserunterhosen nicht. Aber sie fühlen sich weich und anschmiegsam wie Seide an, lassen sich problemlos, weil Hitze unempfindlich und farbecht, bei 40° waschen und halten mindestens dreimal länger als andere Materialien.

Sortieren

Hier ist's wie überall im Leben: Die Vorarbeit schluckt die meiste Zeit, lässt sich durch Übung aber automatisieren. In der folgenden Sortierung wird normale Alltagskleidung getrennt. Für Familien ab vier Mitgliedern und mit Platz zum Aufstellen lohnt sich die Anschaffung farbiger Plastiktonnen mit Griffen.

Bei der Sortierung geht es um eine

- möglichst risikoarme **Farbzusammenstellung** des Waschgutes,
- **Schadensvermeidung**,
- dic **Wahrnehmung besonderer Verschmutzungen** und
- das **Aussortieren** empfindlicher Materialien.

Farbzusammenstellung

Aus der gesammelten Schmutzwäsche werden alle Textilien gleicher und ähnlicher Farbe in drei bis vier Haufen sortiert. Rot und dunkle Töne neigen zum Dominieren, während Weiß und Helles besonders leicht verfärbt werden können.
Mit diesen vier Farbfamilien komme ich seit Jahren gut klar:

- **Rottöne:** Rotes, Orangefarbenes, Hellbraunes usw.
- **Helle Farben:** Pastelltöne, Gelbes, Hellgrünes
- **Dunkles:** Schwarzes, Braunes, Dunkelblaues, Dunkelgrünes, Dunkelrotes sowie stark färbende (ausblutende) Textilien in diesen Farbtönen,
- **Weißes:** inkl. nicht oder wenig Ausblutendes, Textilien in Blau (Blautöne täuschen dem menschlichen Auge ein besonders strahlendes Weiß vor, deshalb richtet eine gleichmäßige Verfärbung keinen Schaden an).

Die Wäsche sollte mindestens in die drei Gruppen: hell, dunkel und rot sortiert werden. Damit sind größere Katastrophen bereits ausgeschlossen.

Schadensvermeidung
Alles, was Haken und Ketten hat, wird zum Waschen in einen Wäschebeutel gesperrt, zum eigenen Schutz und damit die anderen Teile nicht zerfetzt werden.

Reißverschlüsse werden zur Funktionserhaltung geschlossen, Textilien mit Applikationen und puscheliges Gewebe sollte man auf links wenden, farbempfindliche dunkle Baumwollhosen sollten ebenfalls von links gewaschen werden, um hässliche Streifenbildung durch die Maschinenwäsche zu vermeiden.

Spätestens jetzt werden die Taschen geleert: Papiertaschentücher, Bonbons, Strandsand, Handys (Hosenbeintaschen!), Schülerausweise raus! Wer nicht will, dass Belastendes gefunden wird (Kondome, Eintrittskarten für die California Dream Men oder der String Tanga von der Freundin), sollte seine Taschen selbst ausleeren!

Empfindliches und wenig Verschmutztes
Auf einem Extra-Haufen landen Wolle, Seide, Samt, empfindliche Spitzeneinsätze, Lieblingsstücke und wenig getragene Oberteile mit Schweißgeruch oder Flecken. Diese Teile werden bei Gelegenheit und mit besonderer Sorgfalt behandelt.

Stark Verschmutztes
Textilien mit Flecken aus Gras, Schokolade, Milchkaffee, Rotwein, Obst, Schimmel usw. werden zur sofortigen Sonderbehandlung mit Gallseife vor dem Hauptwaschgang beiseite gelegt. Die Flecken und ihre Umgebung werden mit lauwarmem Wasser gut durchfeuchtet und mit Gallseife üppig getränkt (unbedingt einkneten, nicht reiben!). So können die Enzyme während der weiteren Vorbereitungen bereits ihre Arbeit tun.

Vorsicht! Sobald die Farbe ausblutet, gibt's später höchstwahrscheinlich einen hellen Fleck. Deshalb bei neuen Stücken immer erst an unauffälliger Stelle (hinten, unten, innen) ausprobieren.

Hauptwäsche

Noch einmal: 95 % der Wäsche lassen sich bei 40 Grad mit Buntwaschmittel (Color-) in der Maschine waschen. Das trifft auf alle farblich sortierten Wäschehaufen plus vorbehandelte, besonders fleckige Teile zu.

Man

- fülle (ganz leicht drücken, nicht fest stopfen) die Trommel zu ca. 4/5,
- schütte ca. 1/3 weniger Buntwaschmittel als für den entsprechende Wasserhärtebereich angegeben auf die Wäsche,
- dosiere Enthärter je nach Wässerhärtebereich,
- verzichte als Umweltschützer auf die schlecht abbaubaren, fischfiesen Weichspüler bzw. gibt den gewohnten Schuss in das entsprechende Fach,
- drehe den Temperaturschalter auf 40° C,
- stelle den Programmschalter auf (Haupt-) Waschgang für „normal verschmutztes Mischgewebe" ohne Vorwäsche, ohne Wasserspartaste, ohne Energiespartaste
- ggf. Stecker in die Dose, Ablaufschlauch ggf. ordnungsgemäß platzieren, dann „Wasser marsch!"

Wasserhärte

Auch Waschmaschinen müssen entkalkt werden. Wer oft und heißer als 40°C wäscht, muss entsprechend häufiger und mehr Enthärter verwenden.

Sonderwäsche

Wollenes, Seide und Acetatstoffe – eigentlich nichts für den faulen Haushalt, aber wenn man sie schon mal hat ...
Kleidung aus Wolle und Acetat wird im Schongang der Maschine bzw. per Hand im Zwei-Eimer-System (einer für Lauge, einer für

Spülwasser) gewaschen. Wenn Sie dem Buntwaschmittel im Wollwaschgang misstrauen, nehmen Sie zwei bis drei Spritzer Haarshampoo. Aber Vorsicht! Weniger ist besser! Denn sonst schäumt es aus der Maschine.
Haarshampoo enthält sehr milde Tenside, die sich auch mit Wolle, Seide, Acetaten usw. vertragen. Die empfindlichen Wäschestücke wollen in viel Wasser und Waschlauge schweben und in allen Arbeitsgängen sanft behandelt werden. Reiben, Rubbeln, Wringen und starkes Drücken mögen sie gar nicht. Immer schön mit Fingerspitzengefühl. Essig (5-prozentig, ca. 3 - 4 Esslöffel) oder Zitronensäurekristalle (2 Esslöffel in ca. ½ l Wasser auflösen) im letzten Spülwasser sollen die Farben festigen und betonen. Das Ausdrücken erfolgt langsam, nachdem das Waschgut in ein ausreichend großes Handtuch gehüllt wurde. Auf einem weiteren Handtuch werden die leicht entfeuchteten Wolltextilien ausgebreitet, in Form gelegt und in Ruhe gelassen. Bloß nicht auf einen Bügel hängen, das gibt ungleichmäßige Zippelränder und eine unschöne Gesamtoptik, wenn der Pulli immer länger wird.
Flecken auf Wolle und Seide rücken Sie bitte niemals mit alkalischen Mitteln (z. B. Gallseife) zu Leibe, das Material verfilzt. Geduld, Microfasertücher und Haarwaschmittel sind hier gefragt. Das eine Microfasertuch unter das befleckte Teil legen und mit dem zweiten sanft, aber ausdauernd betupfen.

Das kann schon mal gut gehen: Wildlederjacke in Maschine gewaschen!

Manches meiner guten Stücke muss irgendwann einmal aus finanziellen oder anderen Gründen den Maschinenschongang abkönnen, z. B. die rehbraune Wildlederjacke. Dieses hoch empfindliche Kleidungsstück zieht Schmutz geradezu magnetisch an und soll laut Etikett nur chemisch gereinigt werden. Als ich den Preis dafür erfuhr, wurde ich risikofreudig und versuchte es mit einer Gallseifen-Vorbehandlung auf den dunklen, glatten Stellen und anschließend in der Maschine. Das Wollwaschprogramm hat fast alle Flecken entfernt und der schonende Schleudergang ließ

eine so geringe Restfeuchte in der Jacke, dass ich sie guten Gewissens auf einen Bügel hängte. Am nächsten Morgen war sie trocken und nur ein bisschen härter als vorher. Durch Ausschlagen und etwas Körperlotion, die ich in den Händen verrieben und gut auf der Jacke verteilt habe, wurde sie wieder geschmeidig bei gleich bleibend guter Optik (also nicht glänzend). Diese gelungene Wildlederwäsche war ein schönes Erfolgserlebnis. Wenn Sie's auch einmal probieren wollen – bitte sehr. Aber auf Ihr Risiko!

Flecken, die nicht rausgehen

Besonders hartnäckige, schwierige Flecken sind nichts für einen faulen Haushalt. Man muss als fauler Mensch auch loslassen können, also weg mit dem Teil!
Wenn Sie aus irgendwelchen Gründen das beschädigte Stück in Ihrem Haushalt belassen wollen, dann versuchen Sie mit dem Fleck zu leben. Ist Ihnen das nicht möglich, integrieren Sie ihn vielleicht mit Hilfe von Textilfarbstiften in das Gesamtkunstwerk? Das wäre die zweitschnellste und obendrein eine kreative Möglichkeit.

Tipp:

Helle Flecken oder Abstoßungen auf schwarzem Grund können Sie mit schwarzem Permanentfilzstift übermalen. Überhaupt eignen sich Permanentstifte wunderbar, um Kleidung, Lederwaren, Schuhe und auch Möbel zu „reparieren" bzw. auf „neu" zu trimmen. „Permanent", weil sie nicht wasserlöslich sind und recht gut haften. Sie werden im Handel als Folien-, CD- oder Textilstifte in verschiedenen relativ waschechten Farben angeboten.

Der Nepalteppich

Bekanntlich gibt es über eBay beinahe alles zu kaufen. Es kann allerdings auch böse Überraschungen geben, wenn man nach Foto oder Katalog kauft. Ein Nepalteppich kann z. B. farblich auf dem PC ganz anders erscheinen als er in Wirklichkeit aussieht. So habe ich letztes Jahr Lehrgeld gezahlt. Zurückgeben war nicht drin, weil der Riesenkarton furchtbar schwer war. Als kreatives

Wesen mit künstlerischen Neigungen kaufte ich schließlich eine Handvoll brauner Textilstifte und pinselte die ästhetisch zweifelhaften bonbonfarbenen Muster über. Das Ergebnis gefällt mir ganz ausgezeichnet. Falls Sie ebenso wie ich keine Skrupel haben, zücken Sie ruhig mal Filzstifte mit Permanentfarben, um Möbel und Textilien zu verschönern. Beim Waschen können die neuen Farben zwar ein bisschen verblassen, aber das hat mich bisher noch nicht gestört.

Für hartnäckige Flecken in Textilien gilt das gleiche wie fürs Putzen von Oberflächen:

Blaue Tinte entfernen Sie relativ leicht durch Anfeuchten des Wäschestücks und anschließende Behandlung mit dem Tintenkiller.

Kaugummi aus Kleidungsstücken zu entfernen, ist eine Geduldsund Fummelarbeit. Der häufig zitierte Tipp: Pullover in den Gefrierschrank! hat bei mir nicht geklappt. Vielleicht geht's ja bei Ihnen besser.

Fette und Öle, Eiweiß, Kaffee, Kleber, Farbe usw.

Ein sehr großes Problem bei der Fleckentfernung aus Kleidung ist die qualitativ akzeptable Erhaltung des Trägermaterials und seiner Ursprungsfarbe.

Inzwischen greife ich bei jedem örtlich begrenzten, also einzeln entfernbaren Fleck erst einmal zu einem grob genoppten Microfasertuch und einem farblich passenden Haarwaschmittel. Sie können natürlich auch Duschgel oder ein Spülmittel nehmen. Einen Tropfen auf dem feuchten Tuch verreiben, ein Handtuch (aus der Schmutzwäsche) unter den befleckten Stoff und dann von oben tupfen und vorsichtig reiben, je nach Widerstandfähigkeit des Stoffes. Achten Sie sofort darauf, ob die Farbe ausblutet oder der Stoff sich unangenehm verändert. In einem solchen Fall haben Sie leider Pech. Da hilft nur die hoffnungsvolle Wäsche des gesamten Stückes.

Macht alles einen stabilen Eindruck, dann arbeiten Sie mit dem feuchten Microfasertuch so lange, bis der Fleck nicht mehr sichtbar ist oder Sie vermuten, dass er unterm Schaum weg ist. Dann

wird das Tuch gut ausgespült und satt mit Wasser getränkt. Jetzt gilt es, das Gewebe durchzuspülen, bis Schmutz und Reinigungsmittel weitestgehend ins untere Handtuch übergegangen sind. Dabei immer wieder eine trockene Handtuchstelle drunter schieben. Am Schluss ein trockenes Stück Handtuch drunter und eins drüber legen und draufdrücken.
Leider trocknen viele Stellen unter deutlicher Randbildung. Hier gibt es zwei Tricks. Zum einen kann man mit einer Sprühflasche das Areal um den Fleck großzügig mit Wasser besprühen, auf diese Weise verteilen sich eventuell noch vorhandene Schmutzpartikel beim Trocknen so weit, dass das menschliche Auge sie nicht als Rand wahrnehmen kann. Oder man reibt und drückt so lange über die feuchten Fleckränder, bis sie anfangen zu trocknen.

Flecke in Berufskleidung

Fett, Blut, Eiweißverschmutzungen und Lebensmittelflecke sind kein Problem, solange sie sich auf kochfestem Stoff befinden. Dann reicht meist ein Waschmittel mit einer angegebenen Waschtemperatur bis zu 90°C. Es enthält Enzyme und Bleichmittel, die für die Schmutzbeseitigung sorgen, Enthärter und außerdem häufig die ökologisch sehr bedenklichen optischen Aufheller, die den sichtbaren Rest „überpinseln“. Man kann einen Esslöffel Soda dazuschütten. Dieses alkalische Mittel greift Eiweiß und Fett zusätzlich an. Extreme Flecken können zusätzlich mit Gallseife vorbehandelt und die Wäsche notfalls mit Vorwaschgang gewaschen werden.

Schweißgeruch

Nicht nur an heißen Tagen kann es passieren, dass ein ansonsten sauberes Oberteil nach Schweiß riecht und Schweißflecken hat. Zunächst hängt man das Kleidungsstück auf den Balkon oder ins geöffnete Fenster. Am nächsten Morgen haben sich die meisten Düfte verzogen und das Kleidungsstück riecht wieder frisch. Falls die müffelnden Stellen nicht durch Frischluft beseitigt sind, ist leider Handarbeit angesagt. Sie können die Stellen unter den Armen mit ganz wenig Haarshampoo oder Duschgel waschen. Danach gut ausspülen und ab auf den Bügel zum Trocknen.

Falls einige von Ihnen nach einem Tipp gegen die weiße Deo-Ränder suchen, die von einigen Deos zurückbleiben: Bedaure, da habe ich bisher nichts wirklich Überzeugendes gefunden.

Wissenswertes zum Wäsche trocknen

Alles, was feucht ist, egal, ob Haut, Lebensmittel oder Wäsche, ist bestrebt, den Unterschied zwischen dem eigenen Wassergehalt und der Umgebung auszugleichen.
Ist es zu trocken um das feuchte Wäschestück herum, gibt es Feuchtigkeit in Form von Wasserdampf ab, je wärmer und trockener die Umgebungsluft, desto mehr. Warme Luft kann mehr Feuchtigkeit aufnehmen als kalte. Deshalb trocknet die Wäsche im Sommer schneller als im Winter und in warmen Räumen eher als in kalten. Wird die mit Wasserdampf versorgte Umgebungsluft zwischendurch ausgetauscht, z. B. durch Wind, muss ein Wäschestück immer wieder Feuchtigkeit abgeben. Auf diese Weise trocknet es draußen und bei Wind schneller als im schlecht gelüfteten, feuchten und kalten Keller. Das Wäschestück gibt so lange Wasser an die Umgebungsluft ab, bis ein Ausgleich erreicht ist. – Auch trockene Wäsche enthält etwas Feuchtigkeit, die wir aber nicht als solche wahrnehmen.
Wenn die Umgebungsluft einen relativ hohen Feuchtigkeitsgehalt hat, bleibt viel Wasser im Wäschestück. Wie bekannt, sind wässerige Systeme ein guter Nährboden für Keime aller Art. In Baumwolle finden Keime prächtige natürliche Bedingungen, um sich schnell zu vermehren. Deshalb ist gerade Baumwolle dafür empfänglich, bei zu langer Trockenzeit unauslöschbar zu müffeln.

Wäsche richtig aufhängen

Alle feuchten Teile werden zunächst mit Schmackes in der Luft ausgeschlagen, damit sie sich strecken, das Gewebe schon mal in Form schwingt und die meisten Falten verliert. Je sorgfältiger Sie die gewaschenen Teile aufhängen, desto weniger Knitterfalten müssen Sie später beseitigen. Von Klammern ist nicht nur in Beziehungen abzuraten, sondern auch beim Wäsche-Aufhängen. Das sind Handgriffe, die gespart werden wollen. Deshalb verwenden

Sie Wäscheklammern nur, wenn Sie Ihre Wäsche ins Freie bzw. in den Wind hängen, damit sie nicht wegfliegt.

Oberteile – Hemden, Blusen, T-Shirts usw.

Alle Oberteile zieht man nach dem Waschen erst einmal glatt. Dazu hält man sie oben fest und zieht unten. Vielleicht hilft zusätzlich ein kurzes Über-Kreuz-Ziehen, um ein akzeptables Erscheinungsbild zu erreichen. Wenn's zippelt, nimmt man den unteren Rand zusammengerafft in eine und den oberen in die andere Hand und zieht. T-Shirts, leichte Pullover usw. kommen dann so ordentlich auf die Bügel, dass sie in dieser Form auch abgenommen und in den Schrank gelegt werden können, selbstverständlich unter Umgehung des Bügelbretts.
Jersey-, Polo- und Cordhemden sind ebenfalls Textilien, die ohne Bügeln glatt trocknen. Wer nicht vom knitterigen Oberhemd oder von der knautschigen Bluse auf die pflegeleichteren Varianten umsteigen kann, der hat's leider schwer. Oder er gewöhnt sich und sein Umfeld an ein leicht zerknittertes Outfit.
Ganz faltenfrei trocknen auch sorgfältig aufgehängte Hemden nicht, aber einen Versuch ist es wert: Das Hemd auf einen Bügel hängen und kräftig ausschlagen. Schließen Sie den obersten, einen mittleren und einen unteren Knopf und ziehen Sie die Kragenspitzen glatt, besonders wenn sie vom Waschen eingerollt sind. Die Knopfleisten der Hemden werden übereinander gelegt, oben festgehalten und unten kräftig gezogen, ruhig ein paar Sekunden unter Zug festhalten!

Hosen

Viele Hosen, besonders Jeans, andere Baumwoll- oder Leinenhosen, neigen dazu, beim Waschen kürzer zu werden. Deshalb werden sie nach der Wäsche lang gezogen, und zwar so kräftig wie möglich. Dadurch werden auch die verschrumpelten Nähte gedehnt. Das kann man zu zweit machen oder allein: Hose hinter dem Rücken über Arme, Nacken und Schultern lang ziehen.
Dann wird der Bund an Klammerbügeln befestigt, und so hoch glatt aufgehängt, dass die Hosenbeine unten nicht anstoßen. Leich-

tere Hosen müssen durch andauernden Zug zum glatten Fall überredet werden. Dazu klammere ich Tischtuchbeschwerer an die Hosenbeine.
Es geht auch anders herum: Die Hosenbeine nach oben hängen und den Bund nach unten. So trocknen zuerst die Hosenbeine und ziehen sich dabei glatt. Der im Verhältnis schwerere Hosenbund zieht die Hose automatisch lang. Das funktioniert natürlich nur mit Wäscheklammern bzw. mit einem so genannten Hosenbügel, der mit Klammern versehen ist.

Unter- und Haushaltswäsche

Unterhosen und Unterhemden können Sie aufhängen, wie's beliebt, nur glatt müssen sie sein. Ebenso Handtücher, Bettwäsche und was sonst noch so anfällt. Danach wird alles glatt zusammengefaltet, und zwar nicht etwa aus optischen Gründen, sondern weil sich verkrumpelte Wäschestücke im Schrank oder in der Kommode nicht gut stapeln lassen.

Tipp:
Für Unterwäsche und Socken stehen in meinem Schrank drei schmale Holzkisten. Das bewahrt eine gewisse Ordnung, auch wenn der Inhalt nur reingestopft und nicht ordentlich übereinander gelegt wird.

Bloß nicht bügeln!

Bügeltipps sind nicht meine Sache, ich vermeide diese Tätigkeit. Eine stabile Zerstäuberflasche – sehr gute Qualität ist hier unverzichtbar – leistet mir bei der Bügel-Vermeidung wertvolle Dienste. Und das geht so:
Ich hänge alle noch irgendwie faltigen und knitterigen Textilien so glatt wie möglich auf Bügel. Dann sprühe ich sie mit lauwarmem Leitungswasser an. Die überwältigende Mehrheit der Wäschestücke lässt sich sofort entspannt glatt herunterfallen. Einige „überzeuge" ich durch leichtes Ziehen.
Ein paar Textilfasern schrumpeln durch Ansprühen zusammen bzw. reagieren überhaupt nicht. Dann ist die Stunde der Wahrheit

gekommen: „Sie liebt mich, sie liebt mich nicht ...“ genug für den folgenden Bügel-Aufwand? Wenn nicht, dann weg damit. Wenn ja, dann viel Spaß beim Bügeln!

Schlussbetrachtung

In den voran gegangenen Kapiteln ging es mir hauptsächlich um die Reduzierung des allgemeinen Reinigungsaufwandes im Haushalt. Wenn Ihnen meine Anregungen und Tipps zu einer effizienteren Arbeitseinteilung und zu mehr Freizeit verholfen haben sollten, so ist mein Ziel erreicht. Ist Ihnen darüber hinaus noch die eine oder andere interessante Information begegnet und Sie hatten ein bisschen Spaß beim Lesen – umso besser.
Und jetzt: Lappen weg und rauf aufs Sofa oder gleich direkt in die Küche. Denn nun folgen Chris Kurbjuhns geniale Kochkapitel.

Teil 3
Essen und Trinken hält Leib und Seele zusammen – Kochen im faulen Haushalt

Einleitung

Im faulen Haushalt ist Kochen ganz einfach. Sie müssen sich lediglich im Supermarkt Ihrer Wahl ein Fertiggericht kaufen, zu Hause die Verpackung aufreißen, das Gericht in die Mikrowelle schieben und ...
Nicht wirklich, oder? Leider ist diese Variante der Essenszubereitung tatsächlich diejenige, die dem faulen Menschen die geringste Aktivität aufbürdet. Andererseits ist der ständige Verzehr von Fertiggerichten nicht unbedingt das, was Faulpelze sich unter „Lebensqualität“ oder gar „Esskultur“ vorstellen. Das mit geringstem Aufwand verbundene Erhitzen von Nahrungsmitteln ist lediglich eine Vorstufe zum eigentlichen „Kochen“.
Es ist Zeit für eine – möglicherweise schmerzliche – Erkenntnis: Die Zubereitung guten Essens ist mit Arbeit verbunden. Ein Vergleich zwischen Currywurstbude und Sterne-Restaurant verdeutlicht dies. Um Würste auf den Grill und Fritten in die Friteuse zu schmeißen, genügt die Arbeitskraft des Budeninhabers für mehrere hundert Gäste am Tag. In der Küche eines Sterne-Restaurants werkeln bis zu zwanzig Köche, um deutlich weniger Gäste als die Frittenbude zu bekochen.

Was ist nun die Konsequenz für den praktizierenden Faulpelz? Sich auf ein Leben zwischen Tiefkühl-Pizzen und Büchsen-Nasi-Goreng einrichten? Einen Zweitjob annehmen, um tägliche Restaurantbesuche finanzieren zu können?
Ich möchte etwas anderes vorschlagen, nämlich eine Reihe von einfachen, praktisch erprobten Rezepten, mit denen der Faule aus einem Minimum an Aufwand ein Maximum an Geschmack herausholen kann. Das Schöne an diesen Rezepten ist: Der Faulpelz kann von Mal zu Mal – oder besser gesagt: von Mahl zu Mahl – entscheiden, was ihm wichtiger ist: der gute Geschmack oder der geringe Aufwand.
Dieses Prinzip möchte ich an einem kleinen Beispiel verdeutlichen: Wenn in einem Rezept Hühnerbrühe verlangt wird, können Sie (minimalster Aufwand) recht teuren Hühnerfond aus dem Glas verwenden. Sie brauchen lediglich das Glas zu öffnen und können eine Flüssigkeit zugießen, die jedoch – zumindest bei den mir bekannten Produkten – nur bei sensiblen Menschen manchmal entfernte Erinnerungen an totes Geflügel hervorrufen kann. Ebenso können Sie (vergleichbar geringer Aufwand) Instant-Hühnerbrühe verwenden. Die müssen Sie nur in kochendem Wasser auflösen. Der Geschmack dieses Produkts erinnert jedoch ebenfalls nur entfernt an selbst gekochte Hühnerbrühe (schon mal die Inhaltsstoffe auf dem Instant-Glas betrachtet? Instantpulver für 8 Liter Hühnerbrühe enthält immerhin 7,5 g Hühnerfleisch!). Legen Sie hingegen Wert auf den Geschmack richtiger Hühnerbrühe, dann sollten Sie die selbst zubereiten. Wenn Sie sich dabei an mein Rezept halten, müssen Sie nur einen großen Topf voll Wasser aufkochen. Da hinein werfen Sie ein küchenfertiges (also gerupftes, ausgenommenes und gewaschenes) Suppenhuhn, eine Packung TK-Suppengemüse und ein paar Gewürze und können dann zwei bis drei Stunden lang bequem auf der Couch liegend darauf warten, dass die Hühnerbrühe fertig wird. Auf diese Weise erhalten Sie – mit relativ wenig Arbeitsaufwand – mehrere Liter preiswerte, schmackhafte Hühnerbrühe, die Sie einfrieren können, um sie später ähnlich unkompliziert wie die industriellen Fertigprodukte zu verwenden. Wenn Sie jetzt entsetzt „Um Himmelswillen! 3 Stunden lang Hüh-

nerbrühe kochen!" ausgerufen haben, dann haben Sie dieses Buch irrtümlich gekauft. Denn Sie sind kein Faulpelz, sondern einem grundlegenden Missverständnis erlegen. Viele Menschen glauben nämlich, Faulheit in der Küche zeige sich darin, dass man möglichst wenig Zeit dort verbringt. Irrtum!
Eingefleischten Faulenzern ist die Zeitersparnis piepegal, Hauptsache, sie müssen möglichst wenig arbeiten. Ihnen kommt es daher mehr auf die einfache, unkomplizierte Zubereitung an als auf Geschwindigkeit. Die „faulen Favoriten" sind also Gerichte, die sich quasi von alleine kochen, z. B. der Schmortopf, der stundenlang vor sich hinköchelt, ohne dass man einen Finger krumm machen muss.
Wenn Sie meinen, dass Sie Ihren inneren Schweinehund soweit niederringen können, bis er Ihnen gestattet, nach meinem Rezept Hühnerbrühe zu kochen, dann warten auf den nächsten Seiten einige Rezepte auf Sie, mit denen Sie nicht nur erfolgreich und schmackhaft Ihren Küchen-Alltag bestreiten, sondern auch anspruchsvolle Gäste verwöhnen können.
Ein letztes Wort zu meinen Rezepten: Bitte erwarten Sie keine grammgenauen Mengenangaben, keine minutiös vorgegebenen Handlungsabläufe, kein enges Rezept-Korsett, das Sie einengen würde. Faule Menschen sind grundsätzlich kreativ, sie müssen in jeder Sekunde Ihres Tagesablaufs bereit sein, Ideen zu entwickeln, um unnötige Aktivitäten zu vermeiden. Für solche kreativen Lebenskünstler habe ich meine Rezepte entwickelt, nämlich für alle, die das Prinzip einer Zubereitung wissen möchten, um es nach ihren Bedürfnissen abzuwandeln und gemäß ihren eigenen Ideen zu verwenden.

Küchenausstattung

Der faule Genießer möchte nicht mehr Zeit als nötig in der Küche verbringen und trotzdem anspruchsvolle Mahlzeiten zu sich nehmen. Daher unterscheidet sich die Einrichtung seiner Küche geringfügig, aber deutlich von einer normalen Haushaltsküche. Genau wie beim Einkauf seiner Lebensmittel benötigt der faule Küchenchef weniger, aber erstklassige Ware. Hochwertige, scharfe

Messer erleichtern die Arbeit, die Teile aus dem Billigmesserblock („... und 12 superscharfe Steakmesser gibt's gratis dazu!") sind nach der dritten Zwiebel stumpf, erschweren und – noch schlimmer – verzögern die Arbeit. Besonders dämlich ist übrigens die Anschaffung aufwändig zu reinigender Küchengeräte, nicht zuletzt, weil die Reinigung oftmals länger dauert als die Benutzung.

Wohl überlegen sollte man sich daher die Anschaffung von Küchenmaschinen aller Art. Hersteller betonen gern und oft, wie viel Arbeit man sich mit diesen Geräten spart. Das ist richtig, wenn man diese Maschinen häufig benutzt und größere Mengen von Lebensmitteln verarbeitet. Wenn Sie also Brot und Kuchen selber backen, soviel Rohkost wie eine Kaninchenfamilie vertilgen und alle halbe Stunde in die Küche eilen, um sich einen leckeren Milchshake zuzubereiten, sollten Sie ernsthaft über die Anschaffung einer Küchenmaschine nachdenken. Dann frage ich mich allerdings auch, warum Sie dieses Buch gekauft haben. Ein praktizierender Faulpelz sind Sie nämlich gewiss nicht.

Jetzt wissen Sie immerhin schon, was Sie nicht brauchen.

Was aber brauchen Sie in Ihrer Küche? Zunächst einmal Töpfe und Pfannen. Für den Anfang genügen ein großer (ca. 4 l Inhalt) und ein kleiner (ca. 2 l) Topf sowie eine Pfanne. Doch welches Material? Luxusköche verwenden Kupfer, das überragende Wärmeleiteigenschaften besitzt und praktisch unbegrenzt haltbar ist. Luxusköche haben aber auch Auszubildende, die den halben Tag mit dem Polieren des Kupfergeschirrs verbringen. Wenn der Faulpelz also keine kleinen Helferleins hat, sollte er das teure Kupferzeugs ganz schnell vergessen. Edelstahl oder Gusseisen funktionieren ebenfalls, solange das Kochgeschirr von solider Qualität ist und über ausreichend schwere Böden (Wärmespeicherung!) verfügt. Wundern Sie sich nicht über die Preisunterschiede! Qualität kostet nun mal, und die billigen Topfsets aus dem Verkaufs-Sender („15 Profitöpfe mit 20 Deckeln für 100 Euro! Inkl. Rezeptbuch und vollelektronischem Sushi-

Roller! Rufen Sie jetzt an!") landen nach der dritten Benutzung mit verzogenem Boden im Müll.
Achten Sie darauf, dass die Griffe Ihrer Töpfe und Pfannen nicht aus Kunststoff sind. Diese Hitze isolierenden, angeblichen Wundergriffe aus der Weltraumforschung sind oft nicht einmal backofenfest, womit beispielsweise das schnelle, unkomplizierte Gratinieren eines Kalbskoteletts oder eines Gemüsegerichts erschwert wird.
Das Stichwort „Weltraumforschung" bringt mich auf beschichtete Pfannen. Ich will nicht grundsätzlich davon abraten, aaaaaaaber ...
Der einzige Vorteil von beschichteten Pfannen liegt darin, dass sie pflegeleicht sind. Wenn Sie Ihre Pfanne also selten benutzen, sie aber gern unkompliziert abspülen wollen, dann greifen Sie bedenkenlos zum beschichteten Kochgeschirr. Wenn Sie an Langlebigkeit und optimalem Bratergebnis interessiert sind, dann greifen Sie zu Edelstahl, Gusseisen oder Eisen. – Vielleicht liegt's an meiner rabiaten Küchentechnik, aber bei mir hat noch keine beschichtete Pfanne länger als zwei Jahre überlebt.
Andererseits sind beschichtete Pfannen wirklich pflegeleicht. Aber Steaks, die in einer Eisen- oder Stahlpfanne gebraten werden, haben einfach eine bessere Kruste. Dafür sind beschichtete Pfannen ziemlich pflegeleicht. Trotzdem, in einer Eisen- oder Stahlpfanne hängt ebenfalls nichts an, wenn man sich nicht gerade kreuzdämlich anstellt ... Fazit: Wenn für Sie das wichtigste an einer Bratpfanne die leichte Reinigung ist, sollten Sie sich eine beschichtete Pfanne zulegen.

Mit einer Pfanne und den genannten zwei Töpfen kommen Sie küchentechnisch schon ziemlich weit. Außerdem empfehle ich Ihnen für den Anfang die Anschaffung einer Auflaufform mit Deckel. Aufläufe aller Art sind wahre Küchenfeste für den Faulpelz: Zutaten klein häckseln, in die Auflaufform stopfen, Sößchen und Käse drüber, Auflauf in den Herd und Faulpelz auf die Couch! So lässt sich's kochen!
Nun sollten Sie die Aufmerksamkeit auf Ihre Küchenmesser richten. Ein großes Kochmesser, ein kleineres Küchenmesser (von Fachleuten auch „Office-Messer" genannt), ein Sparschäler und

ein Wetzstahl sollten zur Grundausstattung gehören. Auch hier gilt: Nicht am falschen Ende sparen! Gute Kochmesser halten tatsächlich Jahrzehnte lang, wenn sie regelmäßig nachgeschärft werden. Der Schrott aus dem Verkaufskanal ist nach ein paar Wochen schartig.

Damit Ihre Messer lange scharf bleiben, sollten Sie damit ausschließlich auf Schneidbrettern aus Holz oder Kunststoff schneiden. In vielen Geschäften werden Sie besonders elegant aussehende Schneidunterlagen aus Glas oder Marmor finden, die jedoch ihre Messer ruinieren können: Die Klinge eines Messers ist ein sehr schmaler Grat, der umgeknickt wird, wenn er auf eine derart harte Unterlage trifft. Logischerweise ist das Messer schon nach wenigen Schnitten auf Glas oder Marmor stumpf. In Holz oder Plastik kann die scharfe Schneide hinein schneiden und wird ihre Schärfe behalten.

Damit haben Sie sich im Prinzip schon die wichtigsten Küchenutensilien angeschafft. Jetzt fehlen nur noch ein paar Kochlöffel (Holz oder Plastik, Sie wollen schließlich nicht mit einem Metalllöffel die Beschichtung Ihrer pflegeleichten Pfanne wegkratzen), ein Pfannenwender, ein Schneebesen, eine Schaumkelle und eine Schöpfkelle. Eine Kombi-Reibe, um Käse reiben, Rösti raffeln und Gurken hobeln zu können, ist ebenfalls eine lohnende Anschaffung. Als Faulpelz sollten Sie sich noch ein elektrisches Handrührgerät und einen Pürierstab anschaffen, ersatzweise einen Pürierstab-Aufsatz für Ihr Handrührgerät. Denn – glauben Sie mir! – Sie wollen weder Schlagsahne noch Eischnee mit bloßer Muskelkraft schlagen. Mit dieser relativ kleinen Grundausstattung sind Sie für die überwiegende Mehrheit der Faulpelz-Kücheneinsätze bestens gerüstet.
Nach und nach werden Sie sich vermutlich Zeugs dazukaufen. Vielleicht eine Knoblauchpresse, eine Muskatreibe oder ähnliches? Vielleicht einen großen Bratentopf, eine Sauteuse (kleiner Stieltopf, ideal zum Einkochen von Saucen aller Art) oder eine flache Gratin-Form? Warum nicht! Aber tun Sie sich einen Gefallen: Wenn Sie wirklich ein eingefleischter Faulpelz sind, lassen Sie die

Finger von einem Wok! Fallen Sie nicht auf das Geschreibsel einer korrupten Journaille herein, die Ihnen einreden will, dass Sie mit der Pfannenrührerei in einem Wok ruckzuck die dollsten Gerichte hervorzaubern können. In der Tat geht die Pfannenrührerei im Wok ruckzuck, aber erst, nachdem Sie vorher stundenlang die Zutaten klein geschnippelt haben.

Einkaufen

Bevor es endgültig zu den Rezepten geht, habe ich leider noch eine unangenehme Wahrheit für Sie: Mit gutem Essen ist es wie mit guten Autos – Qualität hat ihren Preis. Wenn Sie also die Zutaten für die folgenden Rezepte einkaufen und bei minimalem Einsatz das maximale Geschmackserlebnis haben wollen, dann sollten Sie bei der Qualität der Grundprodukte auf keinen Fall knausern. Ein Schwarzfederhuhn aus der Loie beispielsweise ist deutlich teurer als ein anonymer Flattermann aus Käfighaltung. Diesen Preisunterschied merken Sie schon im Kochtopf und spätestens auf der Gabel.

Ein freilaufendes, artgerecht gehaltenes Huhn hatte Zeit und Gelegenheit, Muskeln – also festeres Fleisch von angenehmer Textur – und Fettpölsterchen an den richtigen Stellen zu entwickeln. Fett ist der Geschmacksträger Numero Uno, ohne Fett schmeckt's fade. Den Mehrpreis, den ein solches Huhn kostet, sollten Sie ohne mit der Wimper zu zucken bezahlen, auch wenn Sie beim Imbiss um die Ecke ein ganzes gegrilltes Hähnchen für 4 Euro 50 bekommen. Bedenken Sie, dass Sie damit nicht nur den Hähnchenbrater und seine Kosten, die Zwischenhändler und den Geflügelzüchter bezahlen, sondern auch das ganze Leben des Hähnchens, inklusive allem, was es gefressen hat. Wollen Sie angesichts dieser Rechnung tatsächlich ein gegrilltes Hähnchen essen, das „nur" 4 Euro 50 gekostet hat? Ähnlich verhält es sich mit allen Lebensmitteln, egal ob Fisch, Fleisch, Gemüse usw. Zutaten minderer Qualität sollten Sie gar nicht erst in Ihre Küche tragen. Nicht nur, dass das geschmackliche Ergebnis auf Ihrem Teller vermutlich suboptimal sein wird, Sie haben oft in der Küche mit den billigeren Produkten mehr Arbeit. Am „preiswerten" Filet hängen noch Häute und Seh-

nen, so dass Sie erstmal ein Viertelstündchen lang zähneknirschend am Fleisch herumzupfen dürfen, vom billigen Suppengrün können Sie die Hälfte wegwerfen, am Fischfilet aus dem Sonderangebot hängen noch die Silberhäutchen, und zahlreiche Gräten stecken drin ...

Merkwürdig nur, dass viele Menschen diesen Zusammenhang zwischen Qualität und Preis bei Lebensmitteln nicht akzeptieren wollen. Beim Autokauf ist es für uns eine Selbstverständlichkeit, dass es den großen Mercedes nicht zum Preis eines Polo geben kann. Aber bei Fisch, Fleisch, Gemüse und Wein wollen wir den Rolls Royce zum Preis eines Fiat Cinquecento.

Die Rezepte

Vorspeisen, Salate und Beilagen

„Die einfachste Vorspeise ist die, die man weglässt.“

Vom Standpunkt des leidenschaftlichen Faulpelzes ist gegen diesen Satz nichts einzuwenden. Wenn man das Essen als notwendigen Vorgang betrachtet, mit dem man seine Lebens- und Arbeitskraft erhält und gelegentlich auftauchendes, unangenehmes Hungergefühl beseitigt, dann sollte man Vorspeisen unbedingt weglassen. Und wenn man schon dabei ist, sollte man auch auf die Nachspeisen verzichten. Wer braucht eigentlich diesen überflüssigen Süßkram? Überhaupt: Stupide Kocherei – Bäh! Man kauft im Survival-Laden ein paar Tuben Astronauten-Nahrung (gibt's in verschiedenen Geschmacksrichtungen), sperrt die Küche zu und führt ab sofort ein bequemes Leben.
Wenn er mehr als pure Nahrungsaufnahme sucht und Essen mit Genuss verbinden möchte, kommt der faule Genießer nicht an der Vorspeise vorbei. Das Schöne daran ist: Sie müssen sich nicht einmal viel Arbeit machen. Ob Sie Suppe unter einer Blätterteighaube zelebrieren oder nur eine Handvoll Oliven, ein paar Scheiben Salami und einige Stängel Sellerie hinstellen – allein durch die Tatsache, dass Sie eine Vorspeise servieren, Ihrer Nahrungsaufnahme also eine Einleitung gönnen, adeln Sie ein bloßes Essen zu einer Mahlzeit.
Schließlich und endlich gehen auch Faulpelze mit der Mode, und der angesagte Trend zur Zeit heißt: Antipasti. In beinahe jedem Supermarkt gibt es eine Theke, wo man für viel Geld auf irgendwie mediterrane Weise zubereitete Häppchen kaufen kann. Das können Sie auch, aber möglicherweise suchen Sie eine kostengünstige Alternative, die fast keine Arbeit macht?

Für **Italienisches Antipasto-Gemüse** für ca. 8 Personen (als Vorspeise) brauchen Sie:

2 große Zwiebeln
4 Knoblauchzehen
2 - 3 Auberginen
4 Paprikaschoten (am besten gelb und rot, notfalls auch grün)
0,1 Liter Olivenöl
0,1 Liter Wasser
Thymian, Salz, Pfeffer, Zitronensaft

Heizen Sie den Backofen auf 150 Grad vor und bringen Sie eine Auflaufform oder einen backofenfesten Topf (ohne Kunststoffgriffe!) an den Start. Knoblauchzehen schälen, Zwiebeln schälen und in Scheiben schneiden. Auberginen in Scheiben schneiden, Paprikaschoten entkernen und in Streifen schneiden. Das klein geschnittene Gemüse ins Gefäß geben, etwas Thymian dazu sowie Wasser

und Olivenöl und erstmal auf dem Herd erhitzen. Sobald aus dem Kochgeschirr brausende Geräusche ertönen, ein Blatt Alufolie darüber legen, den Deckel darauf setzen und die ganze Chose in den Backofen stellen. Dann legen Sie sich auf die Couch, und wenn irgendein Ahnungsloser Sie fragt, was Sie gerade machen, knurren Sie einfach. „Stör mich nicht! Ich mach gerade Antipasti!" Nach anderthalb Stunden holen Sie die Auflaufform bzw. den Topf aus dem Herd, kippen den Inhalt, der trotz der langen Zeit im Ofen Form und eine gewisse Knackigkeit behalten hat, auf eine Servierplatte, salzen, pfeffern (großzügig) und schütten nicht zu knapp Zitronensaft darüber. Am besten schmeckt's lauwarm, also nach ca. 30 Minuten Abkühlzeit. Das Ganze kann eine Vorspeise sein, aber auch eine Beilage, sogar – mit Brot und einem charmanten Wein – ein kleines Mittag- oder Abendessen.

Selbstverständlich können Sie die Zusammenstellung variieren. Anchovis und/oder Fenchel mit zu verwenden, ist eine gute Idee (verstärkt das Mittelmeeraroma, wie wär's mit einer Messerspitze

Safran?). Tomaten dazuzugeben, ist eine miese Idee: Die machen Suppe draus. Staudensellerie? Klingt gut. Champignons? Könnte klappen ... Paar Oliven dazu? Viel Spaß beim Experimentieren!
Von dieser Variante des Antipasto-Gemüses ist es nicht weit zum Salat. „Um Himmels willen, Salat! Ich bin doch kein Karnickel!" rufen zahllose Rohkost-Feinde im Chor, und sie haben Recht damit. Karnickelfutter möchte niemand auf dem Teller haben. Leider wird in vielen so genannten Gaststätten – „Ungastlichkeitsstätten" wäre treffender! – unter der Bezeichnung Salat tatsächlich Karnickelfutter serviert: welkende Rohkost in Essig- oder Zuckerwasser, je nachdem, ob man sich in Süd- oder Norddeutschland aufhält. Dass es bei relativ bescheidenem Arbeitsaufwand anders geht, zeigen uns ausgerechnet die Feinschmecker-Restaurants, die gern Kombinationen wie diese servieren:
Pro Portion kochen Sie eine Handvoll grüne Bohnen knackig – frische Bohnen sind in feinerer Qualität erhältlich, aber bei Tiefkühl-Bohnen entfällt das Putzen: Sie müssen sich zu einer Entscheidung aufraffen! – und schrecken sie in kaltem Wasser ab. Während die Bohnen kochen, putzen Sie 3 kleine Champignons und schneiden sie in feine Scheiben. Bohnen und Champignons drapieren Sie möglichst dekorativ auf einem Teller, dazu eine Scheibe in Streifen geschnittener Räucherlachs, salzen und pfeffern, träufeln ein wenig Vinaigrette (siehe Basiszubereitungen) darüber und haben im Handumdrehen eine kleine, feine Vorspeise erstellt, mit der Sie kulinarisch Ehre einlegen. Das einzige, was bei diesem Salat schwierig ist, nicht breit zu grinsen, wenn Ihre Gäste „Hast du dir wieder solche Mühe gemacht!" ausrufen.
Nach dem Prinzip dieses Salats (Gemüse als Salat serviert) können Sie zahllose andere Vorspeisen kreieren. Wenn es Ihr Geldbeutel und Ihr Gewissen erlauben, können Sie beispielsweise den Räucherlachs durch klein gebröckelte, ganz kurz in der Pfanne geschwenkte Gänsestopfleber ersetzen, und zack! konkurrieren sie mit 3-Sterne-Koch Michel Guerard, der diesen Salat seinen Gästen in Eugenie-Les-Bains zu servieren pflegt. Wenn Sie – aus geschmacklichen oder ethischen Gründen – lieber auf Stopfleber verzichten wollen, müssen Sie Ihre Fantasie bemühen, um in den

Olymp der Haute Cuisine aufzusteigen. Kalbsbries? Geflügelleber? Rosa gebratene Kalbsniere? Scampi? Würfel vom frischen Thunfisch?
Ihr besonderes Augenmerk möchte ich in diesem Zusammenhang auf Hülsenfrüchte wie weiße Bohnen oder Linsen lenken, die in unseren Breitengraden ein unverdientes Schattendasein in der eher deftigen Ecke fristen. Doch wenn man die richtige Linse bzw. Bohne kauft und entsprechend zubereitet, dann erhebt sie sich wie der Phoenix aus dem Plumps-Eintopf. Probieren Sie mal weiße Bohnen. Meistens finden wir sie in winterlich-deftigen Eintöpfen. Nach dem ersten Löffel ruft man „Lecker! Lecker!", und nach dem dritten Löffel wundert man sich, dass man satt ist. Kein Wunder, denn die weißen Sattmacher werden hierzulande meist zusammen mit schweinernen Fetten gekocht. Wenn man sich aber einer mediterranen Zubereitungsweise bedient, hat man urplötzlich eine überraschend leichte Leckerei auf dem Teller. Zum Beispiel beim **Geknofelten Bohnensalat**. Sie brauchen pro Person (als Vorspeise oder Beilage):

1 Handvoll gekochter weißer Bohnen (am besten die etwas größeren, siehe Basiszubereitungen)
Knoblauch nach Geschmack (pro Person jedoch mindestens 1 Zehe)
1 Schalotte oder Frühlingszwiebel
Vinaigrette (siehe Basiszubereitungen)
Petersilie

Schalotte oder Frühlingszwiebel und Knoblauch in kleine Würfel schneiden, zusammen mit den Bohnen zur Vinaigrette geben, mindestens zwei Stunden durchziehen lassen. Kleingeschnittene Petersilie unterheben, servieren. Das schmeckt solo mit etwas Brot und einem nicht zu anspruchsvollen Landwein, man kann aber auch noch eine kleine Schweinerei (siehe dort) dazu reichen. Variationen dieses Salats sind jederzeit willkommen. Wer mutig einen Löffel Curry unter die – in diesem Fall auf gar keinen Fall säuerliche – Vinaigrette rührt, wird für seinen Mut reich belohnt.

Auch jemand, der zum teuren Safran greift, macht nix verkehrt. Eine andere mediterrane Köstlichkeit ist das Püree aus weißen Bohnen. Als Vorspeise oder Beilage brauchen Sie pro Person:

1 Handvoll gekochte weiße Bohnen
Knoblauch nach Geschmack
etwas Hühnerbrühe (siehe Basiszubereitungen), ersatzweise Kochwasser der Bohnen
kalt gepresstes Olivenöl
Salz, Pfeffer

Sie geben alles zusammen in ein hochwandiges Gefäß und halten den Pürierstab rein, bis Sie eine Masse von cremiger Pastosität (oder wenn Ihnen das mehr zusagt: von pastoser Cremigkeit) haben. Mehr ist nicht. Die einzige Schwierigkeit ist hierbei, das richtige Mengenverhältnis von Brühe/Kochwasser und Olivenöl zu finden. Zu viel Olivenöl macht's zu mächtig, zu wenig Olivenöl macht's zu trocken. Also lieber mit wenig Olivenöl anfangen und nach und nach zugeben, bis Sie denken: „Donnerwetter! Das flutscht aber!" Dann ist das Bohnenpüree genau richtig. Man kann es warm, lauwarm oder kalt servieren, es schmeckt jedes Mal anders, aber immer sehr lecker! Ein idealer Begleiter für dieses Püree ist übrigens gebratener Radicchio: Einfach den Radicchio vierteln, nachdem man die äußeren Blätter entfernt hat, den Strunk aus den Vierteln herausschneiden, so dass sie gerade noch zusammenhalten. Nun reichlich Olivenöl in einer Pfanne erhitzen, die Raddicchio-Viertel hineinwerfen und im heißen Öl wenden, bis sie gerade so zusammenfallen. Raus aus der Pfanne und mit einem Klacks Bohnenpüree servieren ... ein Gedicht! Eine andere Variante: das Püree mit Fischfond zubereiten und z. B. eine Handvoll gebratene Calamaretti dazu zu reichen. Unkompliziert und mordslecker!

Suppen und Eintöpfe

Die Suppe ist das Multifunktions-Tool der faulen Küche. Suppen können kleine, feine Vorspeisen sein, aber auch deftige Magenfüller. Man kann aus frischen Zutaten eine Gourmet-Suppe „á la minute" zubereiten oder auch die Reste der letzten drei oder vier Mahlzeiten im Suppentopf aufs erfreulichste vermählen. Suppen können den einsamen Esser sättigen, aber auch eine ganze Partyhorde mit der dringend benötigten „Grundlage" versorgen. Und wenn unerwartet hungrige Gäste in den faulen Haushalt schneien, wird in 99 Prozent aller Fälle ein leckeres Süppchen improvisiert. Das geht besonders schnell, wenn man einige nützliche Dinge wie Hühnerbrühe, Kalbsfond, Tomatenpampe (Tomatenmark, -püree oder ähnliches) im Vorrat hat. Ein leckeres **Tomatensüppchen** gefällig? Bitte sehr, kommt sofort!
Sie benötigen:

Tomatenbasis (siehe „Basiszubereitungen",
ersatzweise stückige Tomaten aus dem Tetrapack)
Hühnerbrühe
Crème fraîche
Salz, Pfeffer, Schnittlauch

Bringen Sie die Tomatenbasis mit der Hühnerbrühe auf suppige Konsistenz, erhitzen Sie das Ganze, schmecken Sie mit Salz und Pfeffer ab und rühren Sie pro Portion einen Esslöffel Crème fraîche unter. Mit Schnittlauchröllchen bestreut servieren. Sollten Sie sich – aus unerfindlichen Gründen – nach mehr Küchenaktivität sehnen, können Sie einen Schluck Gin in die Suppe kippen. Das Wacholderaroma bekommt der Tomate ungemein.

Das folgende Suppenrezept ist unglaublich simpel und unglaublich vielseitig. Sie benötigen pro Portion

1 mittelgroße Kartoffel
1 Lauchstange (wenn's besonders delikat sein soll, nur das Weiße)
1 Eßlöffel Crème fraîche
Butter, Salz, Pfeffer

Sie schälen und würfeln die Kartoffel. Den Lauch schneiden Sie in Ringe und waschen ihn gründlich. Sie zerlassen Butter in einem Topf, werfen Kartoffel und Lauch hinein, schwitzen an, gießen mit Wasser auf, bis das Zeugs knapp bedeckt ist, würzen mit Salz und Pfeffer und lassen 10 bis 15 Minuten leise köcheln. Jetzt fuhrwerken Sie kurz mal mit dem Pürierstab im Topf herum, rühren die Crème fraîche unter, kosten, und... na? Schon erstaunlich lecker, für derart frugale Zutaten und eine ebensolche Zubereitungsmethode, nicht wahr? Und das ist erst der Anfang! Geben Sie ein paar gebratene Cabanossi-Scheiben und angebräunte Zwiebelchen dazu und sie haben eine deftige Kartoffelsuppe. Einen ähnlichen Effekt erzielen Sie, wenn Sie gewürfeltes Kassler oder gescheibelte Bockwurst hinzufügen.
Eine komplett andere, deutlich feinere Richtung geben Sie dem Süppchen, wenn Sie eine Handvoll Krabben hinzufügen, eventuell mit etwas Dill. Auch Räucherfisch macht sich gut in dieser Suppe. Egal ob Streifen vom geräucherten Lachs, Stücke vom Räucheraal oder der Makrele, die Kartoffel-Lauch-Sahnemischung passt sich den verschiedenen Einlagen geschmeidig an. Und mutiert schließlich zum luxuriösen Festmahl, wenn man die Suppe eisgekühlt serviert, mit einem heißen (!) halben Hummer darin. Also, wenn Sie mal was zu feiern haben ...
Selbstverständlich sind die Variationsmöglichkeiten dieser Suppe damit noch lange nicht erschöpft. Wie wäre es, einfach mal ein paar Schinkenstückchen und eine Handvoll Sauerkraut mitzukochen? Oder den Lauch wegzulassen und stattdessen Kohlrabi und TK-Erbsen mit den Kartoffeln zu kochen? Dann könnte man auch

die Crème fraîche weglassen und stattdessen etwas Frischkäse in die Suppe rühren.

Sie sehen: Suppen geben Ihnen die Möglichkeit, in der Küche mit geringem Aufwand außergewöhnlich kreativ zu sein. Scheuen Sie sich nicht davor, bei jeder Gelegenheit ausgetretene Küchenpfade zu verlassen. Lassen Sie den langweiligen Majoran im Schrank, wenn die Linsen im Suppentopf blubbern. Greifen Sie beherzt zu Curry und Kokosmilch und veredeln Sie ihre fernöstliche Kreation mit einem gebratenen Scampo!
Doch bei aller Freude an der Kreativität:
Manchmal sehnt sich der Mensch nach konventioneller Deftigkeit, nach den klassischen Eintöpfen. Auch die hat der faule Genießer in seiner Küche im Handumdrehen hingezaubert, ohne sich dabei den Arm auszukugeln.
Was gibt es beispielsweise in der kalten Jahreszeit Schöneres als eine sanfte, sättigende **Weiße Bohnen-Suppe**? Pro Portion benötigen Sie:

1 - 2 Handvoll gekochte weiße Bohnen (selbst gekocht oder aus der Dose)
1 große Kartoffel (möglichst mehlig kochend)
1 kleine Zwiebel
1 Möhre
1 Stück Sellerieknolle
1 Stück Porree
etwas Räucherspeck
Hühnerbrühe oder Kalbsfond
1 Glas trockenen Weißwein
Butter oder Öl
Lorbeer, Salz, Pfeffer

Schälen Sie Zwiebeln, Kartoffeln, Möhren und Sellerie und schneiden Sie alles klein. Den Porree schneiden Sie in Ringe, den Speck in Würfel. In Ihrem Suppentopf erhitzen Sie nun das Fett und werfen alles hinein, was Sie gerade klein geschnitten haben. Anschwitzen lassen, mit dem Wein ablöschen und mit der Brühe aufgießen. Ca. eine Viertelstunde kochen lassen, bis das Gemüse heiß ist, dann die Bohnen dazugeben und erhitzen. Mit Salz und Pfeffer abschmecken.

Einen mediterranen Touch verleihen Sie einer solchen Suppe, wenn Sie das „urdeutsche Wurzelwerk“ durch Zucchini und Auberginen ersetzen. Dann gehören aber auch ein paar Tomaten hinein. Und Knoblauch. Und Thymian.

Als geradezu verwegener Bohnensuppengourmet können Sie sich präsentieren, wenn Sie Ihre Bohnensuppe mit Weißwein und Fischfond ansetzen und in den letzten Kochminuten das eine oder andere Fischfilet dazugeben.

Pasta

Die beste Freundin des genießerischen Faulpelzes ist die Nudel. Sie will von ihm lediglich in kochendes Wasser geworfen und mit einer Sauce in Verbindung gebracht werden, um Gaumenfreuden zu spenden.
Beginnen wir mit dem einfachsten Rezept: **Nudeln mit Butter und Parmesan**. Sie benötigen überraschenderweise:

Nudeln
Butter
Parmesan
Salz, Pfeffer

Beantworten wir zuerst die Gretchenfrage: frische Nudeln oder getrocknete? Das kommt darauf an. Frische Nudeln sind schneller gar als trockene, jedoch nicht in der gleichen Sortenvielfalt zu haben. Sowohl bei frischen als auch bei getrockneten Nudeln gibt es gigantische Qualitätsunterschiede. Testen Sie sich durch die verschiedenen Marken und Arten, bis Sie die Nudeln gefunden haben, die Ihnen von Geschmack und Textur am meisten zusagen.
Parmesan gehört ausschließlich in frisch geriebenem Zustand an die Nudel. „Frisch“ bedeutet, dass Sie den Parmesan am Stück kaufen, und „gerieben“ bedeutet, dass Sie ihn – leider – selbst reiben müssen. Lassen Sie die Finger von den Tütchen mit fertig geriebenem „Parmesan“ im Kühlregal. Oder, wenn Sie mir nicht glauben wollen, kaufen Sie ein Tütchen und ein Stück Parmesan und vergleichen Sie! Sie werden nie wieder eine Tüte mit fertig geriebenem „Parmesan“ kaufen.
Übrigens: Wenn auf einer Tüte „Parmesan“ steht, ist das ein si-

cheres Anzeichen dafür, dass eines nicht in dieser Tüte ist, nämlich Käse aus der Region Parma. Der Begriff „Parmesan" ist in deutschen Landen nicht geschützt, d. h. unter dieser Bezeichnung darf alles mögliche verkauft werden, von Sägemehl bis Zement. Der geschützte Begriff, der verlässlich den Käse bezeichnet, den ich meine, ist „Parmiggiano". Nach dem sollten Sie Ausschau halten, wenn Sie einen kompetenten Nudelbegleiter suchen. Sehr gut zur Nudel passt übrigens auch der Pecorino, ein Hartkäse aus Schafsmilch, den man in verschiedenen geschmacklichen Ausprägungen von mild bis würzig bekommt.

Sie haben also inzwischen eine akzeptable Nudel und ebensolchen Käse erstanden. Jetzt ist es an der Zeit, einen Topf voll Wasser auf den Herd zu stellen. Dieser Topf sollte vor allen Dingen groß sein. Es heißt allgemein, dass man pro 100 g Nudeln 1 Liter Wasser benötigt. Das kommt hin. Getrocknete Nudeln können Sie in weniger Wasser kochen, aber frische Nudeln kleben leicht aneinander, wenn sie nicht genügend Platz haben, um sich auszubreiten. Kochen Sie das Wasser auf und salzen Sie kräftig. Einige Pasta-Kochbücher empfehlen, das Wasser erst nach dem Aufkochen zu salzen, weil das Salz die Beschichtung von Edelstahltöpfen angreifen könnte oder so. Ich halte das für Voodoo bzw. Humbug. Mein Nudelwasser wird seit jeher beim Aufsetzen gesalzen, und mein Pastatopf wartet seit Jahrzehnten in einwandfreiem Zustand auf den Angriff der Salzpartikel. Ebenso unsinnig ist die oft gehörte Empfehlung, einen Schuss Öl ins Nudelwasser zu geben. Das Öl soll angeblich das Aneinanderkleben der Nudeln verhindern. Tut es aber nicht. Nudeln kleben nur, wenn sie in zu wenig Wasser gekocht werden. Egal, ob Öl drin ist oder nicht.

Warten Sie, bis das Wasser sprudelnd kocht, bevor Sie die Nudeln hineingeben. Nur wenn das Wasser richtig kochend brodelt, kocht es schnell genug wieder auf, wenn die Temperatur durch den Nudeleinwurf vorübergehend abgesenkt wurde. Auf der Nudelpackung steht die Kochzeit. Ca. 1 bis 2 Minuten vor Ende der Garzeit sollten Sie testen, ob die Nudeln gar sind. Der Garprozess der Nudel hängt von vielen Faktoren ab: Kalkgehalt des Wassers, Höhe über dem Meeresspiegel, Luftdruck usw. Was auf der

Packung steht, ist immer nur ein Näherungswert. Andererseits sind Nudeln recht anspruchslos. Es macht nichts, wenn getrocknete Nudeln ein oder zwei Minuten zu lange kochen. Sie werden – entgegen aller Gerüchte – NICHT sofort matschig. Nach meiner Erfahrung verändern Nudeln ihre Textur viel eher ins Unvorteilhafte, wenn sie nach dem Kochen zu lange stehen bleiben. Überhaupt ist der ganze „Al dente"-Kult, nach dem Nudeln Biss haben sollten, mit Vorsicht zu genießen. „Al dente" sollten nur getrocknete Nudeln aus Hartweizengrieß gekocht werden, die schmecken tatsächlich delikat, wenn sie den Zähnen noch einen gewissen Widerstand entgegensetzen. Frische Eiernudeln hingegen, die nicht richtig durchgegart wurden, schmecken nach rohem Mehl und damit Bääääh.
Wenn Ihre Nudeln gar sind, ist es Zeit, sie im Sieb abzugießen. Vorher nehmen Sie eine Tasse Nudelwasser ab. Stellen Sie den noch warmen Nudeltopf wieder auf den Herd und geben Sie die abgegossenen Nudeln wieder hinein. Das Abschrecken von Nudeln, das vielerorts praktiziert wird, ist überflüssig. Im heißen Topf vermischen Sie die dampfend heißen Nudeln mit dem geriebenen Parmesan und der Butter. Gießen Sie die Tasse Nudelwasser dazu, was auf wunderbare Weise die Nudeln geschmeidig macht und ein Verklumpen des Käses verhindert. Butter und Käse sollten eine geschmeidige Verbindung eingehen und sich an die Nudeln schmiegen. Jetzt noch mit grobem schwarzen Pfeffer bestreuen, und in knapp zehn Minuten haben Sie sich eine leckere Mahlzeit gekocht, die – wenn Sie die richtigen Zutaten gekauft haben – in keiner italienischen Trattoria besser oder authentischer serviert wird.

Wenn Sie Nudeln kochen, sollten Sie diese drei Grundsätze immer beachten:

1. Nudeln in reichlich Salzwasser kochen.
2. Kurz vor Ende der Garzeit 1 Tasse Nudelwasser abnehmen.
3. Nudeln abgießen und sofort im heißen Nudeltopf oder einer vorgewärmten Schüssel mit frisch geriebenem Käse, Sauce und heißem Nudelwasser vermischen.

Nudelgerichte werden niemals langweilig, weil es vermutlich mehr Nudelsaucen als Sterne im Universum gibt. Das ist etwas übertrieben. Aber da das Universum laut Stephen Hawking expandiert, kommen jeden Tag ein paar neue Nudelsaucen dazu. Um ein wenig Ordnung in diese Galaxis der Nudelsaucen zu bringen, unterscheiden wir tomatige Nudelsaucen und Nudelsaucen ohne Tomaten.

Tomatige Nudelsaucen

Viele Pasta-Kochbücher empfehlen, für die Zubereitung von Tomatensaucen die Tomaten frisch zu häuten und zu entkernen. Für einen Menschen, der auf Grund seiner faulen Gesinnung gezwungen ist, seine Aktivitäten auf ein Mindestmaß zu beschränken, wäre das eine Zumutung. Auch die oftmals gepriesene Alternative, Tomaten aus der Büchse zu verwenden, kann nicht vollständig befriedigen. Warum sollte man bei jeder Nudelsauce immer wieder den gleichen stupiden Arbeitsgang verrichten? Ca. 80 Prozent der Nudelsaucen auf Tomatenbasis bestehen aus „Zwiebel/Knoblauch in Olivenöl anschwitzen, Tomaten dazu und einkochen, einkochen, einkochen". Könnte man nicht einfach eine größere Menge Tomatenbasis auf Vorrat kochen, das Zeugs portionsweise einfrieren und bei Bedarf verwenden? Man kann. Das Rezept für die Tomatenbasis finden Sie bei den Basiszubereitungen. Sollte Ihnen unerwarteterweise die Tomatenbasis ausgegangen sein, oder vielleicht waren Sie – dafür haben wir vollstes Verständnis – zu faul, um Tomatenbasis zu kochen, können Sie ersatzweise „stückige Tomaten" aus Tetrapack oder Büchse verwenden. Aber Vorsicht! Es gibt erhebliche Qualitätsunterschiede. Einige Produkte sind recht gut, anderen kann man nur durch Nachwürzen und kräftigen Zusatz von Tomatenmark auf die Sprünge helfen, wiederum andere schmecken so stark nach Konservierungsmitteln, dass Sie Ihnen die aromatischste Sauce versauen.

Nudeln mit Tomatensauce (Spaghetti Napoli) – Tomatenbasis erhitzen, mit den gekochten Nudeln vermischen, Parmiggiano dazu reichen.

Köche, die nach einem Michelin-Stern streben, können noch klein gehäckseltes Basilikum darüberstreuen.

Penne all' arrabiata – pro Portion eine Zwiebel und etwas fein gewürfelten Räucherspeck in reichlich Olivenöl anschwitzen, die Tomatenbasis dazugeben und aufkochen. Mit Chilischoten (frisch oder getrocknet) so scharf abschmecken, wie man's gerade noch verträgt. Mit den gekochten Penne vermischen. Parmiggiano oder Pecorino dazu.

Spaghetti alla Puttanesca – pro Portion 1 - 2 Sardellenfilets und 1 Handvoll entsteinter schwarzer Oliven in Olivenöl angehen lassen, Tomatenbasis und Kapern nach Geschmack dazugeben. Mit den gekochten Spaghetti vermischen. Parmiggiano oder Pecorino dazu geben.

Tagliatelle alla Boscaiola – pro Person 100 g Pilze blättrig schneiden, in sehr heißem Olivenöl braten, Tomatenbasis dazugeben, klein geschnittene Petersilie unterrühren und mit den gekochten Tagliatelle vermischen.

Rigatoni mit Gemüsesauce – Zucchini und Aubergine klein schneiden, in reichlich Olivenöl gar braten. Tomatenbasis dazugeben. Mit den gekochten Rigatoni und etwas Parmiggiano vermischen.

Spaghetti alla Chef – pro Portion eine Handvoll Champignons blättrig schneiden, in Olivenöl braten, Tomatenbasis, TK-Erbsen und nicht zu knapp Crème Fraîche dazu. Mit den gekochten Nudeln vermischen. Diese Sauce ist ein Klassiker in der „Pizzeria um die Ecke". Pizzerien, die besonders ehrgeizig sind – oder vielleicht auch Sie? – geben ein paar angebratene Filetwürfel (Rind oder Schwein) dazu.

Linguine mit Thunfisch – pro Portion 1 kleine Zwiebel und ½ Büchse Thunfisch in Olivenöl angehen lassen. Mit Tomatenbasis und Kapern (Menge nach Geschmack) vermischen. Mit den gekochten Nudeln vermischen, mit Petersilie bestreut servieren.

Nudelsaucen ohne Tomaten

Spaghetti Aglio, Olio e Peperoncino – pro Portion zwei klein geschnittene Knoblauchzehen (mindestens), 2 bis 3 Sardellenfilets und 1 getrocknete Chilischote in reichlich Olivenöl angehen lassen. Mit den gekochten Spaghetti und viel klein geschnittener Petersilie vermischen. Die Geister scheiden sich angesichts der Frage, ob man Parmiggiano dazu reicht oder nicht.

Tagliatelle al Pesto – pro Portion ein paar Pinienkerne in der trockenen Pfanne goldbraun anrösten (Vorsicht! Brennt schnell an), zusammen mit nicht zu knapp Knoblauch (mindestens 2 Zehen pro Nase), Pecorino (mindestens ein walnussgroßes Stück pro Nase) und einer Handvoll Basilikumblätter in ein hohes Gefäß geben. Mit dem Pürierstab zermusen, dabei Olivenöl zugeben, bis pastose Konsistenz erreicht ist. Ist in 5 Minuten gemacht, hält sich im Kühlschrank ein paar Tage und schlägt jeden Fertig-Pesto aus dem Glas um Längen. Mit den gekochten Tagliatelle vermischen.

Spaghetti Carbonara – pro Portion etwas in Streifen oder Würfel geschnittenen Räucherspeck in etwas Olivenöl braten. Pro Nase 2 Eier und Parmiggiano nach Belieben verkleppern. Die gekochten Spaghetti mit dem Speck und der Eierpampe vermischen, bis die Eier gerade eben anfangen zu stocken.

Mit einem Ende der in Fachkreisen geführten Diskussion, ob eigentlich Sahne an die Carbonara gehört oder nicht, ist in absehbarer Zeit nicht zu rechnen. Ich mag's lieber ohne Sahne, aber das muss Sie ja nicht kümmern.

Spaghetti Maria Grazia – pro Portion 2 Zucchini in Scheiben schneiden und in sehr viel Olivenöl beinahe schwimmend beidseitig goldbraun ausbacken, auf Küchenpapier abtropfen lassen. Die Spaghetti mit den Zucchini-Scheiben, Pecorino, Parmiggiano und nicht zu wenig Butter mischen. Mit grobem schwarzen Pfeffer bestreut servieren.

Fisch

Für den kochenden Faulpelz sind Fischgerichte ideal. Sie sind gesund, schnell und einfach zubereitet, und die Arbeit, die man mit dem Fisch hat, nämlich das enervierende Rumgefummel mit Gräten und Haut, kann man entweder dem Fischhändler (Fischfilet kaufen) oder seinen Gästen aufhalsen, indem man ihnen einen ganzen Fisch zubereitet und serviert.
Eine besonders schmackhafte, wenig arbeitsintensive Zubereitungsvariante ist das Dünsten von gewürfeltem Fischfilet. Fangen wir an mit einem Klassiker, dem Fischfilet **Grenobler Art**. Pro Portion benötigen Sie

ca. 150 g Fischfilet
1 Zitrone
1 Esslöffel Kapern
2 Esslöffel Butter
Salz und Pfeffer

Das Fischfilet schneiden Sie in möglichst gleich große Würfel. Die Zitrone schälen Sie großzügig, so dass von der weißen Haut nichts mehr zu sehen ist. Mit Ihrem scharfen Küchenmesser schneiden Sie jetzt die Zitronenfilets zwischen den weißen Trennhäutchen heraus. Der dabei austretenden Saft wird aufgefangen und auf die Fischfiletwürfel gekippt. Wenn Sie zu faul sind, drücken Sie stattdessen eine Zitrone aus. Perfektionisten hacken jetzt noch die Kapern klein, Faulpelze runzeln ob eines solchen Ansinnens allerhöchstens die Stirn.
Nun wird die Butter in der Pfanne bei allerhöchstens mittlerer Hitze zerlassen.
Merke: Fisch verträgt so einiges, aber keine starke Hitze, da das im Fischfleisch enthaltene Eiweiß schon bei relativ niedrigen Temperaturen zu zerfallen beginnt.
Dann werden die Fischwürfel, die Zitronenfilets (oder der faule Zitronensaft) und die Kapern dazugekippt. Alles wird drei bis vier

Minuten lang sanft zusammen gedünstet. Salz, Pfeffer, fertig. Dazu Kartöffelchen, gebutterten Reis oder Baguette. Angesichts der Delikatesse dieser einfachen Speise fragt man sich, warum solche Gerichte hierzulande nicht öfters serviert werden. Liegt es an der hierzulande gebräuchlichen, wenig appetitanregenden Bezeichnung „Fischgulasch“? Man muss es befürchten.

Nun versuchen Sie sich an einem **Fischragout Provençal**! Sie benötigen pro Person

ca. 150 g Fischfilet
2 Anchovis (eingelegte Sardellenfilets)
1 Zwiebel
2 Knoblauchzehen
1 Tomate
schwarze Oliven
trockenen Weißwein
Olivenöl
Tomatenmark, Safran, Salz, Cayennepfeffer

Das Fischfilet wird wieder in Würfel geschnitten. Die Anchovis spülen Sie gründlich ab, und schneiden sie klein. Die Zwiebel wird geschält und in dünne Ringe geschnitten, der Knoblauch nur geschält. Jetzt lassen Sie reichlich Olivenöl in einer Pfanne heiß werden (mittlere Hitze) und dünsten darin die Zwiebelringe und die Knoblauchzehen an. Dann rühren Sie einen Esslöffel Tomatenmark, eine Messerspitze Safran, Salz und Cayennepfeffer unter, löschen mit einem Glas trockenen Weißwein ab, lassen aufkochen, werfen die Oliven dazu und köcheln das Ganze auf kleiner Flamme weich (je nach Frische von Zwiebeln und Knoblauch dauert das 15 bis 30 Minuten). In dieser Zeit unterwerfen Sie den verbliebenen Weißwein einem rigiden Leistungstest, schneiden nebenbei die Tomaten klein und entfernen die Kerne, wenn Sie's besonders schön machen wollen. Sie könnten sogar die Tomate vorher schälen (kreuzweise einschneiden, 1 Minute in kochendes Wasser legen, abschrecken, pellen). Wenn die Zwiebeln weich sind, geben

Sie die Fischwürfel und das klein geschnittene Tomatenfleisch in die Pfanne und dünsten das Ragout in drei bis vier Minuten fertig, je nach Dicke der Fischwürfel. Bei Tisch gießen Sie einen guten Schluck kalt gepresstes Olivenöl darüber. Wenn vom Weißwein was übrig ist, können Sie ihn zu Ihrem Fischragout servieren. Noch provençalischer wird die Geschichte übrigens mit einer klein geschnittenen Fenchelknolle, die Sie von Anfang an mitdünsten, und/oder mit ein paar Fenchelsamen als Würze. Ich möchte Sie aber keineswegs mit Arbeit überhäufen ...
Angeregt von diesen beiden Rezepten können Sie selbst zahllose Fischragouts kreieren. Vielleicht eins mit geschmorten Tomaten und Basilikum? Oder eine Variante des norddeutschen Pannfischs, bei dem die Fischwürfel unter Bratkartoffel gerührt und mit reichlich Senfsauce übergossen werden? Wichtig ist nur, dass die Fischwürfel immer erst ganz zum Schluss dazu gegeben werden, wenn alle anderen Zutaten bereits essfertig sind. Denn Fisch ist in wenigen Minuten gar.
Das können Sie sich zunutze machen, wenn Sie beispielsweise ein ganzes Fischfilet in den letzten Minuten auf der Gemüsebeilage mitgaren lassen. Hier ist ein Rezept, das Ihnen das Grundprinzip verdeutlicht, und zwar **Fischfilet auf Paprika-Kraut**. Sie benötigen pro Person

1 Fischfilet (ca. 100 – 150 g)
1 Zwiebel
ca. 300 g Weißkohl
ca. 150 ml Brühe (Fischfond, Hühnerbrühe, egal was)
Zitronensaft, Butter, Paprikapulver (Rosen, scharf),
Salz, Pfeffer

Wenn Sie ein Fischfilet im Ganzen zubereiten, sollten Sie sich vergewissern, dass das Filet tatsächlich keine Gräten mehr enthält. Zu diesem Zweck fahren Sie mit den Fingerspitzen gegen die Faser über das Fischfleisch. Auf diese Weise können Sie etwa vorhandene Gräten mühelos ertasten. Oft steckt noch ein ganzer Grätenstrang im so genannten Filet. Penible Naturen besorgen sich im Anglerladen eine breitbackige Grätenpinzette, mit der sich die Dinger einzeln leicht entfernen lassen. Großzügige Menschen, denen Arbeitsersparnis über alles geht, schneiden den Grätenstrang einfach heraus.

Erschöpft träufeln Sie dann etwas Zitronensaft auf das Fischfilet und schieben es beiseite. Flugs wird die Zwiebel gewürfelt und der – selbstverständlich entstrunkte – Weißkohl in Streifen geschnitten. Wer sich körperlich ertüchtigen möchte, macht das mit dem großen Küchenmesser. Wer's bequem haben will, benutzt dafür den Gurkenhobel. Nun wird die Butter in einem großen Topf erhitzt, die Zwiebel wird angeschwitzt und der Weißkohl dazugegeben. Unter Rühren andünsten, dann reichlich Paprikapulver dazuschütten. - Fleißig rühren und den Topf nicht zu heiß werden lassen. Sonst wird das Paprikapulver bitter! - Kurz durchschwitzen lassen und mit der Brühe ablöschen. Salzen, pfeffern und auf kleiner Flamme gar simmern, was maximal 15 Minuten dauern sollte. Jetzt salzen Sie das Fischfilet und legen es einfach auf das Paprikakraut. Deckel drauf, 2 Minuten warten, Deckel ab, Fischfilet umdrehen, Deckel wieder drauf, nochmal 2 bis drei Minuten, und das Fischfilet ist gar.

Eine ungewöhnliche, aber höchst schmackhafte Variante ist ein **Fisch-Choucroute.** Eigentlich ist Choucroute ein Traditionsgericht aus dem Elsass, bei dem Sauerkraut, Speck, Wellfleisch und Würste zusammengekocht werden. Die elsässischen Fett- und Protein-Bomben ersetzen wir durch Fischfilets!

Für 4 Personen benötigen Sie:

ca. 1,2 kg Sauerkraut
1 Zwiebel
1 Glas Weißwein
½ Liter Fischfond
1 kleinen Becher Crème Fraîche
ca. 1 kg verschiedene Fischfilets
Zitronensaft
Butter
Salz, Pfeffer

Sie schneiden die Zwiebel klein, schwitzen sie in nicht zu wenig Butter an. Das Sauerkraut haben Sie ein wenig zerzupft, jetzt werfen Sie's zur angeschwitzten Zwiebel und lassen es kurz ebenfalls durchschwitzen. Dann löschen Sie mit dem Weißwein ab, gießen den Fischfond dazu, salzen (vorsichtig), pfeffern (großzügig) und lassen aufkochen. Ab jetzt wird's zur Philosophie-Frage: mögen Sie Ihr Sauerkraut lieber „frisch und knackig" oder „weich und durchgezogen"? Die „frisch und knackig-Fraktion" braucht den nächsten Absatz nicht zu lesen!

Soll das Sauerkraut besonders weich sein, muss es lange in relativ viel Flüssigkeit kochen, also mindestens anderthalb Stunden. Soll es besonders weich, beinahe breiig werden (es gibt Leute, die fahren darauf ab), dann lassen Sie das Kraut abkühlen, frieren es über Nacht ein, tauen es am nächsten Tag auf und kochen es noch mal ein Stündchen.

Nach zwanzig Minuten Kochzeit ist das Sauerkraut frisch und knackig. Rühren Sie jetzt den Becher Crème Fraîche unter. Die Kochzeit haben Sie genutzt, um die Filets so zurechtzuschneiden, dass Sie jedem Esser eine Portion zuteilen können. Die Filets werden mit Zitrone beträufelt, gesalzen und auf das noch schwach köchelnde Sauerkraut gelegt. Deckel drauf, 3 bis 4 Minuten warten, dann laden Sie jedem Esser ein paar Filetchen auf den Teller und eine große Kelle vom Sauerkraut. Vielleicht haben Sie sich überwunden und nebenher ein wunderbar sahniges Kartoffelpüree zubereitet, was ebenso gut zum Fisch-Choucroute passt wie ein üppiger Riesling aus dem Elsass oder aus der Pfalz ...

Grundsätzlich können Sie immer so verfahren, wenn Sie ein Fischfilet im Ganzen dünsten möchten. Wenn's zu Bratkartoffeln mit Spinat und Spiegelei mal Rotbarsch statt Spiegelei sein soll, legen Sie den Rotbarsch einfach auf den Spinat. Auch Gemüse-Currys gewinnen durch ein darauf gegartes Fischfilet ungemein.

Natürlich können Sie Fischfilets auch ganz einfach braten. Dabei müssen Sie lediglich im Kopf behalten, dass die Temperatur, die normalerweise in einer betriebsfertigen Bratpfanne herrscht, für ein empfindliches Fischfilet viel zu hoch ist. Ungeschützt einer solchen Hitze ausgesetzt, würde das Fischfleisch austrocknen und

zerfallen. Also müssen wir unser Fischfleisch vor der übergroßen Hitze schützen, damit wir es braten können und es trotzdem saftig bleibt.
Prinzipiell gibt es drei Möglichkeiten: Sie können Ihr Filet auf der Haut braten, mehlieren oder panieren.

Zander „auf der Haut gebraten“ ist zur Zeit eines der beliebtesten Modegerichte in gehobeneren Restaurants. Ein Gericht, das auch der Faulpelz in seiner Küche ohne weiteres nachvollziehen kann, vorausgesetzt, sein Fischhändler hat gerade Zanderfilet mit Haut im Angebot. Jedes andere Fischfilet, das auf einer Seite noch Haut besitzt, können Sie ebenfalls verwenden.

Vom anstrengenden Nachhausetragen des Filets erholen Sie sich erst mal ein Weilchen auf der Couch, bevor Sie sich gemächlich Ihrer Küche nähern und dort eine Bratpfanne auf dem Herd erhitzen. Während die Pfanne heiß wird, untersuchen Sie Ihr Filet auf Gräten und entfernen diese. Wenn die Pfanne heiß ist, gießen Sie nicht zu knapp Olivenöl hinein (oder ein anderes Öl), aber auf keinen Fall Butter!

Bevor Butter die zum Braten nötige Hitze erreicht, verbrennt sie und wird bitter. Wenn Sie mit Butter braten wollen, müssen Sie Butter und Öl vermischen oder geklärte Butter verwenden, die als „Butterschmalz“ im Handel ist).

Ist das Bratfett erhitzt, legen Sie das Filet mit der Hautseite nach unten hinein. Obacht! Wenn Sie fahrlässigerweise die Haut nicht trocken getupft haben, kann das spritzen und spratzeln! Suchen Sie prophylaktisch hinter einem Glas Küchenwein (dem Anlass entsprechend weiß und trocken) Deckung, schalten Sie die Hitze etwas herunter und beobachten Sie, wie das Fischfleisch oberhalb der Haut beginnt gar zu werden. Bei dieser Methode ist sehr schön zu sehen, wie der Garprozess sozusagen „von unten nach oben“ verläuft, wie sich das Fischfleisch von milchig-glasig hin zu weiß verfärbt und dabei fester wird. Wenn das Filet zu ca. zwei

Dritteln gar ist, müssen Sie sich leider aufraffen und das schwere Filet umdrehen, also von der Haut- auf die Fleischseite wenden. Auf der garen Sie es dann ein bis zwei Minütchen fertig. Achten Sie darauf, dass Sie das Filet nicht ganz durchgaren, dann würde es zu trocken. Perfekt ist Ihr Filet, wenn es in der Mitte noch einen leicht glasigen Kern hat, dann ist es außen knusprig und innen saftig.
Bevor sich jemand aufregt und meint, dass Fisch aus gesundheitlichen Gründen unbedingt durchgegart werden muss, weil man immer von irgendwelchen unappetitlichen Kleintieren und Parasiten hört ... okay. Wenn Sie sich deswegen Sorgen machen, dann garen Sie Ihren Fisch so durch, dass Sie ihn nicht mehr auf die Gabel bekommen, ohne dass er zerbröselt. Wenn Sie am optimalen Geschmack des Fisches interessiert sind, garen Sie ihn so, dass er innen noch leicht glasig ist (Frischer Thunfisch schmeckt vielen Menschen am besten, wenn er innen noch richtig roh ist!). Ich mach das seit Jahren so und habe keine Probleme bekommen. Ich will berechtigte Bedenken nicht verharmlosen, aber in zahlreichen Zeitschriften und TV-Magazinen wird gelegentlich Panikmache betrieben, um Auflage zu verkaufen bzw. Einschaltquote zu erzielen. Die wachsende Zahl von Sushi-Lokalen beweist, dass man vor rohem oder nicht ganz durchgegartem Fisch keine Angst haben muss, wenn die Qualität stimmt.

Wenn Sie ein Filet ohne Haut braten wollen, müssen Sie das zarte Fischfleisch vor der Gluthitze in Ihrer Bratpfanne irgendwie schützen. Am einfachsten geht das, wenn Sie das Filet einmehlen. Machen Sie Ihr Filet bratfertig (säubern, mit Zitronensaft beträufeln, salzen) und erhitzen Sie Fett in der Bratpfanne. Nicht volle Pulle, so ungefähr zwei Drittel. Das Fett soll nicht qualmen, aber ein Wassertröpfchen sollte für einigen Aufruhr in der Pfanne sorgen. Wenn das Fett heiß ist (nicht früher!) wenden Sie Ihr Fischfilet in reichlich Mehl und geben es ins heiße Fett. Das muss knattern und zischen, sonst gibt's keine Kruste. Zählen Sie zügig bis zwanzig, falls Sie das zu sehr anstrengt, nur bis neunzehn, wenden Sie das Filet und schalten Sie die Hitze herunter. Braten Sie das Filet

bei verringerter Hitze in ein paar Minuten fertig. Wenn Sie alles richtig gemacht haben, gibt das ein gebratenes Fischfilet mit einer dünnen, knusprigen Kruste. Wenn Sie meinen, dass das sehr einfach und unkompliziert geht, haben Sie recht.
Etwas aufwändiger ist das Panieren eines Fischfilets. Zunächst einmal müssen Sie drei Teller bereitstellen, einen mit Mehl, einen mit verkleppertem Ei und einen mit Semmelbrösel. Das gesäuberte, gesalzene und mit Zitronensaft beträufelte Filet müssen Sie erst im Mehl, dann im Ei und schließlich in den Semmelbröseln wenden. Anschließend braten Sie es in einer Pfanne mit reichlich Fett, wobei Sie das Filet häufig mit dem Fett beschöpfen, um ...
Wollen Sie sich diese Prozedur wirklich antun? Und hinterher das Zeug auch noch abwaschen? Eben! Ein Mensch, der seine Aktivitätsphasen sparsam einzuteilen weiß, isst paniertes Zeugs im Restaurant und wendet sich in der heimischen Küche unkomplizierteren Zubereitungsarten zu.
Zum Beispiel dem Zubereiten ganzer Fische, das am besten im Backofen zu bewerkstelligen ist. Backofen auf 180 Grad vorheizen, Fisch rein, zwanzig Minuten warten, Fisch raus. Es ist tatsächlich so unkompliziert.
Gehen wir ein wenig mehr ins Detail. Kaufen Sie beim Fischhändler Ihres Vertrauens einen ganzen Fisch. Vielleicht eine schöne Lachsforelle? Eine Dorade? Eine Scholle? Lassen Sie sich ruhig beraten! Und achten Sie darauf, dass der Fisch anständig geschuppt ist und die Kiemen herausgeschnitten werden. Nun tragen Sie Ihren Schatz nach Hause, waschen ihn noch einmal gründlich ab und stellen Ihren Backofen auf 180 Grad. Jetzt suchen Sie ein geeignetes Kochgeschirr. Wenn Ihr Fisch in Ihre Bratpfanne passt, und Ihre Bratpfanne keinen Plastikgriff hat, haben Sie Glück gehabt. Wenn Ihr Fisch in Ihre Auflaufform hinein passt, haben Sie Glück gehabt.

Wenn Sie Pech haben, gibt es zwei Möglichkeiten: Entweder Sie entfernen Kopf und/oder Schwanz von Ihrem Fisch, so dass er in eins Ihrer Kochgeschirre passt, oder Sie machen Fisch in Alufolie. Nehmen wir an, Ihr Fisch passt in die Auflaufform: Fetten Sie sie zunächst ein, dann salzen und pfeffern Sie den Fisch innen und außen und legen ihn rein. Wenn Sie mögen, können Sie einem gewissen Aktionismus frönen und Kräuter und/oder Zitronenscheiben in den (hoffentlich leeren) Bauch des toten Tiers stopfen. Auch ein Stück Butter kann nicht schaden.

Wenn Sie Kräuter verwenden wollen, dann überlegen Sie sich bitte genau, ob Sie Dill in Ihren Fisch hineintun wollen. Dill gilt zwar als das klassische „Fischkraut" schlechthin, aber Dill duldet keine weiteren Aromen neben sich. Wenn Sie mit Dill würzen, wird Ihr Gericht nach Dill schmecken. Das passt manchmal sehr gut, manchmal überhaupt nicht. Sollte sich beispielsweise eine Dorade oder gar ein Loup de Mer in Ihre Küche verirrt haben, wäre es beinahe ein Verbrechen, den subtilen Eigengeschmack dieser Fische mit Dill platt zu walzen.

Neben dem Fisch können Sie ein paar Schalottenwürfelchen platzieren, vielleicht etwas Knoblauch, ein paar in Scheibchen geschnittene Champignons – erlaubt ist alles, was gefällt und schnell gar wird. Rohe Kartoffelscheiben beispielsweise hätten bei der kurzen Garzeit des Fischs im Ofen keine Chance, auch nur annähernd genussfähig zu werden. Gießen Sie jetzt etwas Flüssigkeit an, vielleicht etwas Wein oder Fischfond oder von beidem etwas. Nicht zuviel, denn der Fisch ist schon tot und soll nicht mehr schwimmen.

Die Flüssigkeit sorgt nur für eine feuchte Atmosphäre im Backofen und verhindert, dass das Fischfleisch austrocknet. Bevor Sie den Fisch in den Backofen schieben, müssen Sie noch überlegen, ob sie das Viech zugedeckt oder offen garen lassen. Ohne Deckel wird der Fisch eher gebraten, mit Deckel wird er eher gedünstet. Treffen Sie eine Entscheidung, katapultieren Sie Ihren Fisch in den Ofen und warten Sie. 20 Minuten bei 180 Grad ist ein Mittelwert für mittelgroße Fische.

Sollte Ihr Fisch über eine Rückenflosse verfügen, zuppeln Sie nach 20 Minuten einfach daran. Lässt sie sich mühelos herausziehen, ist Ihr Fisch gar. Viel Spaß damit!

Fleisch

Kurz gebraten

Vor Ihnen steht ein Fleischer, präsentiert Ihnen lächelnd ein appetitlich hellrotes Rindersteak von ca. 1 cm Dicke und erklärt diese Perle der Metzgerkunst obendrein auch noch für „ganz mager“ und „ganz frisch“. Was machen Sie?

Hoffentlich Spaghetti. Denn aus dem Lappen, den Ihnen dieser Ganove von Fleischer andrehen will, kann kein Witzigmann dieser Erde etwas anderes als eine zählederne Schuhsohle zaubern. Über die Qualität eines Steaks entscheidet ausschließlich die Qualität des Fleisches, in der Küche ist im Prinzip nicht viel mehr als „rein-rum-raus“ (rein in die Pfanne, rumdrehen, rausnehmen) zu tun. Weshalb ein kurz gebratenes Stück Fleisch einer der idealen Bestandteile einer Mahlzeit im faulen Haushalt ist: Den größten Teil der Arbeit hat der Fleischer schon erledigt.
Aber nur, wenn er kompetent ist und nicht der Kretin aus meinem Beispiel. Was hat der Kretin eigentlich falsch gemacht? Insgesamt gibt’s drei Fehler:
Er präsentiert hellrotes Rindfleisch und wirbt damit, dass es frisch ist. Frische ist beim Rindersteak kein Qualitätsmerkmal – im Gegenteil! Rindfleisch muss abgehangen sein, was man z. B. an der Farbe erkennen kann. Ein gut abgehangenes Rindersteak ist dunkelrot bis bräunlich. Ist es noch hellrot, wird es in Ihrer Pfanne durch Wasserverlust zusammenschrumpeln und ziemlich zäh werden. Abgehangenes Rindfleisch hat das meiste Wasser schon durchs Abhängen verloren und schrumpft in der Pfanne nicht.
Weiter: Er ist stolz darauf, mageres Fleisch anzubieten. Mageres Fleisch besitzt wenig Eigengeschmack. Wenn Sie beim Italiener Carpaccio bestellen, also rohes, dünn geschnittenes Rinderfilet,

dann kippt der Küchenchef reichlich Zitronensaft, Olivenöl und geraspelten Parmiggiano darüber, damit das Ganze Geschmack bekommt. Rinderfilet, das magerste Fleisch vom Rind, schmeckt wegen der Abwesenheit von Fett nämlich nach (fast) gar nichts. Der Geschmack beim Fleisch sitzt nun mal im Fett, da können unsere Diätpäpste sich noch so sehr aufregen, Fleisch ohne Fett ist geschmacklich zweitrangig. Der Fettrand beim Rumpsteak beispielsweise ist nicht nur dazu da, dass man das Rumpsteak eindeutig als Rumpsteak identifizieren kann. Das Fett soll während des Bratens oder Grillens Geschmack an das magere Fleisch abgeben, das es umschließt. Aus diesem Grund ist das oftmals gepriesene teure Filetsteak eigentlich gar keine Delikatesse: Für ein Steak ist es viel zu mager. Gutes Steakfleisch sollte einen gewissen Fettanteil haben und von weißen Fettäderchen durchzogen („marmoriert“) sein.

Weiter: Er hat das Fleisch viel zu dünn geschnitten, was in deutschen Fleischereien leider üblich ist. Überall werden zentimeterdünne Steaks oder sogar „Minutensteaks“ angeboten, die man nur in der heißen Pfanne wenden muss, um sie zu garen. Das hört sich erstmal gut an, nur schmeckt ein Steak deutlich besser, wenn es beim Anschneiden die ganze Farbskala von dunkelbraun (äußere Kruste) bis hell- bzw. dunkelrot präsentiert, je nachdem, ob Sie Ihr Steak „blutig“ oder „medium“ bevorzugen. Und dafür sollte es zwei bis drei Zentimeter dick sein. „So dick! Um Himmelswillen, wer soll das essen?!“, höre ich Sie ausrufen. Ganz einfach: Sie und Ihre Gäste beispielsweise, denn ein dickes Steak kann man wunderbar in dünne Scheiben aufschneiden, wie einen kleinen Braten. Wie brät man ein solches Steak? Es gibt zwei Methoden: die Pfannen-Methode und die Pfannen-Ofen-Methode. Welche Sie verwenden, ist letztlich Geschmackssache oder eine Frage der Tagesform.

Die Pfannen-Methode

Wir setzen eine Pfanne (wenn möglich keine beschichtete) auf den Herd und schalten die Flamme bzw. die Platte auf höchste Stufe. Wenn die Pfanne heiß ist, geben wir etwas Fett (neutrales Öl, Oli-

venöl, KEINE Butter, die würde verbrennen) in die Pfanne, lassen das Fett heiß werden und schalten die Hitze auf ca. 2/3 Leistung zurück. Nun legen wir unser Steak in die Pfanne und braten es von beiden Seiten an. Es soll eine schöne, dunkelbraune Kruste entstehen, und das geht am besten, wenn man die Hitze reduziert und sich Zeit nimmt. Daher auch das dicke Steak: die zentimeterdünnen Steaks wären nach dem Anbraten schon durchgebraten. Nun reduzieren wir die Hitze erneut, und zwar auf ca. 1/3, und braten unter gelegentlichem Wenden das Steak fertig. Dabei nehmen wir einen Löffel zur Hand und drücken von Zeit zu Zeit auf das Fleisch. Das ist unsere Garprobe: Solange sich das Fleisch richtig weich anfühlt und der Löffel nicht zurückfedert, ist das Steak innen blutig. Wenn das Fleisch elastisch wird und der Löffel keine Delle hinterlässt, ist das Fleisch medium, also innen noch rosa. Wenn das Fleisch fest ist, dann haben Sie es durchgebraten, was meistens schade ist. Es sei denn, Sie gehören zu den Menschen, die ihr Steak durchgebraten mögen.
Bevor wir das Steak anschneiden, lassen wir es einige Minuten in Alufolie eingewickelt ausruhen, damit sich die Fleischsäfte im Fleisch verteilen. Würden wir das Steak sofort anschneiden, würden wir ca. 2 Sekunden lang den appetitlich rosa glänzenden Anschnitt sehen können. Dann würde der Fleischsaft sturzbachartig auslaufen, der Anschnitt würde sich gräulich verfärben und die Konsistenz des Fleisches würde von butterzart in Richtung trocken geschmorter Alligator übergehen. Gebratenes Fleisch verhält sich wie ein Faulpelz: Es muss ruhen. Nach ein paar Minuten können wir unser Steak anschneiden, aber nicht, bevor wir es gewürzt haben. Mit Salz und Pfeffer, mehr braucht's nicht, wenn der Fleischer funktioniert hat.

Die Pfannen-Ofen-Methode

Wir heizen die Pfanne wie in der Pfannen-Methode auf dem Herd vor, zusätzlich werfen wir den Backofen an, Temperatur 85 Grad. Wie in der Pfannen-Methode braten wir das Steak langsam auf dem Herd an. Wenn das Steak angebraten ist, nehmen wir es aus der Pfanne, legen es in eine andere Pfanne oder in den Bratentopf (der Wechsel des Kochgeschirrs ist wichtig, weil die ursprüngliche Pfanne zu heiß ist und das Steak zu schnell garen würde) und lassen es im Ofen noch ca. 25 bis 45 Minuten durchziehen, je nachdem, wie dick der Fleischlappen ist. Wagemutige Naturen können beispielsweise einen Rosmarinzweig, ein paar Knoblauchzehen, Schalottenwürfel oder ähnliches dazu werfen. Ob's das Steak geschmacklich nach vorne bringt, wage ich nicht zu sagen, aber es sieht ungeheuer dekorativ aus. Wenn wir denken, dass das Steak so weit ist, können wir es würzen und anschneiden, eine Ruhezeit ist bei dieser Methode nicht erforderlich.

Ich empfehle beide Methoden nicht nur für Rind, sondern für jegliches Fleisch, das kurz gebraten werden kann, also auch für Hähnchenbrust, Schweinefilet, Schweinerückensteak, Lammkotelett usw.

Wenn Sie jetzt fragen „Was ist eigentlich mit der Sauce zum Steak?", habe ich betrübliche Neuigkeiten für Sie. Kurzgebratenes Fleisch erzeugt keine Sauce wie beispielsweise ein Schmorbraten, der stundenlang vor sich hin schmurgelt. Wenn Sie eine Sauce zu Ihrem Steak haben wollen, müssen Sie die sozusagen als „Stand-Alone-Variante" separat erzeugen:

Fett in einem Topf erhitzen, gewürfelte Schalotte plus Knoblauch anschwitzen, mit einem Glas Wein ablöschen, einkochen lassen, mit Brühe oder Fond auffüllen, wieder einkochen lassen, eventuell Sahne oder Crème Fraîche dazugeben, wieder einkochen lassen, würzen ...

Spätestens jetzt geht dem versierten Arbeitsvermeider ein Seifensieder auf: Mit derartigen Sößchen lassen wir uns im Restaurant beglücken. Zu Hause genießen wir unser perfekt gebratenes Steak zusammen mit einem Glas Rotwein, dessen edler Geschmack nicht von irgendeiner Sauce beeinträchtigt werden darf.

Braten – die großen Stücke

Wenn es um das Braten großer Fleischstücke im Ofen geht, ist der faule Feinschmecker in seinem Element. Er weiß nämlich, dass er hier mit minimalem Aufwand ein Maximum an Genuss hervorzaubern kann. Viele Menschen werden jetzt ungläubig schauen:

Große Braten unkompliziert? Einfach? Wenig Aufwand? Haben denn unsere Mütter am Sonntag nicht stundenlang in der Küche gestanden, um aus gigantischen Fleischbrocken in langer, mühseliger Arbeit den Sonntagsbraten zu erstellen? Haben sie dabei nicht nervös an den Nägeln gekaut, aus Angst, das teure Fleischstück könnte missraten? Alle fünf Minuten die Ofentür aufgerissen, um das Fleisch zu begießen, damit es nicht austrocknet ...

Ja, all das haben unsere Mütter getan. Und es war vollkommen überflüssig. Weil sie – schlicht und einfach – eine Küchentechnik nicht kannten, die im 18. Jahrhundert von dem gastrosophischen Pionier Graf Rumford entwickelt worden und vorübergehend – zum Leidwesen unserer Mütter – in Vergessenheit geraten ist: das Braten bei niedrigen Temperaturen. Diese Technik ist so simpel, dass man sich in der Tat fragen muss, wie die Menschheit so etwas Einfaches auch nur vorübergehend vergessen konnte.

Exerzieren wir das Niedrig-Temperaturbraten anhand eines besonders schönen Beispiels durch: mit einer Lammkeule. Viele Menschen halten das Braten einer Lammkeule für diffizil: Wann ist das Fleischtrumm eigentlich genau richtig durch? Folgt man verschiedenen Rezepten aus Frankreich, wird das Fleisch regelmäßig zu blutig. Was nicht weiter verwunderlich ist, denn so lieben es unsere Nachbarn. Sie braten das Fleisch scharf an, und bei recht hoher Temperatur (220 Grad) braten sie es kurze Zeit (1 Stunde) im Ofen weiter. Logisch, dass das Fleisch innen nicht nur rosa, sondern rot bleibt. Das kann gut schmecken, ist aber nicht jedermanns Sache. Andere Kochschulen wiederum empfehlen, das Lamm bei mittlerer Temperatur (150 Grad) länger (2 bis 3 Stunden) im Ofen zu lassen. Dies wird jedoch oftmals zum Vabanque-Spiel. Das Fleisch wird auf diese Weise natürlich nicht innen rot bleiben, es ist aber schwierig, den optimalen Zeitpunkt abzupassen, wann es auf den Punkt gegart ist, also rosa, aber noch saftig. Wenn man den verpasst und das Fleisch zu lange im Ofen lässt, wird es trocken, faserig, zäh ... kein Ruhmesblatt, auch nicht für fleißige Küchenaktivisten.

Die Niedrigtemperatur-Methode macht mit all diesen Risiken und Unwägbarkeiten Schluss. Diese Methode beruht auf der simplen

Erkenntnis, dass das, was wir als Garungsprozess des Fleisches bezeichnen, letztendlich nichts anderes ist als das Gerinnen von Eiweiß. Und dieses Gerinnen beginnt bereits bei einer Temperatur von 56 Grad. Um diese Temperatur im Inneren einer Lammkeule (oder eines anderen Fleischstückes) zu erreichen, genügt eine Ofentemperatur von 85 Grad. Diese Temperatur ist so niedrig, dass das Fleisch nicht austrocknen kann. Ständiges Überwachen und Begießen des Fleisches entfällt also.

Doch genug theoretisiert – wenden wir uns der Praxis zu. Sie haben bei Ihrem Fleischer hoffentlich eine schöne Lammkeule der 2-Kilo-Klasse erstanden. Ob Sie die Keule beim Fleischer entbeinen lassen, ist Geschmackssache. Ohne Knochen lässt sich die Keule selbstverständlich viel leichter tranchieren, andererseits schmeckt vielen das am Knochen gegarte Fleisch besser. Wenn Sie sich entschlossen haben, die Keule entbeinen zu lassen, sollte Ihr Fleischer sie mit Fleischerfaden zu einer Art Paket zusammenschnüren, das sich einfacher handhaben lässt.

Reiben Sie die Keule großzügig mit Salz und Pfeffer ein. Etwas durchgepresster Knoblauch kann auch nicht schaden. Thymian und/oder Rosmarin ist bei Lammfleisch immer eine Option. Würzen Sie so, wie Ihnen das Lamm am besten schmeckt. Jetzt stellen Sie einen Bräter, in den die Lammkeule passt, auf die Herdplatte. Geben Sie nicht zu knapp Olivenöl hinein und drehen Sie die Hitze

hoch. Nicht volle Pulle, eher Zweidrittel. Wenn das Olivenöl heiß ist, geben Sie die Lammkeule hinein und braten sie von allen Seiten gemächlich an, bis sie eine schöne dunkelgoldbraune Farbe hat. Nehmen Sie die Keule für einen Moment heraus, löschen Sie mit einem Schuss Wein oder Fond ab und kratzen Sie die Bratrückstände los.

Jetzt können Sie noch ein wenig Stoff in den Bräter werfen: ganze Schalotten, Zwiebeln grob zerteilt, Knoblauchzehen, Fenchel in Stücken, Lauch, Tomaten. Alles, was zur Lammkeule passt. Aber Sie müssen nicht. Das einzige, was Sie noch tun müssen, ist, die Lammkeule wieder in den Bräter zu setzen und in den auf 85 bis 90 Grad vorgeheizten Ofen zu schieben.

Das war's, Sie haben frei, ab auf die Couch! Ihre Lammkeule brät

sich ab jetzt von alleine, und es ist vollkommen egal, ob Sie sie drei, vier, fünf oder gar acht Stunden im Ofen lassen. Wann immer Sie sie aus dem Ofen nehmen und anschneiden (das Fleisch muss bei dieser Methode auch nicht vor dem Anschneiden „ruhen“), Sie werden immer eine saftige, rosa gebratene Lammkeule erhalten.
Und das funktioniert mit jedem Fleischstück, das Sie rosa braten wollen. Ob Rind, Kalb, Wild, Schwein, die Technik ist immer die gleiche: würzen, anbraten, in den 85 Grad heißen Ofen stellen und einfach vergessen, bis Sie das Fleisch auf den Tisch bringen wollen.
Vielleicht fragen Sie jetzt wieder: „Was ist eigentlich mit der Bratensauce“? Gute Frage, denn bei der Niedrigtemperatur-Methode entsteht die Sauce leider nicht von selbst. Wenn Sie Sauce zu Ihrem Braten wünschen, müssen Sie die separat erzeugen. Setzen Sie eine Kasserolle auf, dünsten Sie in ein wenig Fett (Butter, Olivenöl) ein paar klein gehäckselte Schalotten und etwas Knoblauch an, löschen Sie mit einem oder mehreren passend erscheinenden Alkoholika (Wein, Cognac, Wermut) ab und lassen Sie einkochen. Gießen Sie mit einer zum Braten passenden Bouillon oder einem Fond ab und kochen Sie’s ein, bis die Sauce so intensiv schmeckt, wie Sie es sich vorgestellt haben. Gegebenenfalls mit Sahne und/oder Crème Fraîche verfeinern. Zur Vollendung können Sie den Bratensaft zugeben, der sich bei der Niedrigtemperatur-Methode im Bräter abgesetzt hat. Mehr ist nicht.
Zwei Wermutstropfen muss ich Ihnen allerdings in die faule Küchenseligkeit gießen:
a) Sie brauchen einen Elektroofen. Die meisten (nicht alle, aber die meisten) gasbetriebenen Backöfen, die ich kenne, schaffen es nicht, die nötige niedrige Temperatur konstant zu halten und werden zu heiß.
b) Die Niedrigtemperatur-Methode funktioniert nicht bei Geflügel. Sollte in Ihnen der Wunsch nach einem ausgewachsenen Gänsebraten oder gar einem Thanksgiving-Truthahn aufkommen, reservieren Sie einen Tisch in einem Restaurant, auf dessen Speisekarte derartige Köstlichkeiten auftauchen. Gans, Pute und Ente, diese unverschämten Viecher, verlangen Ihnen leider Arbeit ab.

Zum Ausgleich ist das Braten eines Huhns ein Kinderspiel. Es ist so einfach und narrensicher, dass wir uns wundern, warum nicht mehr Mistkratzer täglich in deutschen Bratröhren verschwinden. Wir ahnen warum: Wer seinen ersten Hühnerbratversuch mit einem Tiefkühl-Gockel dubioser Herkunft gestartet hat, wird ein zweifelhaftes Ergebnis erhalten haben.
Kein Wunder, denn über Ihren Erfolg als Hühnerbrater entscheidet einzig und allein der Einkauf. Um ein Huhn so zu braten, dass alle am Tisch vor Wonne die Augen verdrehen, müssen Sie ein Huhn in den Ofen legen, das ein anständiges Leben gehabt hat. Also eins, das über den Hof oder über die Wiese laufen durfte und ordentlich gefüttert wurde. Nur so hat das Huhn Gelegenheit gehabt, Muskelmasse zu entwickeln und Fett anzusetzen. Fett sorgt für den guten Hühnergeschmack, und Muskelmasse für fleischige Vielfalt und ein angenehmes „Mouthfeeling". Wenn Sie also ein gescheites Huhn braten wollen, müssen Sie die Tiefkühltruhe links liegen lassen und beim Geflügelhändler in der Bio-Ecke oder bei den französischen Importen (Bresse, Loué) stöbern. Haben Sie eine akzeptable Poularde gefunden und nach Hause getragen, wird sie bratfertig gemacht: Etwa noch vorhandene Federkiele werden aus der Haut gezuppelt, überschüssiges Fett wird aus der Bauchhöhle gepolkt und das Viech wird von innen und außen gewaschen und trocken getupft. Den Backofen heizen Sie auf 180 Grad vor, das Huhn reiben Sie mit Salz und Pfeffer und irgendwelchen Gewürzen ein, die sie gerade zur Hand haben, setzen es mittig mit der Brust nach oben auf ein Backblech und schieben das Backblech in den Ofen. Nach ca. 50 Minuten gucken Sie mal nach und pieksen in die Schenkelfalte des Viechs. Ist der austretende Fleischsaft rosa, wandert der Vogel zurück in den Ofen. Ist der Fleischsaft klar, ist der Vogel fertig. Lassen Sie ihn noch zehn Minuten im ausgeschalteten Ofen bei angekippter Tür (Kochlöffel dazwischenklemmen!) ausruhen. – Sie können so lange das gleiche tun, und dann tranchieren und servieren Sie ihn.
Hühner braten ist tatsächlich so einfach! Wenn man, wie gesagt, Qualitäts-Hühner zubereitet!

Schmorgerichte
Das langsam schmurgelnde Ragout und der oder das gemächlich vor sich hinköchelnde Gulasch sind die idealen Gerichte für die Küchenpraxis des feinschmeckerischen Faulpelzes. Denn all diesen Ragouts, Pörkölts, Daubes und Schmortöpfen ist eines gemeinsam: Wenn das Fleisch angebraten und abgelöscht ist, muss und kann es bei geringer Hitze längere Zeit unbeaufsichtigt vor sich hinschmoren. Diese Gerichte kochen sich also nach einer nicht mal sonderlich turbulenten Anfangsphase praktisch von alleine, während Sie Ihrem liebsten Hobby frönen können – dem seligen Nichtstun.
Beginnen wir mit einem wunderbar einfachen Rezept, einem vage **provençalischen Schmortopf**. Für 4 Portionen benötigen Sie

ca. 800 g Rindfleisch zum Schmoren
300 g Zwiebeln
4 Knoblauchzehen
2 unbehandelte Orangen (oder mehr)
schwarze Oliven nach Geschmack
½ Liter trockenen Weißwein oder Rosé
¼ Liter Brühe
Koriander (gemahlen), Thymian, Salz, Pfeffer
Olivenöl

Schneiden Sie das Fleisch in Würfel, die Zwiebeln in dünne Ringe. Die Knoblauchzehen können Sie klein schneiden oder ganz lassen, je nach Wunsch. Von den Orangen reiben Sie die äußere Schale mit der Küchenreibe ab. Die abgeriebene Schale kommt später ins Spiel, die Überreste der Orangen pressen Sie aus, fügen etwas Wodka und ein paar Eiswürfel hinzu und stärken sich mit diesem erfrischenden Getränk. Denn jetzt müssen Sie scharf anbraten!
Erhitzen Sie Olivenöl in einem möglichst schweren Schmortopf (nicht zu heiß, ungefähr ¾ Power!) und geben Sie eine Handvoll Fleischwürfel ins heiße Öl. Auf keinen Fall mehr, denn wenn Sie zu viel Fleisch auf einmal ins heiße Fett werfen, sinkt die Temperatur so stark ab, dass nicht mehr angebraten, sondern nur noch ange-

dünstet wird. Das Endergebnis mag zwar akzeptabel werden, aber knusprig angebratene Fleischwürfel schmecken im Endeffekt besser, geben der zukünftigen Sauce eine schönere Farbe und werden vor allen Dingen zarter. Rühren Sie auch nicht gleich im Topf herum, sondern warten Sie ein Weilchen, bevor Sie die Fleischwürfel wenden. Deshalb: lieber kleinere Hitze und mehr Zeit lassen beim Anbraten! Wenn die erste Portion Fleischwürfel rundum appetitlich gebräunt ist, heben Sie sie mit der Schaumkelle heraus und geben Sie die nächste Portion ins heiße Öl. Wenn das ganze Fleisch appetitlich angebraten in einer Schüssel neben dem Herd steht, werfen Sie die Zwiebelringe und den Knoblauch ins verbliebene Fett. Rühren Sie kräftig, und wenn das Zeugs angeschwitzt ist, löschen Sie mit dem Wein ab. Rühren Sie hurtig weiter, um sämtliche vom Anbraten übrig gebliebenen Röststoffe vom Topfboden zu lösen, während die Flüssigkeit aufkocht. Wenn die Flüssigkeit gerade aufkocht, geben Sie das Fleisch und die Oliven hinzu, würzen mit Salz, Pfeffer, der Orangenschale, Koriander und Thymian. Das Fleisch sollte knapp bedeckt sein. Wenn nicht, gießen Sie etwas Wein oder Brühe an und legen den Deckel auf.

Wenn die Schmorflüssigkeit wieder aufkocht, kommt der wichtigste Teil der Kochprozedur: Sie müssen die Hitze so regulieren, dass die Flüssigkeit leise simmert. Es darf nur ein klein wenig Bewegung an der Oberfläche sein, auf keinen Fall soll es heftig kochen. Der einzige Trick bei den verschiedenen Schmortöpfen ist, dass das Fleisch nicht kocht, sondern eben gaaanz langsam bei geringer Hitze vor sich hin schmort. Nur so wird das Fleisch mürbe, weich und von den Aromen der Flüssigkeit durchzogen, in der es schmort. Am einfachsten geht das, wenn Sie Ihren Backofen auf ca. 150 Grad (Näherungswert) vorheizen und den verschlossenen Schmortopf hineinstellen. Aber mit ein wenig Fingerspitzengefühl kriegen Sie das auch auf dem Herd hin.

Wenn Sie mit einem Schmortopf gesegnet sind, dessen Deckel wirklich dicht schließt, ist die Sache für Sie gelaufen. Sie können sich anderthalb Stunden lang mit der Kunst des süßen Nichtstuns befassen, während Ihr Essen sich von alleine fertig kocht. Sollte der Deckel Ihres Schmortopfs nicht dicht schließen, müssen Sie

alle 20 Minuten nachschauen, ob nicht zuviel Flüssigkeit verkocht ist und das Fleisch anbrennt.
Nach ca. anderthalb Stunden ist es so weit: Tragen Sie den Topf direkt vom Herd auf den Esstisch und heben Sie erst dort den Deckel ab. Das durch den langsamen Schmorprozess entstandene Aroma, der mediterrane Duft von Wein, Orangen, Thymian, Koriander und Oliven ist ein wunderbares Erlebnis!
Wenn Sie dieses Gericht unfallfrei hinbekommen haben, werden Sie auch alle ähnlichen Schmorrezepte erfolgreich bewältigen, denn die Zubereitung unterscheidet sich nur in Nuancen.
Nehmen wir einen Klassiker der bürgerlichen französischen Küche, das Bœuf Bourguignon, also Rindfleisch Burgunder Art. Von unserem provençalischen Schmortopf unterscheidet sich das **Bœuf Bourguignon** durch geringfügig andere Zutaten und durch die Tatsache, dass das Fleisch vor der Zubereitung über Nacht in Wein eingelegt wird.
Für 4 bis 6 Portionen benötigen Sie:

1 kg Rindfleisch zum Schmoren
125 g durchwachsenen Räucherspeck
400 g junge Möhren
1 große Stange Lauch
1 Zwiebel
2 Knoblauchzehen
4 cl Cognac
1 Flasche Rotwein
Salz, Pfeffer, Thymian, Lorbeer
Olivenöl

Schneiden Sie das Fleisch in große Würfel, den Speck in grobe Streifen. Wenn Sie Fleisch und Speck in eine große Schüssel legen und die Flasche Rotwein darüber gießen, kann es sein, dass der Wein die Fleischstücke nicht ganz benetzt. Großzügige Naturen köpfen jetzt eine zweite Flasche, aber das ist eigentlich unnötig. Ganz sicher reicht 1 Flasche Wein zum Marinieren nämlich, wenn Sie Fleischwürfel und Speckstreifen in einen Gefrierbeutel füllen

und den Wein in den Gefrierbeutel kippen. Verschließen Sie den Gefrierbeutel und legen Sie Ihr marinierendes Fleisch in den Kühlschrank. Für heute haben Sie Ihr Tagwerk getan. Feiern Sie diese Tatsache mit dem Entkorken der gesparten Flasche Rotwein!
Apropos Rotwein: Natürlich wäre es am zünftigsten, Bœuf Bourguignon in Burgunder zu marinieren. Realistisch betrachtet sind Burgunder von akzeptabler Qualität aber nicht zu einem Preis zu bekommen, der es rechtfertigen würde, eine Flasche davon fürs Marinieren zu opfern.

Mein Vorschlag: Marinieren Sie das Fleisch in einem anderen Wein, der nicht aus dem Burgund stammen muss, beispielsweise in Spätburgunder oder Pinot Noir, und trinken Sie „echten" Burgunder zum Essen.

Das soll selbstverständlich nicht heißen, dass Sie sich im Supermarkt vor dem Weinregal bücken und einen Billigwein aus dem untersten Regal als „Kochwein" anschaffen sollen. Bitte verfallen Sie nicht dem immer noch weit verbreiteten Irrglauben, zum Kochen könnte man die billigste Plörre verwenden. Bedenken Sie: Ein Teil des Wohlgeschmacks eines Weins kommt vom Alkohol. Auch wenn ein großer Teil des Alkohols sofort verfliegt, wenn Sie den Wein aufkochen, bleibt doch der Geschmack.

Machen Sie mal ein kleines Experiment. Kaufen Sie eine Flasche Billigwein, kochen Sie ihn auf, lassen Sie ihn abkühlen und kosten Sie. Widerlich, nicht wahr? Und damit wollen Sie Ihr Essen verschandeln? Selbstverständlich sollen Sie keinen Petrus an Ihr Gulasch kippen, aber bedenken Sie: Nur ein Wein, den Sie selbst mit Genuss trinken, wird Ihnen auch in Ihrem Essen schmecken.
Womit wir wieder beim Bœuf Bourguignon wären: Bevor Sie das Fleisch aus dem Kühlschrank holen, schälen und schneiden Sie das Gemüse. Zwiebel und Knoblauch werden gewürfelt, Möhren und Lauch werden geputzt und in ca. 3 cm lange Stücke geschnitten.
Nun fischen Sie das Fleisch aus der Marinade. – Jetzt denken Sie bestimmt, dass das eine Riesensauerei gibt, wenn Sie die nassen Fleischstücke gleich anbraten werden. Genau so ist es, und da wir

wegen eines Bœuf Bourguignon nicht stundenlang unsere Küche wischen wollen, verlegen wir das Anbraten in den Ofen.
Befehlen Sie Ihrem Backrohr, eine Temperatur von 220 Grad anzunehmen. Fetten Sie einen Bräter, in dem die Fleisch- und Speckstücke möglichst nebeneinander liegen können, mit Olivenöl ein, legen Sie Speck und Fleisch hinein und schieben Sie das Ganze in den vorgeheizten Ofen. Schon bald sollte es dort hoch hergehen, was Sie an einem deutlichen Zischen und Spratzeln erkennen können. Wenn die Oberseite der Fleischstücke appetitlich braun ist, rühren Sie das Zeugs einmal kurz durch und schieben es noch mal in den Ofen. Nach weiteren 5 Minuten sollten die Fleischstücke rundherum angebraten sein. Nehmen Sie den Topf aus dem Ofen, entfernen Sie Fleisch und Speckstücke aus dem Topf und schütten Sie das Fett ab, nicht jedoch den kostbaren Bratensatz! Nun stellen Sie den Topf auf die heiße Herdplatte, schwitzen zuerst Zwiebeln und Knoblauch an, dann die Möhren und den Lauch. Mit Cognac und Marinade wird abgelöscht und heftig gerührt, um den Bratensatz zu lösen. Fleisch und Speck kommen wieder in den Topf, es wird mit Thymian, Lorbeer, Salz und Pfeffer gewürzt und aufgekocht. Nun wird die Hitze so reguliert, dass der Schmortopf nur hin und wieder einen Blubbser von sich gibt, und die Chose schmort in zweieinhalb bis drei Stunden gar.
Da wir gerade bei französischen Küchenklassikern sind, möchte ich Ihnen **Baeckeoffe** ans Herz legen, ein wunderbar unkompliziertes Schmorgericht aus dem Elsass. Für 6 Portionen benötigen Sie:

400 g Schweinenacken
400 g Rindfleisch zum Schmoren
400 g Lammfleisch aus der Keule
1 kg Kartoffeln
500 g Zwiebeln
1 Liter Riesling
Butter, Thymian, Salz, Pfeffer
1 Beutel beliebiger Brotbackmischung

Außerdem brauchen Sie für dieses Gericht einen wirklich großen Bratentopf, in den das ganze Material hineinpasst. Das Fleisch schneiden Sie wieder in Würfel und legen es über Nacht in dem Riesling ein. Am nächsten Tag schälen Sie Kartoffeln und Zwiebeln, schneiden die Zwiebeln in dünne Ringe, die Kartoffen in dicke Scheiben. Den Bratentopf fetten Sie mit Butter ein und schichten anschließend Ihre Viktualien hinein. Eine Schicht Fleisch, eine Schicht Kartoffelscheiben, eine Schicht Zwiebelringe. Jede Schicht wird einzeln gesalzen und gepfeffert, zwischendrin wird eine Prise Thymian hineingestreut. Zum Schluss gießen Sie die Marinade (also den Riesling) an. Die Flüssigkeit sollte die oberste Schicht gerade eben erreichen. Wenn das nicht klappt, müssen Sie eine weitere Flasche köpfen und Wein nachgießen.
Rühren Sie die Brotbackmischung laut Packungsanweisung an, formen den Brotteig zu einem Ring, den sie auf den Rand ihres Topfes pappen, bevor sie den Deckel draufsetzen. Der Topf wird sozusagen mit Brotteig zugeklebt. Nun schieben Sie den Baeckeoffe in den auf 180 Grad vorgeheizten Ofen. Nach ca. einer halben Stunde sehen oder besser hören Sie mal nach: Aus dem Topf sollten jetzt Geräusche kommen, die darauf hin deuten, dass dort etwas kocht. Prima! Schalten Sie die Hitze herunter (130 bis 150 Grad) und widmen Sie sich zweieinhalb bis drei Stunden lang anderen Dingen. Dann nehmen sie den Topf aus dem Ofen und bringen ihn zu Tisch. Erst dort schneiden Sie mit einem Brotmesser den „Brotverschluss" auf, öffnen den Deckel und genießen das atemberaubende Aroma.

Sollten Sie ein besonders großer Faulpelz sein, ist Ihnen vielleicht schon der Gedanke gekommen, dass das ganze Rumgeschmiere

mit dem Brotteig eigentlich überflüssig ist. Um den Flüssigkeitsverlust im Topf zu minimieren, könnte man auch ein Stück Alufolie zwischen Topf und Deckel klemmen. Sie haben vollkommen recht. Das funktioniert bestens. Aber mit dem Brotteig macht's mehr Spaß ...

Zum Abschluss des Schmortopf-Abschnitts möchte ich Ihnen ein einfaches, aber sehr schmackhaftes und variables **Gulaschrezept** ans Herz legen. Für 4 Portionen benötigen Sie:

1 kg Gulasch (vom Rind, vom Schwein oder gemischt)
1 kg Zwiebeln
Tomatenmark
Paprikapulver (scharf und/oder süß, je nach Geschmack)
1 Glas Rotwein
Öl, Salz, Pfeffer

Das Fleisch schneiden Sie wieder in Würfel und braten es – wie beschrieben – portionsweise an. Im verbliebenen Bratfett dünsten Sie die geschälten und in grobe Stücke zerteilten Zwiebeln. Wenn die Zwiebeln glasig sind, geben Sie reichlich Paprikapulver dazu. Mindestens einen, besser zwei oder mehr Esslöffel. Schwitzen Sie das Paprikapulver mit an und achten Sie darauf, dass die Hitze nicht zu groß ist: Angebranntes Paprikapulver wird bitter. Wenn es in der Küche intensiv nach Paprika duftet, rühren Sie schnell eine nicht zu knappe Portion Tomatenmark dazu, löschen mit dem Rotwein ab, kratzen wie immer den Bratensatz los und lassen aufkochen. Jetzt geben Sie das angebratene Fleisch wieder in den Topf, würzen mit viel Salz und wenig Pfeffer und gießen soviel Wasser (oder Brühe) an, dass das Gulasch noch soßig, aber noch nicht suppig ist. Dann lassen Sie wieder auf kleinster Flamme köcheln, mindestens anderthalb Stunden lang. Die Zwiebeln sollten sich fast aufgelöst haben, das Fleisch sollte mürbe sein.
Dieses Gulasch (das – wie Ihnen jeder Ungar bestätigen wird – im Prinzip gar kein Gulasch, sondern ein Pörkölt ist!) können Sie endlos variieren. Lassen Sie zwei bis drei Handvoll Sauerkraut mitkochen, und Sie haben Szegediner Gulasch. Ein Becherchen Sahne oder Crème Fraîche verleiht dem feurigen Gulasch eine überraschende Samtigkeit und Milde. Das Gulasch wird zur Gulaschsuppe, wenn Sie mehr Flüssigkeit zugeben und/oder eine größere Menge Tomaten (gern aus der Dose) mitkochen. Schließlich könnte man ein paar Zucchini hineinschnipseln. Champignons passen ebenfalls

dazu. Vielleicht Maiskörner? Müsste man probieren ...
Kaufen Sie fertig geschnittenes Gulaschfleisch (vom Rind oder Schwein) nur bei einem Fleischer, dem Sie hundertprozentig vertrauen. Fast immer, wenn ich vorgeschnittenes Gulasch im Supermarkt gekauft habe, hat man versucht, mir dubiose Fleischteile voller Flechsen und Sehnen anzudrehen. Deshalb ist es häufig recht preiswert. Derartige Fleischstücke werden zwar auch weich und produzieren eine gute Sauce, aber der Geschmack und vor allen Dingen das „Mouthfeeling" lassen arg zu wünschen übrig. Kaufen Sie deshalb Fleisch zum Schmoren lieber am Stück. Vom Schwein

also Nacken und Kamm, vom Rind: Schulter, Oberschale, Keule, Bug. Sie können so die Fleischqualität viel besser beurteilen, und mit einem scharfen Küchenmesser haben Sie das Fleisch sowieso in Sekundenschnelle selber in Würfel geschnitten.

Desserts

Für den faulen Feinschmecker gibt es zwei hervorragende Möglichkeiten, seine Gäste mit einem Dessert allererster Güte zu verwöhnen, ohne sich dabei zu verausgaben. Reichen Sie eine Käseplatte oder servieren Sie fertig gekaufte Eiscreme mit Obst oder einer Dessertsoße.
Das macht wenig Arbeit, erfordert so gut wie keine Beherrschung irgendwelcher komplizierter Küchentechniken, und trotzdem können Sie sich und Ihren Gästen mit einem derartigen Abschluss einer Mahlzeit etwas wirklich Gutes tun.
Beginnen wir mit der Käseplatte. „Was will der mir denn über eine Käseplatte erzählen?", denken Sie jetzt sicherlich. „Käse auspacken kann doch jeder!" So weit, so gut, aber welchen Käse sollen Sie auspacken? Wenn Sie Ihren Gästen eine Platte mit ein paar Ecken Schmelzkäse und einem Industrie-Camembert aus der Großmolkerei vorsetzen, werden Sie vielleicht als Original gelten, doch als Kenner und aufmerksamer Gastgeber kommen Sie damit nicht durch. Wenn Sie eine Käseplatte erfolgreich zusammenstellen wollen, meiden Sie am besten das Kühlregal Ihres Supermarktes. Möglicherweise finden Sie dort halbwegs genießbaren Käse, aber bei den meisten dort angebotenen Milcherzeugnissen haben die Hersteller beklagenswerterweise mehr in Verpackung und Marketing investiert als in das eigentliche Produkt. Geben Sie sich also einen Ruck und gehen Sie zur Bedienungstheke, kaufen Sie dort einen harten Käse, einen weichen Käse und einen Käse, den Sie nicht kennen (zum Ausprobieren). Zusätzlich sollten Sie etwas Brot kaufen, ein Stück Butter und eine Flasche Wein, den Sie zum Käse reichen.

Womit wir bei einem Dauerbrenner wären, der Frage: „Welcher Wein passt zum Käse?" Wenn Sie als Connaisseur gelten wollen, beißen Sie sich auf die Zunge, falls Sie reflexartig „Natürlich Rotwein!" ausrufen wollen. Weiß der Teufel, woher diese angebliche Grundregel kommt, die in Wirklichkeit ein Ammenmärchen ist, und warum sie sich so hartnäckig hält. Tatsache ist, dass jeder Roquefort den grandiosesten Cabernet Sauvignon in ungenießbaren Hustensaft verwandeln wird. Tatsache ist, dass die in vielen Rotweinen enthaltenen Tannine überhaupt nicht mit zartem, jungen Ziegenkäse harmonieren. Tatsache ist aber auch, dass ein milder Hartkäse und ein vollreifer Bordeaux eine Kombination von reiner Glückseligkeit sind.
Ja, wie denn nun? Ganz einfach: Bevor Sie's Ihren Gästen vorsetzen, müssen Sie es testen. Gönnen Sie sich öfters mal Käse mit Wein zum Abendbrot, probieren Sie die eine oder andere Kombination aus, und Sie werden bald herausgefunden haben, welcher Wein zu welchem Käse passt. Scheuen Sie dabei auch vor auf den ersten Blick ungewöhnlichen Kombinationen nicht zurück: ein Edelschimmelkäse, z. B. ein Roquefort, und eine Beerenauslese oder Trockenbeerenauslese ... Das klingt seltsam, ist aber auf Zunge und Gaumen DIE Killerkombination überhaupt.
Verkünsteln Sie sich dabei aber nicht. In Ihrem Haushalt müssen Sie nicht mit der Käseauswahl eines Restaurants konkurrieren. Drei verschiedene Sorten Käse sind – als Abschluss einer Mahlzeit – mehr als genug. Wenn Sie einen besonders guten Käse aufgetrieben haben, wird sich niemand beschweren, wenn Sie den allein mit Brot, Butter, etwas Obst und einem passenden Wein auf den Tisch stellen.
Nun gibt es aber Gelegenheiten, bei denen die vielseitige Käseplatte zum Abschluss nicht recht passen will. „Süßes schließt den Magen" heißt der Spruch der Schleckermäuler, und ihr Applaus ist Ihnen sicher, wenn Sie Eis auf den Tisch stellen. Eis bekommt man überall in unterschiedlichen Qualitäten. Das teuerste muss nicht unbedingt das beste sein, das billigste ist aber wiederum nicht automatisch „trotzdem gut". Probieren Sie ein paar Sorten, bis sie die gefunden haben, die Ihnen am meisten zusagen.

Ein Schälchen Eis als Nachtisch des Alltagsessens ist eine feine Sache, aber manchen Zeitgenossen erscheint es – Faulheit hin, Faulheit her – ein wenig schäbig, das „nackte" Eis hinzustellen, wenn Gäste eingeladen sind. Glücklicherweise gibt es zahllose Möglichkeiten, fertig gekauftes Eis zu veredeln.

Beginnen wir mit der aufwändigsten Variante: dem Obstsalat zum Eis. Frische Früchte müssen unter Umständen geschält werden. Das macht Arbeit. Wer das vermeiden möchte, verwendet tiefgekühltes Obst, das auch gemischt angeboten wird, z. B. als „Beerenmix" oder „exotische Mischung". Wenn nötig, wird das Obst leicht gezuckert. Anschließend kann man es 1 bis 2 Stunden im Kühlschrank durchziehen lassen. Auf Dessertteller verteilen, Kügelchen Eis dazu und auf den Tisch damit! Wenn keine Kinder mitessen, können Sie dem Obstsalat mit einem oder zwei Gläschen Schnaps (Trester, Obstbrand) auf die Füße helfen.

Eine nette Variante ist der „erhitzte Obstsalat". Zerlassen Sie etwas Butter in der Pfanne, geben Sie einen Esslöffel Zucker oder etwas Honig hinzu, lassen sie das Zeugs kurz karamelisieren, geben Sie klein geschnittenes Obst dazu und schwenken Sie es in der Pfanne kurz durch. Löschen Sie gegebenenfalls mit Hochprozentigem ab (in diesem Fall auch Rum) und servieren Sie das heiße Obstragout zum kühlen Eis.

Das bringt uns natürlich zum „Klassiker", Eis mit heißen Himbeeren. Hierfür sollten Sie tiefgekühlte Himbeeren verwenden, die in dieser Zubereitungsvariante von frischen nicht zu unterscheiden sind. Butter in der Pfanne zerlassen, die tiefgekühlten Himbeeren direkt in die Pfanne geben, Löffelchen Zucker oder ein Guss Honig dazu und rühren, bis die Dinger heiß sind (geht schnell). Wenn Sie zuviel Zucker genommen haben, hilft ein Schuss Zitronensaft. Und – warum nicht – ein Gläschen Himbeergeist.

Ähnlich simpel ist die Herstellung eines weiteren Dessert-Klassikers: Eis mit heißer Schokoladensauce. Natürlich können Sie die fertige aus dem Glas verwenden, aber erhitzen müssen Sie die auch. Und weil Schokoladensauce

letztendlich nichts anderes als geschmolzene Schokolade ist, können Sie das bei vergleichbarem Arbeitsaufwand preiswerter und – meiner Meinung nach – geschmacklich besser haben. Kaufen Sie Zartbitterschokolade (je mehr Kakao-Anteil, desto besser), setzen Sie einen Topf auf kleine Flamme, zerbröckeln Sie die Schokolade und schmelzen Sie sie unter Rührem in besagtem Topf. Ängstliche Naturen schmelzen die Schokolade im Wasserbad, weil sie anbrennen könnte, aber wenn Sie fleißig rühren und alles während der Schmelzzeit (max. 2 Minuten) im Auge behalten, kann eigentlich nichts passieren. Diese zartbittere Schokoladensauce können Sie natürlich weiter veredeln. Sanftmütige Naturen kippen etwas Sahne hinein, der forsche Genießer greift zur Cognac- oder zu Rumflasche.
Da wir bei Schnäpsen sind: Überraschen Sie Ihre Gäste mal mit einem flambierten Eis! Eiskugeln auf Dessert-Tellern oder -Schälchen verteilen, einen guten Schluck Hochprozentigen in eine Schöpfkelle gießen, dort anzünden und brennend über das Eis gießen. Natürlich können Sie das Schnäpschen auch erst übers Eis gießen und dann anzuzünden versuchen, aber wenn sich der Alkohol erst mal großflächig auf dem Teller oder in der Schale verteilt hat, fängt er schwerer Feuer. Verwenden Sie zum Flambieren nur Alkoholika mit mehr als 42 Volumenprozent Alkohol. Nicht, weil die schneller wirken, sondern weil sie sich leichter anzünden lassen.
Für diejenigen unter Ihnen, die unbedingt einen gewissen Aufwand beim Dessert treiben wollen, seien hier noch ein paar Rezepte angefügt, mit denen Sie relativ unaufwändig scheinbar arbeitsintensive Desserts auf den Tisch bringen können. Da wäre zunächst der **Trifle**, ein Klassiker der oftmals zu Unrecht verteufelten britischen Küche. Sie benötigen:

Löffelbiskuits (ersatzweise einen Biskuitboden)
Sherry
rotes Obst (Kirschen, Erdbeeren, Himbeeren, aus dem Glas oder der TK-Truhe)
Eine Packung Vanillepuddingpulver nebst Zutaten nach Packungsangabe

Legen Sie den Boden einer Schüssel mit den Biskuits aus. Beträufeln Sie die durchaus großzügig mit Sherry. Geben Sie nun das Obst darüber. Jetzt bereiten Sie den Vanillepudding nach Anweisung zu und kippen ihn noch warm über Obst und Biskuits. Das Ganze sollte einige Stunden durchziehen und schön kühl serviert werden.
Dieses Trifle-Rezept können Sie natürlich beliebig variieren, also z. B. den Vanillepudding durch einen Schokopudding ersetzen. Dann könnte man, da Schokolade gut mit Orangen harmoniert, die roten Früchte durch Orangen ersetzen. Vielleicht hat man die Orangen ganz kurz in der Pfanne mit etwas Zucker karamelisiert? Und vielleicht hat man statt Sherry etwas Grand Marnier auf die Biskuits gekippt?
Nach einem ähnlichen Prinzip funktioniert der italienische Klassiker **Tiramisu**. Für ca. 6 Portionen benötigen Sie

Löffelbiskuits
1 Tasse Espresso
1 Gläschen Amaretto
500 g Mascarpone
4 Eigelb
100 g Zucker
Kakaopulver

Legen Sie den Boden einer Schüssel oder einer nicht zu großen flachen Form mit Löffelbiskuits aus. Tränken Sie die Biskuits mit Espresso und Amaretto. Die Eigelb rühren Sie mit dem Zucker, bis der Zucker aufgelöst ist. Nehmen Sie dafür lieber den elektrischen Handrührer anstelle des Schneebesens. Dann kippen Sie den Mascarpone zu Ihrer Zucker-Eigelb-Pampe, verrühren alles, schütten es auf die Löffelbiskuits, bestäuben die Oberfläche mit Kakao-Pulver und lassen das Ganze im Kühlschrank mindestens zwei Stunden durchziehen.

Wenn Sie ein mehrgängiges Menü kochen wollen, wählen Sie ein Dessert, das Sie komplett vorbereiten können und fangen Sie damit an. Die Desserts aus diesem Buch sind in 10 bis 20 Minuten zubereitet, und dann haben Sie schon vorher einen Gang komplett erledigt.

Verkünsteln Sie sich nicht mit dem Dessert, wenn Gäste kommen. Die Zeiten, in denen wir unsere Tage mit schwerer körperlicher Arbeit verbracht haben, sind vorbei. Deshalb schaffen die meisten Menschen nach Vorspeise und Hauptgang keinen süßen Traum aus Eiern, Zucker, Mehl und Sahne. Weniger ist hier mehr! Wenn Sie

ungeübte Menüesser als Gäste haben, kann es Ihnen passieren, dass jeder nur ein Löffelchen Dessert haben möchte. Und für diesen Fall möchten Sie sicher nicht kiloweise Leckereien im Kühlschrank stehen haben, die innerhalb von 24 Stunden verderben können.

Basiszubereitungen

Brühen und Fonds

Wenn ein eingefleischter Faulpelz Brühe oder Fond benötigt, greift er zum Glas mit dem Fertigprodukt, schraubt es auf und hat seinen Fond. So einfach kann die Welt sein. Vielleicht werfen Sie aber doch einen Blick auf die nachfolgenden Rezepte, die Sie mit extrem wenig Action und unheimlich langen Erholungspausen bewältigen können. Dafür erhalten Sie selbstgemachte Brühen und Fonds, die deutlich aromatischer als die Fertigprodukte schmecken, aber nur einen Bruchteil des Preises der Fertigprodukte kosten.

Gemüsebrühe

Öl oder Butter
2 Packungen TK-Gemüse
1 Glas trockenen Wein
Salz, Pfeffer, Lorbeerblätter

Erhitzen Sie das Fett in einem großen Topf, werfen Sie das TK-Gemüse unaufgetaut dazu, lassen Sie alles kurz durchschwitzen und löschen Sie mit dem Wein ab. Jetzt salzen, pfeffern, ein paar Lorbeerblätter dazu, 1 bis 2 Liter Wasser angießen, aufkochen lassen und ermattet zurücksinken, während alles bei kleiner Hitze vor sich hinköchelt. Nach 1 Stunde reißt uns der Küchenwecker aus dem Schlaf. Nicht erschrecken: Auf dem Herd stehen jetzt 1 bis 2 Liter fertige Gemüsebrühe, die Sie nur noch abseihen, also durch ein feines Sieb gießen. Hält sich eingefroren ewig.

Hühnerbrühe

1 Suppenhuhn (möglichst frisch)
1 Packung Tiefkühl-Suppengemüse
Salz, Pfeffer, Piment, Lorbeer, Nelkennägel

Das Suppenhuhn waschen. Wenn Sie ein besonders fettes Exemplar erstanden haben, können Sie die Fettpölsterchen an der Bauchöffnung herauspolken. Aber nicht, wenn Sie eine besonders leckere Hühnerbrühe kochen wollen. Wenn's nämlich nach was schmecken soll, gehört Fett dazu, wobei schon ein paar Gramm der ganzen Angelegenheit mächtig auf die Sprünge helfen können. Das Suppenhuhn bedecken Sie mit Wasser, kippen das TK-Suppengemüse dazu und lassen aufkochen. Wenn's schäumt, schöpfen Sie den Schaum mit der Schöpfkelle ab. Nicht zu zaghaft salzen, Lorbeer, Nelkennägel, Pfeffer und Pimentkörner hinzugeben und 2 bis 3 Stunden köcheln lassen. Dann sieben Sie das ausgekochte Gemüse und die Gewürze ab und haben jede Menge leckere Hühnerbrühe, die Sie einfrieren können. Aus einem Teil der Brühe und dem Fleisch, das Sie vom Suppenhuhn gefieselt haben, können Sie ein leckeres Frikassee kochen.

Gewürze wie Nelken, Piment, Lorbeerblätter usw., die später mühsam aus der Brühe gefischt werden müssten, kann man in einem Tee-Ei in die kochende Brühe hängen und später problemlos entfernen. Wenn man kein Tee-Ei hat, kann man das Zeug auch in einen Kaffeefilter füllen, den man mit Bindfaden zusammenbindet.

Fischfond

Olivenöl
1 kg Fischabfälle (Gräten, Köpfe, Häute)
1 Handvoll TK-Suppengemüse
1 Glas trockenen Weißwein
Salz, Pfeffer

Die Fischabfälle kurz abwaschen, kleinschneiden, zusammen mit dem Suppengemüse in reichlich Olivenöl anschwitzen, mit dem Weißwein ablöschen, mit Wasser aufgießen, salzen, pfeffern und auf kleiner Flamme 20 bis 30 Minuten lang kochen lassen. Abseihen, fertig. Auch dieser Fond lässt sich einfrieren.

Auf Abfälle von intensiv schmeckenden Fettfischen wie Makrelen oder Aalen sollten Sie verzichten. Die schmecken so intensiv, dass sie Ihnen den ganzen Fond versauen können. Wenn Sie Fischköpfe verwenden, sollten Sie unbedingt die Kiemen entfernen, sonst könnte ihr Fond bitter werden. Wenn Sie diese ekelhafte Fummelarbeit verständlicherweise nicht selbst erledigen wollen, verzichten Sie auf Fischköpfe oder bitten Sie Ihren Fischhändler, die Kiemen zu entfernen.

Im Gegensatz zu den anderen Fonds und Brühen darf Fischfond nicht zu lange kochen und nicht zu stark einkochen. Wenn Sie den Fischfond länger als 30 Minuten kochen lassen, laufen Sie Gefahr, dass er unangenehm „klebrig" schmeckt. Es hilft also alles nichts: Spätestens nach 30 Minuten müssen Sie zurück in die Küche und den Herd ausschalten. Sie haben unser Mitgefühl.

Zum portionsweisen Einfrieren von Fonds sind olle Joghurt-Becher hervorragend geeignet.

Sonstige Basiszubereitungen

Tomatenbasis

Das folgende Rezept ist die Grundzubereitung für alle Gerichte dieses Buchs, die mit Tomaten in flüssiger oder sauciger Form zu tun haben. Natürlich können Sie stattdessen auch einen Tetrapack mit stückigen Tomaten knacken, aber sonderlich viel Arbeit macht die Tomatenbasis nicht, sie lässt sich hervorragend einfrieren, und sie schmeckt – besonders wenn Sie San-Marzano-Tomaten bekommen haben – eindeutig nach einem Sommerurlaub in Italien.

Olivenöl
1 große Dose geschälte Tomaten (nach Möglichkeit San-Marzano-Tomaten)
1 Knoblauchzehe
1 Zwiebel
1 kleines Glas Chianti
Salz, Pfeffer, Zucker, Cayennepfeffer

Zwiebel und Knoblauchzehe schälen, kleinschneiden und in reichlich Olivenöl anschwitzen. Während im Topf geschwitzt wird, öffnen Sie die Tomatendose und gießen die Tomaten ab. Wenn es gescheite Tomaten sind, fangen Sie den Saft auf und nehmen ihn als Basis für eine Bloody Mary, mit der Sie sich für Ihre Anstrengungen belohnen. Ist die Qualität der Tomaten eher zweifelhaft, wandert der Tomatensaft in den Ausguss und Sie vergreifen sich am Chianti. Mit dem Rest Chianti wird der Zwiebel-Knoblauch-Pamps abgelöscht, dann geben Sie die abgetropften Tomaten dazu und zerdrücken sie mit dem Kochlöffel an der Topfwand. Die auf kleiner Flamme köchelnde Masse würzen Sie mit Salz, Pfeffer, Cayennepfeffer und einer Prise Zucker. Nach 30 bis 40 Minuten ist der Tomatenpamps fertig und kann weiterverwendet oder – nach Abkühlung – eingefroren werden.

Die Tomatenbasis bekommt einen volleren Geschmack, wenn man eine Möhre und eine Stange Sellerie – beides kleingeschnitten – mitköchelt. Eine Handvoll TK-Suppengemüse wäre ebenfalls denkbar. Wenn Sie Gemüse mitschmurgeln, müssen Sie eventuell die Chose mit dem Pürierstab kurz durchmixen, um eine gleichmäßige Konsistenz zu bekommen. Ob Sie sich diesen zusätzlichen Arbeitsaufwand zumuten können und wollen, müssen Sie selbst entscheiden.

Niemals zum Abschmecken mit dem Finger in den Topf langen. Tomaten sind Supra-Leiter, speichern Hitze und werden sehr, sehr heiß. Das wollen Sie Ihrem Finger nicht zumuten.

Vinaigrette - Salatsaucenbasis

0,75 l Olivenöl, kaltgepresst
0,15 l Weinessig
2 bis 3 Esslöffel Senf
Salz, Pfeffer

Bewaffnen Sie sich mit einem Schneebesen und verrühren Sie Senf, Salz, Pfeffer und den Essig in einer Schüssel. Wenn Sie eine homogene Masse erzeugt haben, geben Sie das Olivenöl hinzu, rühren es unter und füllen diese Basis-Vinaigrette in eine beliebige, heiß ausgespülte Flasche. Die bewahren Sie im Kühlschrank auf, und wenn andere Köche jedesmal umständlich eine Vinaigrette zusammenrühren müssen, weil sie einen Salat anmachen wollen, greifen Sie einfach in den Kühlschrank, schütteln die Flasche zwei- bis dreimal und kippen die Sauce über das Grünzeugs. Warum nicht mehr Leute ihre Vinaigrette auf Vorrat erstellen, ist mir offen gestanden ein Rätsel. Vom Arbeitsaufwand her macht es keinen Unterschied, ob man 4 Esslöffel oder 4 Liter Salatsauce zusammenrührt, und im Kühlschrank hält die Vinaigrette wochenlang.
Wenn Ihnen der Sinn nach Abwechslung steht, können Sie die Vinaigrette selbstverständlich beliebig verfeinern.

Schalotten, Knoblauch, frische Kräuter, was Ihnen gerade in den Sinn kommt, packen Sie einfach kleingehäckselt in eine Schüssel, geben die Basis-Vinaigrette drüber – fertig. Niemals bei Essig oder Öl an der Qualität sparen!

In der Salatsauce spielen Essig und kaltgepresstes Olivenöl die Hauptrolle. Lassen Sie ruhig ein paar Euro für mehr Qualität springen. Viele Menschen, die einen weiten Bogen um Salate machen, meiden im Grunde nicht das Grünzeug, sondern den Geschmack von miesem Essig und minderwertigem Öl.

Getrocknete Hülsenfrüchte

Ein verbreitetes Vorurteil lautet: „Die Zubereitung von Hülsenfrüchten ist umständlich und dauert ewig. Und was hat man davon? – Einen ordinären Eintopf, von dem man nach drei Löffeln pappsatt ist und der auch noch dick macht. Das ist die Mühe nicht wert!"

Stimmt nicht. Tatsache ist: Die meisten Hülsenfrüchte müssen vor der Zubereitung nicht mehr eingeweicht werden und benötigen – auch ohne Einweichen – höchstens eine Stunde Kochzeit. Außerdem: Wenn man Bohnen, Linsen oder Erbsen nicht stundenlang mit Speck und fetten Würsten bis zur Unkenntlichkeit verkocht, kann eine überraschend leichte Delikatesse zum Vorschein kommen. Einige Hülsenfrüchte gibt es übrigens in ausgezeichneter Qualität aus der Dose, so dass es für den faulen Küchenchef beinahe keinen Grund mehr gibt, auf Linsen, Bohnen oder Erbsen zu verzichten. Er muss nur auf ein paar Kleinigkeiten achten:

Linsen

Vergessen Sie alle Rezepte, in denen man Ihnen nahe legt, die berüchtigte „Tellerlinse" über Nacht einzuweichen und dann 1 bis 2 Stunden lang zu kochen. Meine Erfahrung ist, dass die stinknormale braune Linse aus dem Supermarkt in längstens 40 Minuten weichgekocht ist. Eine Sorte, die laut Packungsangabe eine Kochzeit von mindestens 60 Minuten erfordert, hatte sogar nach zwanzig Minuten die Zerfallsgrenze erreicht. Linsen sind also – entgegen allen Vorurteilen – schnell und unproblematisch zu kochen. Ans Herz legen möchte ich Ihnen die winzig kleinen roten Linsen, die schon nach 10 Minuten gar gekocht sind, die kleinen schwarzen „Beluga"-Linsen und die grünen („Vert du Puy") Linsen aus Puy

in Frankreich, die 20 bis 30 Minuten benötigen und die sich durch einen unerhört feinen, nussigen Geschmack auszeichnen.
Linsen setzt man in kaltem Salzwasser auf, und lässt sie nach dem Aufkochen auf niedriger Hitze gar köcheln. Von Zeit zu Zeit kontrolliert man den Flüssigkeitsstand, denn manche Linsensorten schlucken viel Wasser. Körperreicher, aber auch deftiger wird der Linsengeschmack, wenn Sie Suppengemüse mitkochen. Die Qualität von Linsen aus der Dose ist durchaus akzeptabel, jedoch werden Sie nur die normale Tellerlinse mit Suppengrün eingedost vorfinden. Als Suppenbasis durchaus akzeptabel, aber wenn's delikater sein soll, raten wir dazu, Linsen selbst zu kochen.

Lassen Sie Linsen nur zerkochen, wenn Sie einen wirklich deftigen Eintopf zubereiten wollen. Knackig „al dente" gekocht, können Linsen eine Delikatesse werden, die der feinen Küche zur Ehre gereicht.

Keine Säure (z. B. Essig, Wein, Tomaten bzw. Tomatenmark) zugeben, bevor die Linsen weich sind! Die Säure in der Kochflüssigkeit bewirkt eine chemische Reaktion, die verhindert, dass die Linsen weich werden. Wenn Sie Säure ins Kochwasser geben, bleiben Linsen auch nach zehn Stunden steinhart. Ein Ammenmärchen hingegen ist die Küchenweisheit, dass Linsen hart bleiben, wenn man sie in gesalzenem Wasser kocht. Totaler Quatsch, wir haben's ausprobiert.

Weiße Bohnen

Die gute Nachricht zuerst: Es gibt weiße Dosenbohnen von allerhöchster Qualität. Wenn Sie also schnell einen Bohnensalat, eine Bohnensuppe oder eine schmackhafte Beilage zur Lammkeule zaubern möchten, dann ist der Büchsenöffner Ihr geeigneter Partner. Die selbstgekochte Bohne schmeckt noch eine Spur feiner und nussiger als die Dosenbohne, aber diesen Unterschied merkt selbst der pingeligste Feinschmecker nicht, sobald der Knoblauch, der beste Freund der weißen Bohne, ins Spiel kommt. Nun die schlechte Nachricht: Die leckeren, großen weißen Bohnen (Mantelknopf-Größe) müssen vor dem Kochen eingeweicht werden und benötigen bis zu zwei Stunden Kochzeit.

Auch bei getrockneten weißen Bohnen gilt: Es gibt zahlreiche Delikatessen jenseits des Standardangebots. Probieren Sie ruhig mal Borlotti-Bohnen, Schwarzaugen-Bohnen und ähnliches!

Hier gilt das gleiche wie für die Linsen: Keine Säure (Wein, Essig, Tomate) an die Bohnen, bevor sie weichgekocht sind.

Erbsen

Wenn wir bei Linsen und Bohnen die Vielfalt der Sorten gepriesen haben, gibt es die Trockenerbse nur in zwei Variationen: die klassische grüne Erbse und die gelbe Schälerbse. Die grüne Erbse muss meist eingeweicht werden und braucht eine lange Kochzeit, die gelbe Erbse ist ohne Einweichen nach längstens einer Stunde gar. Nach meiner Erfahrung eignen sich getrocknete Erbsen (egal, ob gelb oder grün) fast nur für den klassischen, deftigen, mit reichlich schweinernem Fett gekochten Eintopf. Diese Eintöpfe gibt es auch fertig aus der Dose. Je nach Marke können die recht lecker sein, wenn man ein wenig nachbessert, um den von der Industrie vorgegebenen Einheitsgeschmack ein wenig zu individualisieren.
Aber mir schmecken selbstgekochte Erbsengerichte besser. Erbsen werden ohne viel Firlefanz gekocht. Die grünen brauchen nach der Einweichzeit ca. 2 Stunden mit Suppengemüse und reichlich Speck, Fleisch und fetten Würsten in nur wenig gesalzenem Wasser, weil der Speck schon salzig ist. Gelbe Erbsen kocht man ohne Einweichen kürzer. Wer's sämig haben möchte, kocht von Anfang an eine geriebene Kartoffel mit.

Nicht mit getrockneten Erbsen experimentieren! Deren Anwendungsgebiet ist tatsächlich begrenzt. Wenn Sie ein feines Erbsensüppchen mit Hummer anreichern oder Erbsen in Currycreme ausprobieren möchten, nehmen Sie frische Erbsen, TK-Ware oder feine Erbsen aus der Dose.

Party-Rezepte

Eigentlich sollte man meinen, dass ein Kapitel über Partyrezepte in einem Ratgeber für den faulen Haushalt nichts zu suchen hätte. Denn Kochen für mehr als 10 Personen artet unweigerlich in Arbeit aus, schon angesichts der Mengen an Lebensmitteln, die verarbeitet werden müssen. Die paar Kartoffeln, die als Beilage für 4 bis 5 Personen ausreichen, sind schnell geschält, aber der Berg Rohmaterial, das man verarbeiten muss, um einen Kartoffelsalat für 20 Personen zuzubereiten, ragt so majestätisch und unüberwindlich auf wie der Mount Everest vor der Erstbesteigung.

Was also ist zu tun, wenn der Faulpelz in einem Anfall von geistiger Umnachtung eine Gesellschaft von mehr als 15 Personen eingeladen hat? Am einfachsten wäre der Griff zum Branchenfernsprechbuch, um einen Catering-Service mit der Bewirtung zu betrauen. Dies ist aber – leider – gleichzeitig die kostspieligste und unpersönlichste Möglichkeit, seine Gäste zu bewirten.

Wenn der Faulpelz seinen Gästen selbst etwas Gutes tun und dabei auch noch Geld sparen will, muss er gegen sein Naturell ankämpfen und Frondienste an Herd und Küchentisch verrichten.

Wie für alles im faulen Haushalt gilt auch für die Bewirtung der Gästeschar: Bloß nicht verkünsteln! Wer zur Party bei Faulpelzens eilt, erwartet kein mehrgängiges Gourmet-Menü, sondern will in unkomplizierter Atmosphäre unkomplizierte Dinge essen bzw. trinken.

Diese Erkenntnis sollten wir uns zur gastgeberischen Leitlinie machen und 3 Dinge beachten:

1. Die Gäste NICHT mit einem mehrgängigen Menü traktieren – Das ist im Privathaushalt für mehr als 10 Personen sowieso nur mit äußerster Mühe machbar.
2. Die Gäste NICHT mit 10 verschiedenen Getränken traktieren – „Hier, das ist ein 89er Front de Boeuf, den musst du probieren ... ja, okay, wenn du den Frozen Margaritha ausgetrunken hast, aber halt dich ran, ich hab auch noch einen 02er Calache-Nikow, ein Gedicht ..."
3. Einer Gästeschar von mehr als 12 Personen auf keinen Fall ein Buffet anbieten!

Obwohl dieser letzte Gedanke naheliegend ist: „Ich stell ein paar Kleinigkeiten hin, jeder nimmt sich was, und ich habe keine Arbeit." – „Ich stell ein paar Kleinigkeiten hin", bedeutet, dass Sie diese Kleinigkeiten erst mal zubereiten bzw. organisieren müssen. Und das heißt, dass Sie wieder ein mehrgängiges Menü – nichts anderes ist ein Buffet! – kochen. „Jeder nimmt sich was!" bedeutet, dass sich jeder dauernd und immer wieder etwas anderes nimmt, seinen abgegessenen Teller nebst Besteck irgendwo stehen lässt und einen neuen nimmt, auf den er dann wieder was Neues rauflegt, um den Teller schließlich wieder irgendwo abzulegen. „Und ich habe keine Arbeit!" bedeutet, dass Sie einen größeren Teil Ihrer Party am Spülbecken verbringen werden, um für Nachschub beim buffet-notorisch knappen Geschirr und Besteck zu sorgen.
Ein Buffet macht grundsätzlich mehr Arbeit, als es einspart. Es sei denn, man delegiert besagte Arbeit an die erwähnten Catering-Firmen. Oder man hat sehr viel Geschirr und Besteck.
Für die Faulpelz-Partys möchte ich eine Alternative vorschlagen. Schaffen Sie sich einen 20 bis 25 Liter fassenden Suppentopf an (gibt's ab 50 Euro im Gastronomie-Fachhandel oder bei Ebay) und bieten Sie Ihren Gästen einen der folgenden Eintöpfe an, zum Beispiel ein

Jambalaya
für ca. 25 Portionen:

2 kg Reis
1,5 kg Schweinekamm
8 Hähnchenbrustfilets
1 kg Zwiebeln
6 grüne Paprika
1 große und 1 kleine Dose Tomaten
1 kg Cabanossi
12 Cayennepfeffer-Schotten
1 kg TK-Erbsen
1 kg TK-Shrimps
6 Briefchen Safran
Thymian
6 Zehen Knoblauch
1 Flasche Weißwein
ca. 3 bis 3,5 l Hühnerbrühe (Instant oder selbst gemacht)
Olivenöl
Tomatenmark

Schweinekamm und Hähnchenfilets in Würfel bzw. Scheiben schneiden, mit Thymian, zerdrücktem Knoblauch, wenig Tomatenmark und reichlich Olivenöl verrühren und 2 Stunden marinieren lassen.
Die Zwiebeln in Ringe, die Paprika in Streifen schneiden. Den Schweinekamm scharf anbraten, Zwiebeln und Paprika dazugeben, durchdünsten lassen und die Tomaten samt Flüssigkeit dazugeben. Mit Salz und den zermörserten Cayennepfefferschoten würzen. Achtung: nicht abschmecken, ist jetzt ungenießbar scharf! Ca. 1 Stunde gar schmurgeln lassen.
Den Reis mit dem Safran in Weißwein und Hühnerbrühe in einem anderen Topf gar kochen.
Die Hähnchenfiletstücke in einer Pfanne 5 Minuten braten, bis sie gar sind.

Die Cabanossi in Scheiben schneiden. Den Reis zum Schweinekamm geben, die TK-Erbsen, die TK-Shrimps, die Cabanossi und die Hähnchenfiletstücke dazugeben, alles noch ca. 20 Minuten auf dem Herd lassen, bis auch Erbsen und Shrimps gar sind. Dann servieren.

Ein Party-Klassiker ist Chili con Carne.

Chili con Carne
für ca. 25 Portionen:

1,5 kg getrocknete rote Bohnen (evtl. aus der Dose, dann entfällt das Einweichen)
4 kg Hackfleisch (gemischt oder nur vom Rind, ist Geschmackssache)
4 große Dosen Tomaten
8 mittelgroße Zwiebeln
eine Knolle Knoblauch
neutrales Öl
ca 14 (oder mehr, aber Vorsicht!) kleine getrocknete Cayennepfeffer-Schoten
Cayennepfeffer

Bohnen über Nacht in reichlich Wasser einweichen (Achtung! Die Biester gehen stark auf). Bohnen im Einweichwasser aufkochen, abschäumen und ca. 1 Stunde kochen lassen. Währenddessen Zwiebeln in Ringe schneiden. In einem anderen Topf Öl erhitzen, Zwiebeln dazugeben und geschälten Knoblauch dazu geben. Dünsten bis glasig. Hitze rauf und Hackfleisch scharf anbraten. Achtung! Wenn reines, mageres Rinderhack verarbeitet wird, muss deutlich mehr Öl verwendet werden. Fleisch mit Salz und Cayennepfeffer würzen. Nach 1 Stunde zu den Bohnen geben, mit Salz und den zermörserten Cayennepfeffer-Schoten würzen, weitere anderthalb Stunden köcheln lassen. Kurz vor Ende der Garzeit die kleingeschnittenen Tomaten ohne Saft dazugeben und erhitzen. Nachsalzen wird nötig sein. Dann servieren.

Wenn die Bohnen auch weiß sein dürfen, sind wir bei einem anderen Klassiker, der serbischen Bohnensuppe.

Die Serbische
für ca. 25 Portionen:

3 kg getrocknete weiße Bohnen (evtl. aus der Dose, dann entfällt das Einweichen)
1,5 kg Zwiebeln
8 Knoblauchzehen
200 g Schweineschmalz
3,5 kg Beinscheiben vom Rind
ca. 750 g Tomatenmark
6 Büchsen Mais (à 280 g Nettoeinwaage)
1 kg Tk-Erbsen
Thymian
Petersilie

Die weißen Bohnen über Nacht (mindestens 12 Stunden) einweichen. Wasser abgießen, Beinscheiben vom Rind dazulegen, Wasser aufgießen, bis alles knapp bedeckt ist, aufkochen und abschäumen. Dann mit Salz, viel Pfeffer und Thymian würzen und anderthalb bis zwei Stunden kochen, bis Bohnen und Fleisch weich sind. Fleisch herausnehmen, vom Knochen lösen und in mundgerechte Stücke schneiden. Schmalz in einem zweiten Topf erhitzen, in Ringe geschnittene Zwiebeln und kleingeschnittenen Knoblauch darin anschwitzen, Hitze heraufschalten und das kleingeschnittene Fleisch darin kräftig anbraten. Das Tomatenmark zugeben, durchschwitzen, evtl. mit etwas Wasser ablöschen und zu den Bohnen geben, aufkochen lassen, Mais und Erbsen zugeben und heiß werden lassen, abschmecken und servieren.

Wenn wir schon mal auf dem Balkan sind:

Djuvec
für 25 Portionen:

1 kg Patnareis
2,5 kg Zwiebeln
5 Auberginen
20 grüne Paprika
3 kg Lammfleisch ohne Knochen aus der Keule
4 große Dosen geschälte Tomaten
Zucker
2 Tüten Paprikapulver (1x scharf und 1x edelsüß)
neutrales Öl

Auberginen in Würfel, Zwiebeln in Ringe schneiden, Paprikaschoten putzen und in feine Streifen schneiden. Reichlich Öl in einem großen Topf erhitzen, Zwiebeln, Paprikaschoten und Auberginen andünsten. Dann das Paprikapulver zugeben und durchschwitzen, dabei heftig rühren, damit es nicht ansetzt und bitter wird. Mit den Dosentomaten samt Saft ablöschen, kräftig salzen, eine Handvoll Zucker zugeben, aufkochen und zwanzig Minuten köcheln lassen. Währenddessen das Lammfleisch in Würfel schneiden. Dann das Lammfleisch und den ungekochten Reis hinein und soviel heißes Wasser zugeben, bis das Ergebnis eine beinahe dünne Suppe ist. Achtung! Topf nicht zu weit füllen, da der Reis gleich zu quellen beginnt und das Volumen des Eintopfs kräftig vergrößert. Aufkochen lassen, Hitze auf kleinste Stufe stellen und ca. 30 Minuten ziehen lassen, dabei gelegentlich kräftig rühren, weil dieser Eintopf anbrennt wie doll und verrückt. Fertig.

Wenn Sie Ihren Gästen etwas Exotisches und ungemein Leckeres anbieten möchten, dann können Sie mit diesem persisch inspirierten Linseneintopf Ehre einlegen:

Persisches Linsengericht
für ca. 25 Portionen:

3 kg Linsen
3 kg Fleisch von der Lammkeule (netto, Knochen mitgeben lassen)
neutrales Öl.
1 kg TK-Spinat
1,5 kg Zwiebeln
10 Knoblauchzehen
4 große Büchsen Tomaten
ca. 10 kleine getrocknete Cayennepfeffer-Schoten
Kurkuma
Zimt
Kardamom

Die Linsen mit reichlich Wasser und den Lammknochen aufsetzen, aufkochen, abschäumen und mit Salz, zermörserten Cayennepfefferschoten, viel Zimt, eher wenig Kardamom und sehr viel Kurkuma würzen. Linsen weichkochen (ca. eine bis anderthalb Stunden). Währenddessen das Lammfleisch in mundgerechte Stücke schneiden. Zwiebeln in Ringe, Knoblauch in Stücke schneiden. Öl erhitzen, Knoblauch und Zwiebeln andünsten, Hitze rauf, Fleisch dazu und scharf anbraten, vom Feuer nehmen. Wenn die Linsen weich sind, Lammknochen entfernen und die Fleisch-Zwiebel-Mischung zugeben. Noch 20 - 30 Minuten auf kleiner Hitze köcheln lassen, dann ist das Fleisch gar, aber noch saftig. In den letzten 10 Minuten die Tomaten (ohne Saft) und den aufgetauten Spinat zufügen und erhitzen. Nochmals abschmecken und servieren.

Nicht jeder mag Zunge. Bevor Sie sich die Mühe machen, diesen an ein brasilianisches Gericht angelehnten Eintopf zuzubereiten, sollten Sie Ihre Gäste befragen, ob Zunge genehm ist. Sollten sie „lange Zähne“ andeuten, ersetzen Sie die Zunge durch Rindfleisch (Tafelspitz, Beinscheiben o. ä.).

Feijoadac (Brasilien)
für ca. 25 Portionen:

1 kg schwarze Bohnenkerne
1 gepökelte Rinderzunge (1,5 kg)
1 kg Zwiebeln
1 kg Möhren
2 große Büchsen Tomaten
8 grüne Paprika
10 Knoblauchzehen
1 kleiner Kopf Weißkohl
2 kg irgendwie kochbare Schweinswürste
Schweineschmalz

Die Bohnen 12 Stunden lang in Wasser einweichen. Die Rinderzunge sowie alle Zwiebeln bis auf zwei zu den Bohnen geben. Soviel Wasser aufschütten, dass das Material knapp bedeckt ist. Aufkochen lassen, abschäumen. Eine Handvoll Pfefferkörner dazugeben, vorsichtig (Pökelzunge! Würste!) salzen und ca. 2 Stunden kochen lassen, bis die Zunge weich ist. Möhren schälen und in Stücke schneiden, 30 Minuten vor Ende der Garzeit zur Zunge geben.
Die zurückbehaltenen Zwiebeln und den Knoblauch feinhacken, Weißkohl und Paprika in möglichst feine Streifen schneiden. Zwiebeln und Knoblauch im Schweineschmalz glasig dünsten, dann Paprika und Weißkohl dazu, andünsten lassen, schließlich die kleingeschnittenen Dosentomaten ohne Saft dazugeben und auf kleiner Flamme mindestens 1 Stunde garen lassen, bis alles schön weich ist.
Die gare Zunge aus der Suppe nehmen, enthäuten, Gezatter abschneiden und in Würfel schneiden. Währenddessen die in feine Scheiben geschnittenen Würste in der Suppe garen lassen.
Schließlich die weiche Weißkohlmischung und die Zungenwürfel in die Bohnenpampe kippen, umrühren, abschmecken und servieren.

Okay, der letzte Eintopf macht wirklich Arbeit. Aber er ist so lecker, dass sich der Aufwand lohnt. Für das „Finish" im Backofen nimmt man am besten einen sehr großen Gänsebräter. Sollte man über keinen verfügen bzw. die Anschaffung scheuen, dann kann man das Cassoulet auch auf dem Herd im Suppentopf vollenden. Dann lässt man die Krustenbilderei mit den Semmelbröseln einfach weg.

Cassoulet
für 20 Portionen:

1,5 kg getrocknete weiße Bohnen
1 Staudensellerie
3 große Dosen geschälte Tomaten
4 Zwiebeln
3 Stangen Lauch
3 große Karotten
1 Knolle Knoblauch
2 kg Gänsekeulen
1 kg irgendwie kochbare Knoblauchwürste (ital. Salsicce Fresca ist ideal, Cabanossi ein möglicher Ersatz)
1 kg Lammfleisch aus der Keule ohne Knochen, in Würfel geschnitten
1 kg Schweinenacken, ebenfalls in Würfel geschnitten
1 kg durchwachsener, geräucherter Speck
1 Flasche Rotwein
5 - 6 Liter Hühnerbrühe
Gewürznelken
Thymian
Lorbeerblätter
Gänseschmalz
Semmelbrösel

Bohnen 12 Stunden in Wasser einweichen, einmal aufkochen lassen, abgießen. Mit der Hühnerbrühe, dem Speck (im Stück), 2 mit Gewürznelken gespickten Zwiebeln, den geschälten Möhren und dem Weißen bis Gelben der Lauchstangen und diversen Lorbeerblättern neu aufsetzen und knapp weichkochen (1 - 2 Stunden,

je nach Bohnenqualität.) Von der Hühnerbrühenqualität hängt es ab, ob und wieviel man nachsalzen und nachpfeffern muss, was meistens nötig sein wird. In der letzten halben Stunde die Würste zugeben. Wenn die Bohnen knapp weich sind, abgießen (Brühe aufheben!), Lauch, Nelkenzwiebeln und Möhren entfernen und wegwerfen, Speck entschwarten, entknorpeln und kleinschneiden, Würste ebenfalls kleinschneiden und, wenn nötig, enthäuten.
Gänsekeule in Gänseschmalz kräftig anbraten, salzen, pfeffern und im Ofen bei 180 bis 200 Grad knapp gar (1 - 1,5 Stunden) braten. Abkühlen lassen, enthäuten, Fleisch vom Knochen und in mundgerechte Stücke schneiden.
Gänseschmalz erhitzen, Lamm- und Schweinefleisch portionsweise scharf anbraten und zu dem bereits kleingeschnittenen Speck und den Würsten stellen. Restliche klein geschnittene Zwiebeln und Knoblauchzehen sowie ca. 6 in dünne Ringe geschnittene und entfädelte Selleriestangen im Bratfett andünsten, mit der Flasche Rotwein ablöschen und beinahe völlig verkochen lassen. Nun die kleingeschnittenen Dosentomaten (ohne Saft) hinzugeben, mit Salz, Pfeffer, Zucker, sehr viel Thymian und etwas Lorbeerblatt würzen und auf eher saucige Konsistenz einkochen lassen. Mit dem gesamten Fleisch vermischen.
Backofen vorheizen (150 bis 180 Grad). In eine große, hochwandige Ofenform (großer Gänsebräter beispielsweise) eine Schicht Bohnen geben, darauf eine Schicht Fleisch/Tomatensauce, eine Schicht Bohnen, dann wieder Fleisch/Tomatensauce, mit Bohnenschicht abschließen. Mit der zurückbehaltenen Brühe auffüllen, so dass die oberste Bohnenschicht knapp erreicht wird. Die Flüssigkeit muss mindestens 3 - 5 cm unterhalb des Ofenform-Randes stehen, weil sie sonst überkocht und es eine große Schweinerei gibt. Die oberste Bohnenschicht dick mit Semmelbröseln bedecken und durchaus großzügig mit Gänseschmalz beträufeln. Auf den Boden des Ofens stellen und nach einer Weile die Hitze so regulieren, dass das ganze mählich schmurgelt. Mindestens 1,5 Stunden im Ofen belassen. Nach 30 bis 60 Minuten wird sich eine schöne, goldbraune Kruste gebildet haben. Diese mit dem Löffel „zerreißen“, unterrühren, und erneut Semmelbrösel und Gänse-

schmalz darübergeben, so dass sich eine neue Kruste bildet. Gegebenenfalls wiederholen. Mit Kruste am Tisch servieren. Die Gäste sollten sich selbst bedienen. Denn wenn man am Tisch die Kruste aufbricht, entweicht ein gewaltiges Aroma, was den Gästen Appetit macht. Mahlzeit!

1. Anmerkung: Ein total traditionelles Cassoulet sollte sieben Krusten gehabt haben. Das ist machbar, aber nicht praktikabel, weil die Prozedur Minimum vier Stunden dauert.

2. Anmerkung: Der Praktiker mag sich fragen, ob da nicht eine geradezu groteske Fleischmenge für relativ (!!!) wenige Bohnen verwendet wird. Der Praktiker hat – wie beinahe immer – recht. Das soll so sein.

Guten Appetit!

Teil 4

Vergnügen ohne Arbeit: Partys etc. im faulen Haushalt

Hier erst mal wieder was Grundsätzliches:
Niemand ist gezwungen, Leute zu sich einzuladen. Wer keinen Spaß daran hat, andere zu bewirten, sollte es auch nicht tun.
Oft höre ich Frauen stöhnen, wie furchtbar es sei, dass sich schon wieder Gäste angesagt hätten und sie schon schier am Ausklinken seien wegen der Vorbereitungen. Manchmal sind das reine Schutzbehauptungen. Vielleicht trauen sie sich nicht zuzugeben, dass es ihnen eigentlich Spaß macht. Oder es passiert so wenig in ihrem Leben, dass sie unbedingt darüber reden müssen, oder sie möchten ein paar neue, faule Rezepte ergattern.
Tatsächlich aber fühlen sich viele Menschen aus unterschiedlichen Gründen verpflichtet, Partys zu veranstalten. Gelegentlich steht – häufig für Frauen – dabei nicht unbedingt immer der Gast im Vordergrund, sondern es geht darum, sich selbst und seine Fähigkeiten als Gastgeber herauszustellen. Das kann im Extremfall zu einer Art Eskalation der Hausfrauengewalt führen. Wie Supermächte streiten Hausfrauen darum, wer besser kocht, schöner dekoriert und mehr bietet. Sie versuchen sich mit jeder Party aufs Neue selbst zu übertreffen. Die Siegerin dieses Wettrüstens könnte am Ende allein und ohne Verbündete dastehen. Sie hat für ihr Image ein Vermögen geopfert, sie hat die Weltherrschaft übernommen, aber sie wird nicht mehr eingeladen. Die anderen trauen sich nämlich nicht mehr, weil sie Angst haben, nicht mithalten zu können.
Seltsam ist, dass ich noch nie von einem Mann gehört habe, der

über eine Party bei sich zu Hause stöhnt. Woran liegt das wohl? Ganz einfach: Bei Männern gibt es keinen – auch keinen eingebildeten – Gruppendruck, der sie dazu bringen könnte, 6-gängige Menüs aufzutischen, um dadurch Eindruck bei anderen Männern zu machen.

Es gibt nur einen einzigen Grund, Gäste einzuladen, um jemand anders eine Freude zu machen: ein Kindergeburtstag. Und selbst den kann man so planen und durchführen, dass er Spaß macht. Dazu später mehr.

Die wohl schönste Gelegenheit, Gäste zu bewirten, ist ein Essen für die engsten Freunde und die Familie. Für den faulen Haushalt ist das keine Herausforderung, sondern ein Vergnügen, denn hier geht es um Menschen, die wir und die uns mögen. Deshalb werden wir keinesfalls versuchen, uns und unseren Haushalt anders zu präsentieren als wir sind. Natürlich machen wir uns ein bisschen hübsch, das gebietet schon die Höflichkeit. Aber wir werden nicht schon Tage vorher Bücher abstauben oder gar Fenster putzen. Die Gäste kommen schließlich nicht wegen unserer geputzten Fenster, sondern wegen eines schönen Abends in geselliger und fröhlicher Runde.

Und sie sollen dem Anlass entsprechend bewirtet werden. Für das Familien-Abendessen (bis max. 6 Personen) lässt sich ein Menü servieren. Eine größere Runde bis ca. 10 Personen wird im faulen Haushalt mit einem kalt-warmen Büfett bewirtet. Alles darüber sind Großereignisse, zu denen ich Suppen (Eintöpfe) reiche. Aber wir beginnen mit dem Anfang:

Die Einladung

Das kleine Abendessen mit guten Freunden und/oder Familie kann und sollte man persönlich oder telefonisch ankündigen. Dabei ist auf die Vorlieben und Eigenarten der Gäste – nicht auf die eigenen! – Rücksicht zu nehmen. Wenn Eltern, Großeltern oder Tante abends nicht oder nur sehr wenig essen wollen, sollte man einen möglichst frühen Termin wählen und entsprechend leichte Küche anbieten.
Dieselbe Rücksichtnahme gilt natürlich auch für die Auswahl der Wochentage, wenn man Menschen einlädt, die voll berufstätig sind oder mehr arbeiten als üblich (Schichtdienst, Wochenendarbeit o. ä.).
Falls gefragt wird, ob es einen Anlass gibt, sollte man ehrlich sein, um spätere Peinlichkeiten zu vermeiden.
Was die Frage der Kleidung angeht, bitte Vorsicht! „Zieht euch was Bequemes an", wird möglicherweise von verschiedenen Menschen unterschiedlich interpretiert. Die einen kommen dann in Jogginghose und ollem T-Shirt, für die anderen heißt das: Sakko ohne Krawatte. Also bitte ein bisschen Sensibilität!

Achtung: Für kleinere Essen, besonders für Menüs, unbedingt die Gäste befragen, ob es irgendwelche Allergien und Abneigungen gegen bestimmte Nahrungsmittel oder Zubereitungen gibt! Was dabei aufgezählt wird, gehört nicht auf den Tisch!
Und nicht etwa die Einladung zum Abendessen dazu nutzen, um dem Großvater endlich mal klarzumachen, dass sein Widerstand gegen Fisch völlig idiotisch ist!

Wenn bei der Einladung gefragt wird, was es zu essen gibt, bitte ebenfalls einen realistischen Ausblick geben, damit sich die Gäste darauf einstellen können. Wenn Sie „nur eine Kleinigkeit" ankün-

digen, können Sie kein Menü auftischen. Ihre Gäste werden vermutlich schon gegessen haben, wenn sie bei Ihnen eintreffen. Umgekehrt wäre es hochgradig ungeschickt zu verkünden: „Es werden schon alle satt werden!“, wenn Sie nur ein Tellerchen mit Mozzarella und Tomaten und eine Handvoll Oliven auf den Tisch stellen wollen.

Auf die Einladung zum Abendessen folgt im Normalfall eine Gegeneinladung. Auch deshalb bitte nicht die Lieblingsrezepte der Gäste kopieren, um ihnen zu zeigen, dass man's selber viel besser kann, oder um sie zu zwingen, etwas Neues auszuprobieren! Nicht beleidigt sein, wenn die Gegeneinladung dann in ein Restaurant erfolgt! Seien Sie froh, wenn Freunde oder Familie so ehrlich sind, Ihnen auf diese Weise klar zu machen, dass sie keine Zeit, keine Lust oder keine Traute haben, Sie zu bewirten. Das ist allemal besser, als wenn die Ärmsten sich verpflichtet fühlten, Sie einzuladen. Oder wollen Sie etwa Menschen, die Ihnen nahe stehen, eins auswischen und ihnen mal so richtig zeigen, was 'ne Harke ist? Also: Rücksichtnahme, bitte!

Die Organisation

Erstellen Sie einen Plan auf der Grundlage der vorhandenen Möglichkeiten. Wieviel Platz haben Sie, um Speisen und Getränke zu kühlen bzw. kühl zu halten? Können Sie vielleicht Getränke auf dem Balkon kalt stellen? Oder in der Badewanne? Haben Sie Kühltaschen zur Verfügung, in denen Sie Getränke kühlen können? Wenn Sie für ein Menü erst Geschirr, Besteck, Töpfe u. a. kaufen oder leihen müssen, dann überlegen Sie lieber, ob Sie nicht eher ein Büfett mit Plastikbesteck und Papptellern aufbauen möchten. Was fehlt sonst noch an Zubehör (z. B. Servietten, Kerzenständer, Teelichter)?

Legen Sie einen Zeitrahmen fest. Wann wollen bzw. können Sie die Getränke und Zubehör einkaufen, also alles, was Sie problemlos über einen längeren Zeitraum lagern können, ohne dass es verdirbt?
Wann können Sie die Lebensmittel einkaufen? Haben Sie dann noch Zeitreserven? – Achtung! Nach diesen Vorgaben richtet es sich, was Sie überhaupt anbieten können.

Legen Sie einen Etat fest und machen Sie Einkaufslisten.

Wieviel Stoff für welchen Zweck?
Kennen Sie das? Egal, welche Party Sie für wie viele Personen veranstalten, immer bleibt die Hälfte übrig. Bei Getränken ist das weniger problematisch als bei Speisen. Verschlossene Flaschen sind monatelang haltbar. Bei Lebensmitteln sieht es schon anders aus: Wenn die Hälfte vom Kartoffelsalat übrig bleibt und niemand was mitnehmen will, dann heißt das nicht nur, dass der Salat kein großer Erfolg war, sondern auch, dass Sie die Reste wegwerfen können.

Hier ein paar Faustregeln für normale Abendpartys (Dauer ca. 5 – 6 Stunden)

Speisen pro Person:
200 g Fleisch oder Fisch oder Geflügel oder Käse
300 g Brot oder gekochte Nudeln, Kartoffeln, Reis
300 g Gemüse, Salat, Obst
150 g Süßspeise (Quark, Pudding, Mousse)
25 g Butter, Schmalz oder andere Brotaufstriche
(z. B. Streichkäse oder Schafskäsepaste)
Senf, Ketchup

Getränke pro Person:
1 l Wasser
0,2 l Saft
0,5 l Wein oder Sekt
1,5 l Bier

Das sind Durchschnittswerte. Für eine Party an einem warmen Sommerabend rechnen Sie mehr Wasser und mehr Bier, weniger Sekt und Wein.
Wenn Sie 10 Personen einladen, so bedeutet das: 10 Liter Wasser, 7 Flaschen Wein oder Sekt à 0,75 Liter, 2 Liter Saft und 15 Liter Bier. Wenn Sie wissen, wer von Ihren Gästen nur Wasser oder lieber Wein trinkt anstelle von Bier, können und sollten Sie sich schon beim Einkaufen darauf einstellen.

Für den Einkauf der Speisen rechnen Sie also bei 10 Personen: insgesamt 2,0 kg Fleisch, Geflügel, Fisch und Käse, 3 kg Beilagen inkl. Brot und 3 kg Gemüse, Salat und Obst.

Die Getränkeeinkäufe erledigen Sie sinnvollerweise spätestens am Tag vor der Party. Am Tag selbst kaufen Sie nur die frischen Lebensmittel ein.
Legen Sie bei der Einladung bereits einen Zeitrahmen fest, in dem Sie variabel agieren können. Wenn Sie Ihre Gäste für 18.00 Uhr

einladen, sollten Sie den Hauptgang erst gegen 19.30 Uhr auf den Tisch bringen. Planen Sie eine halbe Stunde für die Ankunft der Gäste und den Aperitif ein, eine weitere halbe Stunde für Auftragen und Verzehr der Vorspeise. Falls es sich um Ihre Geburtstagsparty handelt, rechnen Sie damit, dass zwischendurch Gratulanten anrufen und dass Sie Geschenke auspacken wollen. Schließlich möchten Sie selbst auch mit Ihren Gästen fröhlich anstoßen und sich für ihr Kommen bedanken und nicht nur mal kurz aus der Küche rufen, alle sollten sich schon mal einen hinter die Binde gießen.
Vermeiden Sie als Kochanfänger und Selten- oder Solo-Gastgeber Gerichte, die auf den Punkt fertig sein müssen. Am besten bereiten Sie die Vorspeise und das Dessert vor, so dass nur der Hauptgang frisch zubereitet wird. Ideal ist, wenn Sie Aperitif und Menü in zwei getrennten Räumen zu sich nehmen können.
Empfehlenswert zum Beispiel auch: gemeinsamer Aperitif in der Küche mit Koch/Köchin, das Essen im einzigen Zimmer. Falls Sie sich entschlossen haben oder es nicht anders geht, Ihre Gäste in einem einzigen Raum zu bewirten, achten Sie darauf, dass spätestens eine halbe Stunde vor dem Eintreffen der Gäste der Tisch eingedeckt ist, und zwar inklusive der Gläser, auch der Wassergläser. Achten Sie darauf, dass Sie außer dem Besteck auch die übrigen Instrumente bereitlegen, also Fleischgabeln, Soßenkellen, Kartoffellöffel, Knochenteller etc.

Zur Auflockerung und zum Mutmachen eine kleine Geschichte:

Andis erstes Abendessen:

Große Aufregung in Berlin-Wilmersdorf. Freund Andi hatte sich entschlossen, Gäste zu empfangen und nicht nur das: Er wollte sie auch bekochen. Es sollte etwas „Richtiges“ geben, also nicht die üblichen Fischlis, Erdnusslocken und Salzstangen. Wir hoben anerkennend die Augenbrauen, als wir hörten, dass er sich vorgenommen hatte, Rindsrouladen zuzubereiten. Der Grund: Seine Eltern hatten ihm einen Schnellkochtopf geschenkt, dazu gehörte ein Rezeptbuch, darin das Rezept für Rindsroulade. Und Andi liebte Rindsroulade. Seine Freundin wurde nicht gefragt. Die durfte auch nicht helfen, denn Andi wollte alleine kochen. Als wir kamen, war die Freundin am Rande ihrer Nervenkraft. Im Vertrauen auf die Macht des Schnellkochtopfes (schnell!) hatte Andi noch nicht mit den Vorbereitungen begonnen. Der Tisch war nicht gedeckt. Ein Aperitif war irgendwie gar nicht vorgesehen. Wir standen in der Küche rum und stellten fest: Andi hatte aus welchen Gründen auch immer das Rezept für die köstliche Rindsroulade noch gar nicht ausprobiert, bevor er sich entschlossen hatte, immerhin fünf Personen einzuladen. Über eventuelle Vorspeisen hatte er sich ebenfalls keine Gedanken gemacht und auch nicht darüber, dass fünf hungrige Menschen ihn umkreisten wie die Geier. Es gab nichts. Nur Bier. Und Rindsrouladen, und die gab's erst mal auch nicht. Andi lehnte jede Hilfe ab. Schließlich hatte er ein Rezept und einen Schnellkochtopf. Wir tranken zu viel Bier auf nüchternen Magen. Als Andis Freundin die Zwergkaninchen fütterte, mussten wir uns zusammenreißen, um ihnen den Salat und die Möhrchen nicht wegzuessen. Die hatten's gut! Geschlagene zwei Stunden haben wir gewartet, bis wir unsere Zähne in die besten Rindsrouladen aller Zeiten schlagen konnten. Aber da hätte uns wahrscheinlich auch die Tischplatte geschmeckt.

Aus dieser Geschichte lernen wir für den faulen Haushalt:

1. Gäste sind keine Versuchskaninchen. Rezepte immer ausprobieren, bevor man sie für andere kocht. Das gilt nicht nur für den Ablauf, das Timing und die Organisation der Zubereitung, sondern auch für die Menge der Zutaten (reicht die angegebene Menge wirklich für 4 Personen?) und ganz simpel für die Korrektheit der Angaben. – Ungeübte Menschen können beim Lesen eines Kochrezeptes nicht unbedingt beurteilen, ob die Anleitung überhaupt realistisch ist. In vielen Kochrezepten stimmen z. B. die angegebenen Garzeiten nicht.

2. Von einem gewissen Punkt an sind Improvisationen nicht mehr lustig. Was auf dem Theater gilt, trifft ebenso auf Einladungen zu. Das hat nichts mit Perfektionismus zu tun. Die Geduld auch der Geduldigsten zu strapazieren, darf keinesfalls

Absicht sein oder womöglich zum Selbstzweck werden. Es kann immer mal was schief gehen, so dass Improvisation und Flexibilität notwendig werden. Aber bitte sich nicht von vornherein darauf verlassen, dass es schon irgendwie klappen wird und die Kumpels alles mitmachen! Soweit möglich, sollte man auch im faulen Haushalt versuchen, Unwägbarkeiten auszuschließen.

3. Verlassen Sie sich niemals blindlings auf die Technik! Ein Schnellkochtopf hat durchaus seine Vorteile, aber trotzdem sollte man die Bedienung beherrschen, bevor man die Ergebnisse der Experimente Gästen zumutet. Das gilt im übrigen auch für alle neuen Gerätschaften und Geräte inkl. Herd und Backofen.

Immerhin wissen wir inzwischen, dass die Gäste wichtiger sind als die Gastgeber. Wenn ein Gastgeber selber wichtig sein will, soll er sich einladen lassen.

Vergleichbar ist die Situation bei der Tischdekoration: Essen und Trinken sind das wichtigste, nicht Schleifchen, Blümchen oder Konfetti. Es sei denn, man möchte vom Essen ablenken. Aber das ist wieder eine ganz andere Geschichte.

Tischdekorationen sollten einfach, schlicht und nicht zu üppig sein. Ihre Gäste und Sie stehen im Mittelpunkt, dann das Essen und die Getränke. Kümmern Sie sich also zuerst um das Wesentliche! Und dann kommen erst die Servietten, Blumen und Kerzen und was immer Sie sonst noch auf den Tisch stellen wollen. Wenn Sie – so wie ich – keine besondere Neigung zu dekorativen Elementen haben, dann versuchen Sie sich nicht darin. Und bitte erst recht nicht, um tatsächlichen oder eingebildeten Ansprüchen Ihrer Gäste gerecht zu werden. Wenn ich anfinge, Trockenblumen über den Tisch zu streuen oder Servietten zu Origami-Vögleins faltete, würden sich alle meine Gäste wahrscheinlich furchtbar erschrecken und annehmen, ich wäre in eine Persönlichkeitskrise geraten.

Denken Sie daran, dass alle bequem am Tisch Platz haben. Teller, Gläser, Besteck und Schüsseln wollen untergebracht sein, und wenn ohnehin wenig Raum ist, sollte man nicht auch noch Kerzenständer oder Blumenvasen aufstellen. Schon gar nicht, wenn die Möglichkeit besteht, dass die Gäste sich während des Essens unterhalten möchten, ohne dass ihnen dabei Leuchter oder Blumen in die Quere kommen.

Für größere Festivitäten benötigen Sie eine

Produktionsassistenz. Das ist eine Person, die sich mit organisatorischen Angelegenheiten besser auskennen sollte als Sie selbst. Also keinesfalls jemand, dem Sie zeigen wollen, wie toll Sie sind. Möglicherweise bringt die Assistenz auch einfach einen neutralen, aber kritischen Blick mit. Große Probleme schmelzen unter diesem Blick zu nichtswürdigen Kleinigkeiten oder verschwinden sogar auf Nimmerwiedersehen. Andersrum könnte auch etwas, was Ihnen selbstverständlich scheint, plötzlich hinterfragt werden. Die wichtigste Aufgabe Ihrer Produktionsassistenz ist Zuhören. Sie erzählen ihr, was Sie vorhaben. Allein dadurch werden Ihnen schon verschiedene Seifensieder aufgehen. Denken Sie daran: Delegieren spart Arbeit. Außerdem: Viele Leute lieben es, um Rat gefragt zu werden. Im faulen Haushalt bedeutet das: Sie können womöglich allein dadurch einen Haufen Arbeit vermeiden oder vermindern.

Wer großes Glück hat, kann die Produktionsassistenz im eigenen Haushalt finden.

Ich bin seit vielen Jahren die Assistentin meines Mannes. Er führt Regie, ich assistiere und organisiere. Ich kümmere mich um die Gesamtplanung, bringe eigene Vorschläge oder Wünsche fürs Menü und die Getränke, aber auch für den allgemeinen Ablauf ein und halte ihm den Rücken frei, damit er in Ruhe kochen und werkeln kann. Ich stehe zur Verfügung, wenn was daneben gegangen ist und eine Katastrophe droht, zum Beispiel wenn plötzlich ein Küchengerät defekt ist oder etwas fehlt. Dabei versuche ich die Ruhe zu bewahren und ihn nicht mit Hektik anzustecken, besonders wenn ein Großereignis ansteht. Ich rede ihm nicht rein, ich kümmere mich um vorher fest abgesteckte Arbeitsbereiche. Er weiß, dass er sich auf mich verlassen kann. Und ich kann mich auf ihn verlassen.

Für ein bestimmtes Großereignis ist eine Produktionsassistenz so notwendig wie Schlagsahne zum Erdbeerkuchen:

Der Kindergeburtstag

Wenn Sie Mutter oder Vater sind und jemals in die Situation versetzt wurden, eine Horde von Kindern zu bewirten, dann wissen Sie, wie wichtig eine kompetente Hilfskraft an ihrer Seite ist oder wäre. Nur wenige Menschen besitzen die organisatorische Begabung eines Event-Managers, die Engelsgeduld einer klassischen Kindergärtnerin und die Durchsetzungskraft des Trainers einer abstiegsbedrohten Bundesliga-Fußballmannschaft. Wie schön ist es doch im faulen Haushalt, wenn man Menschen kennt, die einem Arbeit abnehmen möchten! Also engagieren Sie einen Menschen Ihres Vertrauens, zum Beispiel eine Freundin, die gern mit Kindern zusammen ist. Möglicherweise macht es ihr Spaß, schon an den Vorbereitungen beteiligt zu sein. Sie kennt vielleicht andere Spiele als Sie oder sogar neue, hat Ideen für Einladungen, Kuchen oder Süßspeisen.

Wenn Sie selbst wenig Zeit haben, wird sich diese Person mit einiger Wahrscheinlichkeit darum reißen, Ihnen Arbeit abzunehmen. Der schlimmste Fehler, den Sie machen können: ein schlechtes Gewissen zu haben, diese Person um Hilfe zu bitten.

Außer Freundin oder Freund kommen natürlich ebenfalls in Frage: Großmütter oder -väter, halbwüchsige Kinder (eigene oder aus der Nachbarschaft) und – bitte nicht vergessen! – Ihr ehemaliger oder immer noch Lebenspartner respektive Vater oder Mutter des betreffenden Kindes. Denken Sie daran: Sie suchen niemanden, der sklavisch Ihre Anweisungen befolgt, sondern einen Menschen mit wachem Blick fürs Wesentliche, der Ihre Arbeit ergänzt und im besten Falle vervollkommnet.

Auch beim Kindergeburtstag sind die Gäste wichtiger als der Gastgeber. Wenn der kleine Gastgeber bzw. die kleine Gastgeberin das nicht kapieren will oder sich anfangs starrköpfig zeigt: Bringen Sie es Ihrem Kind bei. Wenn möglich, sollten dabei nicht unbedingt materielle Gesichtspunkte die Hauptrolle spielen. Also nicht: Wenn du nicht lieb bist, kommt Pauline nächstes Jahr nicht mehr, und dann ist es nix mehr mit tollen Playmobil-Figuren. – Versuchen Sie's auf die softe Tour: Mach hier nicht so'n Larry, sonst erschrickt sich Pauline, und sie ist viel jünger als du. Du weißt doch, wie Babys sich anstellen.
Stellen Sie sich vor, Sie wären im diplomatischen Dienst und müssten zwischen mehreren Supermächten vermitteln. Auch wenn Sie auf Seiten der einen Supermacht stehen, sollten Sie den Standpunkt der anderen wenigstens kennen, um damit umgehen zu können. Und wenn eine – neutrale – Person dabei ist, umso besser!
Eventuell glaubt Ihr Kind der Produktionsassistenz mehr als Ihnen. Aber seien Sie nicht eifersüchtig, auch wenn glückliche Kinder den Assi umschweben und Sie selbst unauffällig am Rande stehen. Sie hatten schließlich die Idee und Sie wurden entlastet. Genießen Sie's! Es ist immer noch Ihre Party. Oder sind Sie womöglich wirklich so scharf darauf, den ganzen Ruhm allein abzusahnen? Falls ja, schämen Sie sich. Dann haben Sie es auch nicht anders verdient, als abgekämpft, müde und zerzaust am Ende der Veranstaltung Ihre kleinen Gäste zu verabschieden. Kluge Kindergeburtstagsgastgebermütter und -väter überlassen die stressige Kleinarbeit ihren Assistentinnen und Assistenten. Am Ende der Feierlichkeiten sind sie frisch und gut gelaunt und empfangen die abholenden Eltern entspannt und in heiter gelassener Stimmung, um ihnen ihre müden, aber glücklichen Kindleins zu übergeben.

Ein paar Tipps für Kindergeburtstage von einer langjährigen erfolgreichen und immer noch begeisterten Produktionsassistentin:

Einfach einfach!

Bitte weder komplizierte Einladungen, Antwortrituale, Speiseabläufe und Spielorganisation. Alles so einfach wie möglich.

Wenn Ihr Kind sich weigert, Ihnen mitzuteilen, wer eingeladen werden soll, machen Sie ihm deutlich, dass es dann auch keine Party geben wird. Liefern Sie eindeutige Richtlinien, zum Beispiel: „Sag mir bis morgen nach der Schule, wen du einladen möchtest." Natürlich können Sie auch ein bisschen nachhelfen („Was ist denn mit Pauline? Die spielt doch so gut Tischtennis..."), oder Sie können eine inoffizielle Nachfrist setzen. Seien Sie bitte auch flexibel, falls im letzten Moment jemand eingeladen werden soll, von dem oder der Sie bis dato überhaupt noch nichts wussten. Aber machen Sie ihrem Kind ebenfalls – rechtzeitig – klar, dass eine einmal ausgesprochene Einladung nicht mehr zurückgenommen werden kann.
Alle Spiele und die damit zusammenhängenden Regeln sollten so einfach wie möglich sein. Versuchen Sie nicht, neue komplizierte Spiele einzuführen. Auch wenn die alten Kinderspiele ihnen ausgelutscht und abgelatscht erscheinen: Eierlaufen, Topfschlagen und Hänschen-piep-einmal kennen alle, und man muss nicht viel erklären. Legen Sie auf jeden Fall eine Reihenfolge fest. Sie können ja aus den altbekannten Spielen einen Zehnkampf zusammenstellen oder einen modernen Siebenkampf. Beginnen Sie mit den einfacheren und legen Sie die körperlich anstrengenden ans Ende.

Sensationen festlegen!

Befragen Sie Ihr Kind nach dem Ablauf und beziehen Sie es mit ein in die Planung. Richten Sie sich nicht unbedingt nach den Erzählungen über achsotolle Geburtstagspartys anderer Kinder. Denken Sie daran: Ein Großteil des Erfolgs hängt von Ihrem persönlichen Einsatz ab. Wenn Sie eine Schnitzeljagd durch den Stadtpark arrangieren, dann ist das möglicherweise mehr wert als das für teuer Geld arrangierte Schnuppergolfen für Zehnjährige auf dem Putting Green im Golfclub. Kümmern Sie sich also nicht darum, dass die Geburtstagsparty bei McDonald's und das Go-Kartfahren inzwischen so beliebt geworden sind. Im wesentlichen geht es hier darum, dass für teuer Geld Produktionsassistenten engagiert wurden (Mitarbeiter von McDonald's oder von der Kart-Bahn).

Vermeiden Sie Stilkrampf!
Versuchen Sie nicht, origineller zu sein als alle anderen vor Ihnen oder die Geschichte der Kindergeburtstage völlig neu zu schreiben! Besonders nicht, wenn das mit zusätzlichen Kosten verbunden ist. Machen Sie also Ihrem Kind zum Beispiel klar, dass es die Wahl hat zwischen einem teuren Geschenk oder einer teuren Party. Wenn es sich für die Party entscheidet, dann machen Sie sich bitte damit vertraut, dass Ihr Kind ins Showbiz gehen wird. Und schenken Sie ihm keinesfalls trotzdem etwas. Falls doch, wird Ihr Kind ganz gewiss ins Showbusiness gehen, und Sie werden das sehr bereuen.

Verhältnismäßigkeit der Mittel
Legen Sie einen Etat fest (siehe oben). Wenn Sie 25,00 Euro für Geburtstagsgeschenke veranschlagt haben, sollten Sie nicht 200,00 Euro für die Party ausgeben. Oder wollen Sie anderen Müttern und Vätern was vormachen? Seien Sie sicher: Die merken das. Und wenn die Eltern es nicht mitkriegen, dann die Kinder. Verwöhnen Sie lieber Ihr Kind!
Und wenn Sie sich tatsächlich gegen alle Ratschläge trotzdem entschieden haben, sich für Ihr Kind zu ruinieren, dann machen Sie bitte gute Miene.
Also maulen Sie gefälligst nicht bei jeder Extraausgabe und fragen Sie nicht, ob das denn nun auch noch nötig ist. Sie waren einverstanden, und jetzt stehen Sie gefälligst dazu, wenn ein kleines Gläschen O-Saft im Golfclub 4,00 Euro kostet! Sie sind selber schuld, wenn Sie so tun wollten, als könnten Sie sich's leisten. Lassen Sie bitte niemanden, schon gar nicht den eigenen Nachwuchs, darunter leiden, dass Sie zu nachlässig waren, sich vorher darüber Gedanken zu machen.

Speisen und Getränke
Falls die Party bei Ihnen zu Hause stattfindet: Bitte alles ganz einfach! Wasser sollten Sie in ausreichender Menge bereithalten. Versuchen Sie nicht, alle Eventualitäten zu berücksichtigen. Das klappt sowieso nicht. Wenn Kinder dabei sind, die dieses oder

jenes nicht mögen, werden Sie es früher oder später erfahren, falls nicht schon ein fürsorglicher Elternteil vorher mitgeteilt hat, welche Allergien oder Abneigungen vorhanden sind.

Für kleine Gäste gilt das gleiche wie für große: Versuchen Sie bitte nicht, sie zu erziehen! Oder wenigstens nicht an diesem Tag.
Haben Sie kein schlechtes Gewissen, wenn Sie den Kuchen für den Geburtstag Ihres Kindes nicht selbst backen. Es nützt weder Ihrem Kind noch Ihnen, wenn Sie am entscheidenden Tag mit blutunterlaufenen müden Augen durch die Gegend torkeln, weil Sie die halbe Nacht Teig gerührt und Lieblingskuchen gebacken haben. Je früher Sie den „Geburtstagskuchen" festlegen – unabhängig davon, wie aufwändig er ist – desto besser. Kinder lieben feste Rituale. Kommen Sie bloß nicht auf die Idee, jedes Jahr eine neue Kuchensensation zu präsentieren. Sonst – Sie wissen schon, Showbiz.
Auch wenn Sie für die Geburtstagsgesellschaft am Abend noch was Nahrhaftes auf den Tisch stellen wollen, sollte es die Grundvoraussetzungen kindlicher Essensvorlieben erfüllen: einfach, schnell reinzuschaufeln (schlingfreundlich, das heißt: möglichst wenig zu kauen) und nahrhaft. Nudel- oder Kartoffelsalat ohne Fleisch oder Speck, mild gewürzt, vielleicht mit Apfel oder diskret mit Salatgurke verfeinert. Für die Fleischesser kann man Würstchen oder Leberkäse servieren, aber bitte vom Salat getrennt und in kleinen Portionen, keinesfalls rechnen Sie bitte mehr als 100 g pro Kind.
Nichts spricht dagegen, Pizza zu bestellen, aber einiges, Pizza selbst zu machen und von den Kindern belegen zu lassen. Dies besonders, wenn die Kinder schon einige Stunden Party hinter sich haben. Meistens haben sie wenig Lust, dann auch noch ihr Essen selber zu basteln.

Geschenke für die kleinen Gäste

Inzwischen hat sich ein derartiger Overkill bei Gästegeschenken breitgemacht, dass man meinen könnte, die Kinder sollten durch die Liebesgaben der Gastgeber bestochen werden.
Willkommensgeschenke bitte sein lassen, auch wenn es Mode ge-

worden ist. Falls Sie während der Party kleine Spiele veranstalten, bei denen es was zu gewinnen gibt, dann sorgen Sie dafür, dass die Gewinne in vielleicht sogar namentlich gekennzeichneten Beuteln oder Taschen gesammelt werden können. Aber bitte keine Vorschusslorbeeren!
Denken Sie auch nicht, dass Sie eine unruhige Runde damit beruhigen können, wenn Sie Geschenke an die Kaffeetafel legen. Im Gegenteil! Das sorgt erst recht für Unruhe.

Diskrete Steuerung
Bleiben Sie so gut es geht im Hintergrund. Das gilt auch für die Assistenz. Erwachsene, die auf Teufel komm raus ihren eigenen Zeitplan durchpeitschen wollen, wenn alle eigentlich lieber rumsitzen und reden wollen, wirken lästig.
Wenn Ihr eigenes oder ein anderes Kind verkündet, ein Spiel nicht mehr spielen zu wollen, weil es nicht mithalten kann, sich zurückgesetzt oder reingelegt fühlt: Hören Sie darauf, aber machen Sie bitte keine Katastrophe daraus. Lassen Sie erst mal weiterspielen (Assistenz!) und kümmern Sie sich um das Kind. Was ist eigentlich passiert? Gibt es einen Konflikt mit einem anderen Kind, der vielleicht schnell beizulegen ist. Ist das Kind trotzig oder einfach nur sauer, weil es nicht gewonnen hat? Entscheiden Sie diplomatisch und sportlich, auch wenn Ihr eigenes Kind sich daneben benimmt.

Und irgendwann ist Schluss!
Setzen Sie schon mit der Einladung fest, wann die Veranstaltung zu Ende ist und wann die kleinen Gäste abgeholt werden sollen. Falls Eltern früher kommen – und das tun sie meistens schon aus Neugierde, ob ihre Kinder woanders schon wieder netter sind als zu Hause, oder weil sie Kontakt zu anderen Müttern oder Vätern suchen oder ohnehin mit Ihnen befreundet sind. Falls sie also früher kommen, halten Sie Getränke bereit. Wenn Sie zusätzlich etwas zu essen vorbereiten, können Sie sich darauf gefasst machen, dass zwei Partys hintereinander stattfinden: erst die Kinderparty und dann die für die Großen. Halten Sie sich also im eigenen Interesse an die angepeilte Veranstaltungsdauer. Das bedeutet auch: Eine

halbe Stunde vorher sollten die gemeinsamen Spiele und Aktivitäten beendet sein. Die Kinder sollten sozusagen abholfertig bereitstehen, wenn die Eltern kommen.

Das Party-Büfett bei der Büfett-Party

Wenn Sie jemals einen Kindergeburtstag betreut haben, dann verfügen Sie bereits über alle Voraussetzungen, um für jede Art von Veranstaltung gewappnet zu sein. Sie können mit einer Horde schreiender und durcheinander laufender kleiner Monster umgehen? Dann dürfte eine Party mit 8 – 12 Erwachsenen für Sie keine besondere Schwierigkeit darstellen.
Erstellen Sie einen Arbeitsplan und eine Einkaufsliste. Kümmern Sie sich darum, dass ausreichende Sitzmöglichkeiten vorhanden sind. Wenn dann trotzdem lieber alle in der Küche stehen – auch gut.
Wo möchten bzw. können Sie ein Büfett aufbauen? Manchmal ist der einzig geeignete Platz der winzige Tisch in einer winzigen Küche. Können Sie zusätzliche Kapazitäten schaffen? Vielleicht gewinnen Sie Platz durch Herunterklappen der Herdabdeckung. Sie sollten jedenfalls mindestens einen Quadratmeter als Aufbaufläche zur Verfügung haben. Auf diesem Grundriss können Sie drei Schüsseln und eine Platte aufstellen. Ein Brett mit Brot und Käse passt auch noch drauf, Besteck stellen Sie griffbereit in höhere Gläser oder Kaffeebecher, Servietten und Teller an eine Seite gut erreichbar nach vorn. Den Rest bauen Sie so auf wie die Hochzeitsgesellschaft beim Gruppenfoto: die kleinen nach vorn, die großen nach hinten. In einem kleinen Haushalt müssen Sie sich keine Gedanken darüber machen, ob Ihre Gäste von rechts oder von links ans Büfett treten. Stellen Sie einfach alle Speisen, die geschnitten werden müssen, nach vorne. Hierzu gehört Brot, aber auch Fleisch in Scheiben. Ebenso Butter/Schmalz und Käse. Weiter hinten stehen hohe Schüsseln, zum Beispiel mit Salaten oder Gemüse.

Wenn Sie besonders sensibel agieren wollen, holen Sie Süßspeisen und Obst erst später aus dem Kühlschrank. Milchprodukte und Obstzubereitungen nehmen schnell Gerüche an. Und Sie wollen doch nicht, dass Ihre Mousse au chocolat nach Zwiebeln schmeckt, oder? Falls Sie keine ausreichenden Kühlmöglichkeiten haben, verzichten Sie besser auf solche Nachspeisen.
Gläser und Getränke sollten getrennt von den Speisen, von Tellern und Besteck stehen. Das hat nicht nur optische, sondern auch organisatorische Gründe. Sie behalten eher den Überblick und können schnell für Nachschub sorgen.
Im faulen Haushalt werden Korkenzieher und Flaschenöffner an einer Schnur oder Kordel befestigt und an einer Küchenschublade festgebunden. So bleiben sie, wo sie sind, und stehen allen ständig zur Verfügung. Wenn Sie eine Pappteller-Party geben, hängen Sie einen großen Müllsack an der Küchentürklinke auf. Wenn Sie zwischendurch in der Küche nach dem rechten sehen, können Sie darin nebenbei einen Teil des Abfalls entsorgen. Und wenn Sie Glück haben, sehen Ihnen Ihre Gäste dabei zu und kommen vielleicht auf die Idee, ihre abgegessenen Pappteller selbst wegzuwerfen.
Mit ein Grund, warum ich bei Großereignissen lediglich Eintopf (Suppe) und Brot bereithalte, ist, dass man dafür nur tiefe Teller und Löffel benötigt. Je weniger unterschiedliche Teller und Besteckteile, desto einfacher der Aufbau und der Abwasch, und desto besser behält man die Kontrolle während der Party. Ein Blick genügt, und Sie sehen, wo was fehlt.

Das Großereignis

Bei mehr als 12 Partygästen kann man von einem Großereignis sprechen. Um eine solche Party einigermaßen geregelt über die Bühne gehen zu lassen, sind bestimmte Grundvoraussetzungen nötig.

1. Sie benötigen mindestens 1 großen Raum außer der Küche, wo sich Gäste aufhalten und sitzen können. Groß bedeutet in diesem Fall: mehr als 15 qm. Notfalls sollten Sie Möbel an die Wände stellen, um die Fläche zu vergrößern, auf der Sitzmöbel stehen können.
2. Sorgen Sie für Sitzgelegenheiten! Jeder Gast sollte einen Sitzplatz haben. Sitzgelegenheiten sind außer Stühlen (Klappstühle) Sofa, Bett, Hocker, Matratzen, eventuell Kissen auf dem Boden oder sogar eine Luftmatratze. Der Schreibtischstuhl gehört dazu, auch der Badezimmerhocker oder die Fußbank von Oma.
3. Schaffen Sie Ablageflächen! Aschbecher, Gläser, Teller usw. sollten nicht auf dem Boden stehen müssen, wo jemand hineintreten könnte. Kleine Tischchen, ein Pappkarton oder ein umgedrehter Papierkorb ... Hauptsache, Ihre Gäste kommen nicht auf die Idee, halb abgegessene Teller hinter dem Sofa zu deponieren. Denken Sie bitte nicht, dass die das aus Gemeinheit machen! Nein, vermutlich war jemand gerade mitten in einem interessanten Gespräch und hatte sich vorgenommen, den Teller später in die Küche zu bringen.
4. Vereinfachen Sie das Speise- und Getränkeangebot! Also kein aufwändiges Buffet. Sie haben schon genug Arbeit mit den Vorbereitungen. Je mehr Leute kommen, desto schlechter können Sie abschätzen, wie viel jeder isst. Die Folge: Man kauft unweigerlich zu viel. Überlegen Sie sich, ob Sie die guten Eintopfrezepte von Chris Kurbjuhn wählen und dazu frisches Brot anbieten. Oder Sie servieren heiße Würstchen mit Kartoffelsalat. Oder vielleicht die Mittelmeervariante mit (kalten) Zucchinipuffern, Ciabatta, Tzatziki und Oliven ... Je einfacher – desto besser.

Die große Party bietet auch eine gute Gelegenheit, sogenanntes Knabbergebäck zu servieren, auch wenn Sie sonst nicht zu den Fans gehören. Aber Salzstangen, Kartoffelchips, Erdnüsse (besser nicht ungeschält!) machen satt, schmecken und lassen sich prima nebenher essen.

Was die Getränke betrifft: Für 15 Gäste müssen Sie immerhin ca. 10 Flaschen Wein oder Sekt kalt stellen. Wieviel Platz haben Sie dann noch im Kühlschrank für Bier und Wasser?

Überlegen Sie sich, ob Sie eine kleine Bierzapfanlage mit Kühlung mieten. Besonders, wenn Sie ein Sommerfest veranstalten. So eine kleine Zapfanlage ist nicht teuer, wenn Sie gleich noch ein Fässchen Bier dazukaufen. Sie müssen sich keine Gedanken machen, ob das Bier kalt genug ist, und Ihre Gäste haben Spaß beim Selberzapfen. Lassen Sie sich aber erklären, wie man ein Fass ansticht, wenn Sie das vorher noch nie getan haben!

5. Sie brauchen eine Garderobe! Hier können Ihre Gäste Jacken und Taschen deponieren und vielleicht sogar später wiederfinden. Das mindeste ist, dass Sie Ihre eigenen Jacken und Mäntel von der Flurgarderobe abnehmen, um Platz zu schaffen.

Die einfachste Möglichkeit, wenn Sie zwei Zimmer oder mehr haben: das Bett als Garderobenablage und das Schlafzimmer als Abstellort für Taschen, Rucksäcke, Motorradhelme und leere Getränkekisten.

6. Das stille Örtchen: Ihr WC wird bei einer solchen Party einer gewaltigen Leistungsprüfung unterzogen. Entfernen Sie im voraus alle Zeitschriften und Bücher, damit sich niemand dort allzu wohl fühlt und sich festliest.

Und natürlich: Besorgen Sie im voraus reichlich (nicht nur eine Ersatzrolle!) Toilettenpapier. Mindestens zwei frische Handtücher sollten im WC hängen. Seife sollte ebenso vorhanden sein wie Kosmetiktücher oder Papiertaschentücher.

7. Und hinterher? – Schnell geputzt ist leicht geputzt. Wenn alle Gäste gegangen sind und Sie sich noch irgendwie motivieren können, versuchen Sie bitte auch als fauler Haushalter schon mal ein bisschen Ordnung zu schaffen.

Hier die Reihenfolge für die Erste Hilfe am Tatort, sobald Sie hinter dem letzten Gast die Tür geschlossen haben:

- Partyraum, besser: die ganze Wohnung gründlich lüften.
- Aschbecher einsammeln und in die Küche tragen.
- Speisereste in der Küche wegwerfen oder verpacken und in den Kühlschrank stellen.
- Inhalt der Aschbecher in einen Extrabehälter (großer Ascher, leerer Blumentopf), Aschbecher mit Küchenpapier auswischen.
- Alle Gläser in die Küche, Getränkereste wegschütten, Gläser in die hoffentlich vorhandene Geschirrspülmaschine räumen.
- Alle leeren Flaschen einsammeln.
- Mit dem Müllsack durch alle Räume gehen und alles reinschmeißen, was in den Abfall gehört: Pappteller, Plastikgeschirr (wenn Sie es nicht abwaschen und nochmal verwenden wollen. Das geht nämlich!), Geschenkverpackungen, Blumenpapier, Sekt- und Kronkorken ... Schauen Sie auch in die Regale, hinter Sofas und Sessel auf den Boden. Besonders interessant: Alles über und unter Augenhöhe. Dort stehen häufig Teller mit Essensresten.
- Jetzt können Sie den Inhalt der Aschbecher in den großen Müllsack werfen. Wenn Sie ganz sichergehen wollen, nehmen Sie ein Stück Alufolie und schütten Sie die Aschbecherinhalte rein, dann knüllen Sie die Alufolie zusammen. Alles rein in den Müllsack, Müllsack gut oben zubinden und schlafen gehen.

Holzauge, sei wachsam! – Was Gäste sich alles einfallen lassen ...

Im faulen Haushalt sollte man bedenken, dass viele Gäste ebenfalls faul sind. Besonders, wenn die Stimmung hohe Wellen schlägt und der Alkoholpegel steigt.

Was machen Gäste? Sie wählen von zwei Wegen den kürzeren. Also werden sie im Normalfall nicht extra in die Küche gehen, um dort ihren leeren Teller abzulegen. Sie stellen ihn ab, wo sie sich gerade befinden. Gibt es einen Tisch, nehmen sie den. Gibt

es keinen, stellen sie ihren Teller irgendwohin (siehe oben): Ins Bücherregal, hinter die Heizung, auf die Fensterbretter. Für Gläser gilt das gleiche. Wenn kein Aschbecher da ist, werden sie möglicherweise nicht nach einem fragen, sondern sie benutzen eine Untertasse oder den nächsten Blumentopf. Sie sollten also am nächsten Tag möglichst sorgfältig saubermachen.
Das alles ist natürlich nicht besonders fein und stilvoll, aber Sie sollten darauf gefasst sein. Wie heißt es so schön: Wo gehobelt wird, fallen Späne. Wer sich hinterher darüber aufregt, dass der Teppich mit Erdnussschalen bedeckt ist, sollte überlegen, ob es eine weise Entscheidung war, Erdnüsse in der Schale zu servieren bzw. das Ausrichten größerer Partys generell in Frage stellen. Diese Thematik führt uns sofort zum heiklen Kapitel

Stilfragen

Hier geht es manchmal gar nicht um Stil oder Benehmen, sondern meistens um die Frage:
Möchte ich, dass sich meine Gäste amüsieren, oder will ich sie auch noch erziehen?

Einige Beispiele:
Hochzeit bei Moslems. Eine Freundin von mir hat einen Moslem geheiratet. Nach längerem Nachdenken haben sie sich entschieden, zur Hochzeitsfeier auch Bier als Getränk anzubieten. Warum? Sie wollten die Erwartungshaltung der Gäste, besonders der Familie der Braut, nicht enttäuschen. Wer Bier trinken wollte, durfte das. Kleiner erfreulicher Nebeneffekt: Der Bräutigam präsentierte sich von Anfang an als weltoffener, toleranter Mensch.

Rauchen verboten! Wer aus gesundheitlichen Gründen Rauch nicht duldet, hat mein tiefstes Verständnis. Ich bin selbst Exraucherin, habe mir aber vorgenommen, keine fanatische Anti-Nikotin-Hausfrau zu werden. Bei mir darf also in der Wohnung geraucht werden. Es stehen genügend Aschbecher zur Verfügung, ich spreche gar nicht darüber. Aber ich freue mich, wenn ich um Erlaubnis gefragt werde. Hinterher wird gelüftet und fertig. Für eine größere Party ist es eigentlich selbstverständlich, dass geraucht wird – ebenso wie Alkohol getrunken wird. Es gibt natürlich Toleranzgrenzen, die ohnehin von den meisten Menschen eingehalten werden. Also keine Zigarren oder Zigarillos, das Schlafzimmer bleibt rauchfrei, und zwischendurch muss für Frischluft gesorgt sein. Aber niemand möchte, dass das Nichtrauchen das wichtigste Thema des Abends ist.

Das gleiche gilt für die **heikle Klodeckelfrage:** Wie auch immer man es sonst handhabt: Für Partys ist das weder ein geeignetes Gesprächsthema noch Anlass für Anschuldigungen oder Diskussionen. Die Sitzpinkelproblematik eignet sich lediglich für Fernsehsketche und Kabarettnummern. Nach der Party muss ohnehin geputzt werden. Heißt: Jeder Mann soll es handhaben, wie er will.

Ob Schuhe an oder aus, rauchen oder nicht rauchen, WC-Deckel oben oder unten – ich schreibe niemandem etwas vor. In meinem Haus sind die Gäste Könige. Und seltsamerweise passiert es – trotz mehrerer Großereignisse im Jahresdurchschnitt – äußerst selten, dass es mal ein Problem gibt. Soll jeder nach seiner Fasson selig werden. Das ist nicht nur ein Gebot der Toleranz, sondern hat etwas mit Gastfreundschaft zu tun:

Ich möchte, dass sich meine Gäste wohlfühlen. Sie sollen bei mir und mit mir gut essen, gut trinken und eine schöne Zeit verbringen.

In diesem Sinne: Auf viele schöne Partys und gut gelaunte Gäste im faulen Haushalt!

Danksagung

Viele Menschen haben mit Ideen, praktischen Tipps und moralischem Beistand zu diesem Buch beigetragen. Hier sind einige, bei denen wir uns besonders bedanken möchten.

Ulrike Eckel
Marion Lorenz
Burkhard Liermann
Kati Bendrien
Eva-Maria Berg
Katja Gabriel
Antonia Galganek
Dieter Kalldewey
Juliane Marquard-Twarowski
Monika Strommayer
Reiner Schweinfurth
Barbara und Bernd Jakob
Gisela Kraemer
Ursula Schibilla
Evelyne Ryter
Christel Nörnberg
Franziska Ewert
Lina Ewert
Hannelore und Hans Sikorski
Sybille Landskron
Peter Zetzsche

und alle Teilnehmerinnen der „Donnerstagsrunde", besonders Elke Bechly, Dorothea Buwitt, Maria Rach und Karin Schröder!

Gaby Sikorski,
Autorin und Journalistin aus Berlin, hat sich niemals fürs Kochen oder fürs Putzen interessiert. Während ihres Studiums entdeckte sie ihre Liebe zu Kino und Film und fand über die Stationen Berlinale, Filmverleih- und Produktion schließlich einen Weg, sich ihren Traum vom Schreiben zu erfüllen. Als Stipendiatin des Literarischen Colloquiums Berlin startete sie beruflich nochmal durch, wurde Rechtsanwaltsgehilfin und Büroleiterin in einem Berliner Anwaltsbüro. Nebenbei schrieb sie erfolgreiche Theaterstücke („Der letzte Döner"), Kabarettprogramme und Drehbücher. In ihrem Autorenbüro „Die Biographen" betreut sie andere Autoren und arbeitet an Buch- und Filmprojekten.

Regina Ewert
Nach Beendigung ihrer Lehrerausbildung in Chemie und Deutsch arbeitete Regina Ewert seit Mitte der 80er Jahre als Projektmanagerin und Dozentin für verschiedene Umweltorganisationen. Ihr ökologisches Spezialgebiet sind Hygiene und Reinigungs-Chemie. Im Auftrag des Berliner Umweltsenats und der EU entwickelte sie in Zusammenarbeit mit Innungs-Betrieben in der zweiten Hälfte der 90er Jahre zwei Branchenkonzepte für Gebäudereiniger. Ihre Profi-Tipps zeigen, wie man ein Maximum an Sauberkeit mit einem Minimum an Kosten, Aufwand und Umweltverschmutzung erzielt. Um auch für den Privathaushalt möglichst praxistaugliche Ratschläge zu geben, mutierte die eigene Wohnung phasenweise zum Versuchslabor. Seit zehn Jahren lebt Regina Ewert mit ihrer 16jährigen Tochter allein erziehend zusammen. Eine akzeptable Arbeitsteilung ist auch in ihrem Haushalt ein Erziehungsziel, dem sie mit Konsequenz und Baldrian langsam näher kommt.

Chris Kurbjuhn
wusste nicht, was für eine geniale Köchin seine Mutter war, bis er von zu Hause auszog, um Theaterwissenschaften, Germanistik und Amerikanistik zu studieren. Als er in der Mensa hockte und trotz bohrenden Hungers den dort angebotenen Schlangenfraß nicht runterbringen konnte, entschloss er sich, Prioritäten zu setzen und erstmal kochen zu lernen. Als er endlich in der Lage war, eine akzeptable Mahlzeit auf den Tisch zu bringen, hatte er das Schauspielerhandwerk erlernt. Nach Wanderjahren über verschiedene Bühnen Deutschlands wurde er in Berlin endgültig sesshaft. Chris Kurbjuhn ist mittlerweile als Autor und Verleger tätig, gibt Kurse in Kreativem Schreiben und freut sich darauf, allabendlich in der Küche zu stehen, wo er für seine wunderbare Frau und zahlreiche Freunde mit Leidenschaft kocht.